느껴주면
풀려난다

김상운 지음

홀로그램 현실의 비밀

느껴주면 풀려난다

정신세계사

느껴주면 풀려난다

ⓒ 김상운, 2024

김상운 지은 것을 정신세계사 김우종이 2024년 6월 21일 처음 펴내다.
이현율과 배민경이 다듬고, 변영옥이 꾸미고, 한서지업사에서 종이를,
영신사에서 인쇄와 제본을, 하지혜가 책의 관리를 맡다. 정신세계사의 등록일자는
1978년 4월 25일(제2021-000333호), 주소는 03965 서울시 마포구 성산로4길 6 2층,
전화는 02-733-3134, 팩스는 02-733-3144이다.

2024년 7월 25일 펴낸 책(초판 제3쇄)

ISBN   978-89-357-0470-5 03190

• 홈페이지 mindbook.co.kr   • 인터넷 카페 cafe.naver.com/mindbooky
• 유튜브 youtube.com/innerworld   • 인스타그램 instagram.com/inner_world_publisher

차 례

II. 느껴주면 풀려난다

홀로그램 현실의 비밀

80대 후반인 어머니가 녹내장이 악화되어 시력을 거의 완전히 상실했다. 혼자서는 화장실도 못 가고, 매일 하루 세끼를 혼자 하지 못한다. 이를 옆에서 무력하게 지켜보는 것도 어렵고, 매일 시중드는 것도 어렵다. 누구나 늙으면 어쩔 수 없이 필연적으로 받아들여야 하는 고통일까? 아니면 내가 벗어날 수 있는 고통일까?

현실이 진짜라고 착각하면 고통은 필연적이다. 하지만 현실이 가짜라면? 그럼 고통도 가짜이다. 악몽을 꿀 때 고통스러운 건 악몽이 진짜라고 믿기 때문이다. 악몽에서 깨어나는 순간 "휴~~!" 하는 한숨이 절로 뿜어나온다. 악몽은 가짜였기 때문이다. 악몽 속의 나도 가짜였다.

그런데 악몽의 원인을 제거하지 않으면 나는 또 악몽에 시달리게 된다. 악몽을 꾸는 원인은 뭘까? 현실을 진짜라고 착각해 죽음의 공포, 두려움, 열등감, 수치심 등 부정적 감정들을 무의식에 억눌러 계속 붙들고 있기 때문이다. 부정적 감정들을 계속 붙들고 있으면 계속 부정적 꿈으로 형상화돼 나타난다. 이것이 악몽이 되풀이되는 원인이다.

그렇다면 내가 이 감정들이 평소 올라올 때 전혀 억누르지 않고 완전히 느껴주면 어떻게 될까? 억눌렸던 부정적 감정들이 풀려나간다. 그럼 나는 더 이상 악몽에 시달리지 않게 된다.

　현실도 마찬가지다. 부정적 감정들을 느껴주지 않고 무의식에 억눌러 계속 붙들고 있으면 부정적 현실로 형상화돼 내 눈앞에 계속 반복해 펼쳐진다. 그렇다면 현실이 가짜임을 알게 되면 어떨까? 그럼 현실 속의 몸도 가짜이다. 또, 가짜 현실을 보고 느끼는 감정들도 가짜이다. 그래서 부정적 감정들을 억누르지 않고 느껴주게 된다. 그럼 고통스러운 부정적 현실도 반복되지 않는다.

　사람들은 왜 공포영화를 볼까? 영화가 가짜임을 알고 보기 때문이다. 가짜 영화를 볼 때 느끼는 공포도 역시 가짜이다. 공포가 가짜라는 걸 알고 느끼면 공포가 억눌리지 않는다. 그럼 공포를 느끼는 것도 재미있다. 어린이들은 왜 롤러코스터를 좋아할까? 롤러코스터가 안전하다는 걸 알고 타기 때문이다. 안전한 롤러코스터를 타고 느끼는 공포는 진짜일까? 그 공포 역시 가짜이다. 공포가 가짜라는 걸 알고 느끼기 때문에 공포도 오히려 즐거움이 된다.

　현실은 가짜일까? 완벽한 가짜이다. 나는 그걸 어떻게 알았을까? 4년 전쯤 화장실 거울로 내 얼굴을 무심코 들여다보는데, 돌연 내 얼굴 주위로 하얀빛이 넓게 둘러싸이는 게 보였다. 생각이 사라진 상태로 바라보았기 때문이다. 그 뒤부터 하루도 빠짐없이 홀로그램 현실의 비밀을 들여다보는 즐거움에 빠졌다. 생각이 완전히 사라지면 몸이 빛으로 사라진다는 것도 알았다. 몸도 생각과 빛으로 만들어진 가짜인 것이다. 몸이 가짜이면 현실도 가짜이다.

우리는 현실을 진짜로 착각해 온갖 부정적 감정들을 억눌러 붙들고 살아간다. 무의식에 오래도록 억눌린 이 부정적 감정들은 인격화돼 있다. 이 부정적 인격체들이 나로 살아가며 고통스러운 부정적 현실을 창조한다. 무의식에 억눌린 이 부정적 인격체들을 풀어놓아주어야 부정적 현실에서도 풀려난다.

부정적 감정들은 느껴주면 풀려난다. 그럼 우리도 부정적 현실에서 영원히 풀려나게 된다. 돌고 도는 고통의 수레바퀴에서 영구적으로 벗어나는 것이다.

오랜 세월 무의식에 억눌린 부정적 감정들은 마음의 아픔으로 응어리져 있다. 이 아픔이 풀려나갈 땐 눈물과 콧물, 하품, 방귀, 코피 등도 흘러나온다. 때로는 두드러기, 물집, 냉기, 몸의 진동 등을 일으키기도 한다. 이렇게 몸을 통해 완전히 빠져나가야 고통스러운 부정적 현실도 되풀이되지 않는다.

이 책의 전반부는 홀로그램 현실의 이치를 자세히 설명한다. 후반부는 거울을 이용해 현실이 빛으로 된 홀로그램임을 확인하고 억눌린 감정들을 치유하는, 간단하고 쉬운 방법을 소개한다. 부정적 감정들이 풀려나면서 고통스러운 현실이 어떻게 거짓말처럼 바뀌게 되는지도 생생한 체험 사례들을 통해 소개한다. 깊은 사랑으로 기꺼이 사례들을 공유해준 유튜브 구독자분들께 깊은 감사를 드린다.

책을 읽다 보면 창조주, 텅 빈 마음, 근원의 마음, 관찰자, 의식체, 영이라는 단어들이 뒤섞여 쓰이는 걸 발견할 수 있다. 독자들의 이해를 돕기 위해 굳이 세분화하지 않고 사용한 것이니 양해 바란다.

현실이 가짜임을 완전히 이해하게 되면 나 자신이 가짜 현실을 창조해 놀이를 하는 창조주임을 또렷하게 깨닫게 될 것이다. 그때 비로소 나는 고통스러운 가짜 현실에서 완전히 풀려나 내 생각대로 가짜 현실을 창조하며 자유로운 삶을 살아가게 된다.

I.

현실은 짝이 되는 생각들로
창조되는 놀이

창조주가 '나'를 붙들면
놀이터가 생긴다

나는 왜 평생 '을'로 살아가야 하는 걸까?

저는 직장에서 항상 '을'로 살아왔습니다. 한 직장에서 '갑'의 위
치에 있는 윗사람에게 부당하게 시달리다 못해 직장을 옮겨도
거기서 또 부당한 일을 당합니다. 한 가지 분명한 건 제게 어떤
큰 잘못이 있는 게 아니라는 겁니다. 저는 업무 경험이 많고 전문
지식도 갖고 있어서 동료들도 이해할 수 없다고 입을 모읍니다.
그러다 보니 아침에 일어나면 가슴 한켠에 뭔가 무거운 게 걸
려 있는 느낌입니다. 말도 안 되는 부당한 일을 당할 땐 꾹 참고
그냥 가만히 있다가, 집에 오면 '왜 그때 단호하게 말을 못 했을
까?' 하고 후회하는 상황이 반복됩니다. 너무 억울해 혼술을 하
면서 혼자 화도 냈다가 고함도 질렀다가 새벽까지 잠이 안 오면
술기운에 잠이 드는 일이 자주 있습니다.

우리는 흔히 강자와 약자 간의 관계를 '갑'과 '을'의 관계라고 말한다. 모든 사람이 '갑'이 되고 싶어한다. '갑'이 되면 남이 시키는 대로 하지 않아도 되고, 내 생각대로 할 수 있으니 자유로움과 우월감을 느끼며 어깨를 쭉 펴고 살 수 있다.

만일 내가 지금 직장이나 학교, 혹은 집에서 '을'로 살아가고 있다면 나는 '을'로 살아가는 지금의 내가 싫다. 나와 동일시해 살아가는 '을로 사는 나'는 내가 원치 않는 나이다. '갑'이 시키는 대로 해야 하고, 때로는 누가 봐도 내게 아무 잘못이 없는데 부당한 대우까지 견뎌내야 한다. 그럴 때마다 억울하고 무시당하는 기분이다. 열등감과 수치심이 올라온다. 그래서 나는 '갑으로 사는 나'가 되고 싶어한다. 하지만 내가 아무리 갑으로 살려고 애를 써도 현실은 바뀌지 않는다.

나는 왜 '갑으로 사는 나'가 되지 못하는 걸까? 나는 지금 이미 '을로 사는 나'로 살아가고 있기 때문이다. 내 몸은 하나인데, 이미 을로 살아가면서 동시에 갑으로도 살아갈 수는 없는 것이다. 나를 두 쪽으로 쪼개 붙들고 있으니 현실이 움직이지 않는다. 그런데 나는 왜 '을로 사는 나'가 돼버렸을까? '을로 사는 나'를 나 스스로 무의식에 억눌러버려 붙들고 있기 때문이다.

무의식은 내가 의식하지 못하는 영역이다. 그래서 나 자신을 무의식에 억눌러버리면 나는 무의식의 지배를 받으며 살게 된다. 즉, 나도 모르게 무의식 속에서 '을로 사는 나'로 고정된 삶을 살아간다. 그렇다면 나는 언제부터 '을로 사는 나'를 무의식에 억눌러놓고 그 속에 갇혀 살아온 걸까?

저는 어릴 때 무서운 아버지 밑에서 맞고 자랐습니다. 아버지는 공포의 대상이었고, 아버지의 말은 곧 법이었습니다. 이 세상에서 아버지가 제일 싫었습니다. 하지만 사람들한테서는 "참 착하다"는 말을 많이 듣고 자랐습니다.

초등학교 다닐 땐 이상하게도 전 가만히 있는데 친구들이 절 노리개로 생각했는지 가만히 있는 저를 놀리고 괴롭혀서 도무지 이해할 수 없었고, 친구들을 죽여버리고 싶은 생각이 수도 없이 들었지만 매번 참고 지냈습니다.

아버지는 '갑'이었고, 나는 '을'이었다. '난 을로 산다'는 생각이 끔찍하게 싫었지만 아무에게도 털어놓을 수 없었다. 수치심과 열등감 때문이었다. 그래서 그 생각을 무의식에 억눌러버려 나도 모르게 '을로 사는 나'가 돼버렸다.

내 인생을 되돌아보면 나는 정말 평생 '을로 사는 나'로 살아왔다. 초등학교 시절엔 친구들이 '갑' 역할을 하고, 나는 '을' 노릇을 했다. 직장에서는 윗사람들이 '갑' 역할을 하고, 나는 '을' 노릇을 했다. 직장을 바꿔도 갑을 관계를 벗어날 수 없었다. 그럼 앞으로는 어떨까? 앞으로도 나는 '을' 노릇을 하며 살아가야 한다.

이처럼 나 스스로 '을로 사는 나'를 무의식에 억눌러 붙들고 있으면 내 인생은 '을로 사는 나'로 묶여버린다. 그럼 열등감과 수치심이 끊임없이 올라와 고통스럽기 때문에 내 마음속에서는 늘 '나도 갑으로 살고 싶어'라는 목소리가 흘러나온다. 하지만 이를 부정하는 목소리, 즉 '넌 안 돼. 넌 아무리 노력해도 안 돼'라는 정반대의 부정적 목소리도 동시에 흘러나와 내 소망을 꺾어버린다. 이렇게 부정적인 목소리를 내는 존재가 내 통제를 벗어난 무의식에 억눌려 있으면 내가 아무리 애를 써도 나는 내 소망대로 살 수 없다.

'을로 사는 나'를 누가 무의식에 억눌러놓았는가? 바로 나 자신이다. 인생살이의 모든 고통은 나 자신이 생각으로 현실을 창조하는 권능을 갖고 있다는 근원적 진실을 망각하기 때문에 자초하는 것이다.

"너희는 모두 신이다", "모든 사람이 부처이다"라는 성경이나 경전들에 있는 말들은 그냥 나온 걸까? 창조주 차원의 나이든, 영 차원의 나이든, 무의식 차원의 나이든, 어떤 차원의 나이든 '나'와 동일시해 붙들고 있는 모든 생각은 무조건 내 눈앞의 현실로 펼쳐진다.

'난 TV를 본다'는 생각을 붙들고 있으면 나는 정말 TV를 보게 된다. '난 밖에 나간다'는 생각을 붙들고 있으면 나는 정말 밖에 나가게 된다. '난 가난하다'는 생각을 붙들고 있으면 나는 정말 가난하게 살아간다. '난 을로 사는 게 싫다'는 생각을 붙들고 있으면 나는 정말 을로 사는 걸 싫어하는 나로 살아가게 된다.

이 사실을 자각하지 못한 채 살아가면 나도 모르게 무의식적으로 수많은 원치 않는 생각들을 나와 동일시해 무의식에 억눌러버리게 된다. 그럼 나는 그 생각들을 무의식적으로 붙들고 있게 된다. 그래서 수많은 원치 않는 '나'들이 창조되고, 이렇게 창조된 원치 않는 '나'들이 내가 원치 않는 현실을 창조한다. 인생살이가 고통의 바다인 근원적인 원인은 바로 나 자신이 생각으로 현실을 창조하는 창조주라는 진실을 망각하기 때문이다.

"뭐? 나 자신이 창조주라고? 감히 그런 교만한 생각을 하다니!" 이렇게 펄쩍 뛸지도 모른다. 하지만 누가 정말 교만한 걸까? 나 자신이 무조건적인 사랑인 창조주와 하나임을 깨닫고 창조주인 텅 빈 마음 속에서 떠오르는 생각들을 있는 그대로 받아들여 무조건적인 사랑 속에서 자유롭게 살아가는 게 교만함일까? 아니면 텅 빈 마음 속에서 떠오르는 생각들을 내 멋대로 '좋다/싫다', '착하다/악하다', '옳다/그르다'고 분류해 무의식에 억눌러놓아 고통스러운 현실을 창조해내는 게 교만함일까?

나 스스로 무한한 사랑의 바다를 고통의 바다로 전락시키는 무지함이 교만함을 넘은, 창조주에 대한 근원적인 죄악이다. 나만 고통에 빠뜨리는 게 아니라, 내가 사는 세상을 함께 고통에 빠뜨려 대물림시킨다. 이것이 이른바 원죄, 카르마, 업장이다.

홀로그램 현실은 어떻게 창조되는 걸까?

왜 나는 '나'와 동일시하는 생각대로 움직일까?

내가 '이쪽으로 가야지' 하는 생각을 나와 동일시해 붙들고 있으면? 나는 이쪽으로 가게 된다. 그 생각을 내려놓고 '저쪽으로 가야지' 하는 생각을 붙들고 있으면? 나는 저쪽으로 가게 된다. '난 계단에 올라간다'는 생각을 붙들고 있는 동안 나는 계단에 올라간다. 그 생각을 내려놓고 '엘리베이터를 타야지' 하는 생각을 붙들고 있으면 나는 엘리베이터를 타게 된다.

그렇다면 내가 이미 붙들고 있는 생각에 또 다른 생각들을 추가로 붙들고 있으면 어떻게 될까? 예컨대 '난 밥을 먹는다'는 생각을 붙들고 있으면서 동시에 'TV를 봐야지'라는 생각을 추가로 또 붙들면? 나는 밥을 먹으면서 동시에 TV도 보게 된다. 이 생각들을 붙든 채 '선풍기를 틀어야지' 하는 생각을 또 추가로 붙들면? 나는 밥을 먹으면서 동시에 TV도 보고 선풍기도 틀어놓게 된다.

또, '난 걷는다'라는 생각을 붙들고 있으면 나는 걷는다. 여기에다 '난 아이스크림을 먹는다'는 생각을 추가로 또 붙들면? 나는 걸으면서 아이스크림도 먹는다. 여기에다 '난 콧노래를 부른다'는 생각을 또 추가로 붙들면? 나는 걸으면서 아이스크림도 먹으면서 콧노래도 부른다. 이처럼 나는 늘 나와 동일시하는 생각대로 움직인다.

그렇다면 나는 누구일까? 나와 동일시해 붙들고 있는 생각대로 움직이는 허깨비가 나일까?

'난 교사다'라는 생각을 붙들고 살아가면? 나는 교사로 살아간다. 여기에다 '난 아내다'라는 생각을 추가로 또 붙들고 살아가면? 나는 교사이면서 동시에 아내로도 살아간다. 여기에다 '난 엄마다'라는 생각, '난 며느리다'라는 생각까지 또 추가로 붙들고 살아가면? 나는 교사이면서 동시에 아내이면서 엄마이면서 며느리로 살아간다. 만일 내가 중간에 너무 힘들어 '난 교사다'라는 생각을 놓아주면? '교사로 살아가는 나'는 내 인생에서 빠져버린다.

그렇다면 느낌을 가진 생각, 즉 감정들은 어떨까? 내가 '난 화난다'는 생각을 나와 동일시해 붙들고 있으면? 나는 정말 화가 난다. '난 우울하다'는 생각을 붙들고 살아가면? 난 정말 우울하게 살아간다. '난 무능하다'는 생각을 붙들고 살아가면 나는 정말 무능한 사람으로 살아간다. '난 가난하다'는 생각을 붙들고 살아가면? 난 정말 가난하게 살아간다.

그렇다면 나와 동일시해 붙들고 있는 모든 생각을 몽땅 놓아주면 어떻게 될까? 아내라는 생각도, 엄마라는 생각도, 며느리라는 생각도, 화난다는 생각도, 무능하다는 생각도, 가난하다는 생각도 몽땅 놓아주면? 나는 텅 비어버린다. 텅 빈 마음만 남는다.

텅 빈 마음은 어떤 생각도 붙들고 있지 않은 창조주이다. 어떤 생각도 붙들고 있지 않기 때문에 모든 생각을 자유자재로 붙들어 모든 걸 창조할 수 있다. 그래서 전지전능하다. 그게 바로 진짜 나이다.

그래서 생각은 필요할 때 사용하고 나면 얼른 놓아주어야 한다. 사용하고 나서도 계속 나와 동일시해 붙들고 있으면 그 생각이 계속 내 눈앞의 현실로 펼쳐진다. 예컨대 '난 두렵다'는 생각을 계속 붙들고 있으면 내가 정말 두려움에 떠는 현실이 계속 펼쳐진다.

생각을 계속 붙들고 살아가면 작은 일에도 불쑥불쑥 화가 난다. 예컨대 내가 연인에게 카톡을 보냈는데, 며칠간 아무 답변도 돌아오지 않고 있다면? 나는 화가 난다. 왜 화가 날까? '내가 연인에게 문자를 보냈다'는 생각을 나와 동일시해 계속 붙들고 있기 때문이다. 그럼 '연인한테 답신이 올 거야'라는 생각도 역시 나와 동일시해 계속 붙들고 있게 된다. 그래서 연인이 그 생각대로 행동하지 않으면 화가 난다. 나는 연인 때문에 화나는 걸까? 아니다. 내가 이미 사용한 생각들을 나와 동일시해 계속 붙들고 있기 때문에 화가 나는 것이다.

만일 내가 호감이 가는 이성에게 용기를 내 "우리 커피 한잔하실래요?" 하고 물었는데 거절당한다면? 엄청난 수치심이 올라온다. '우리 커피 한잔하실래요?'라는 생각을 나와 동일시해 계속 붙들고 있기 때문이다. 그럼 내 존재가 거절당했다고 느끼게 된다. 사실은 내가 거절당한 게 아니다. 내가 붙들고 있는 생각을 거절당한 것이다.

생각을 나로 착각해 계속 붙들고 있지만 않으면 나는 늘 텅 빈 마음으로 살아간다. 내 마음이 텅 비어 있으면 나는 어떤 생각이든 맘대로 붙들어 원하는 현실을 자유로이 창조할 수 있다. 내 그릇이 늘 텅 비어 있으면 내가 원하는 음식을 자유로이 새로 담아 먹을 수 있지만, 그릇이 늘 가득 차 있으면 내가 원하는 음식을 새로 담을 수 없는 것과 마찬가지다. 현실은 나와 동일시해 붙들고 살아가는 생각이 내 눈앞에 펼쳐지는 것이다. 그렇다면 우주는 어떨까? 우주도 나와 동일시하는 생각대로 움직일까?

왜 우주도 '나'와 동일시하는 생각대로 움직일까?

주전자를 들어보니 물이 없다. '물을 끓여야지' 하는 생각을 나와 동일시해 붙들고 있으면 내 몸은 물을 끓이기 위해 스스로 움직인다. 내가 일일이 손을 어떤 방향으로 어떻게 움직여야 할지, 팔의 각도는 어느 정도로 맞춰야 할지 등은 고민하지 않아도 된다. 내 몸은 내가 붙들고 있는 생각대로 움직인다.

그런데 내 몸만 그렇게 움직인다고 해서 내가 물을 끓일 수 있는 걸까? 물도 내가 생각하는 대로 움직여야 한다. 물을 담은 주전자도 내 생각대로 움직여야 한다. 만일 주전자가 내 생각대로 움직이지 않으면? 나는 물을 끓일 수 없다.

만일 주전자를 올려놓은 가스레인지가 내 생각대로 움직이지 않으면? 나는 물을 끓일 수 없다. 주방도 역시 내 생각대로 움직여야 한다. 주방이 내 생각대로 움직이려면 주방이 들어선 집도, 집이 들어선 지구도, 지구가 들어선 우주도 역시 내 생각대로 움직여야 한다. 그러니까 우주 전체가 '물을 끓여야지' 하는 생각대로 일사불란하게 동시에 움직여야 나는 물을 끓일 수 있다.

그런데 왜 우주 전체가 나와 동일시하는 생각대로 움직이는 걸까? 우주도 몸처럼 나와 동일시하는 생각대로 움직이는 허깨비란 말일까? 만일 그렇다면 대체 누가 갖고 노는 허깨비일까?

'물을 끓여야지' 하는 생각은 어디서 떠오르는가? 창조주인 텅 빈 마음 속에서 떠오른다. 텅 빈 마음 속에서 떠오르는 '물을 끓여야지' 하는 생각을 나와 동일시해 붙들고 있으면 나와 우주가 동시에 움직여 나로 하여금 물을 끓이게 한다. 물을 끓여 마시고 나서 내가 물을 끓여 마시던 장면을 되돌아보라. 어디서 떠오르는가? 아무것도 없는 텅 빈 마음 속에서 떠오른다.

텅 빈 마음 속에 나도 들어 있고, 주방도 들어 있고, 집도 들어 있다. 시야를 더 넓히면 집이 들어 있는 지구도 들어 있고, 지구가 들어 있는 우주도 들어 있다. 이들은 죄다 텅 빈 마음 속에서 한 장의 정지된 평면 이미지로 떠올랐다 사라진다. 텅 빈 마음이 자신의 생각을 사용해 물을 끓이는 경험을 한 뒤, 경험한 장면을 텅 빈 마음 속에 놓아준 것이다. 이미 사용하고 놓아준 장면이라 정지된 이미지로 떠올랐다 사라진다.

그렇다면 물을 끓이는 경험을 하는 건 누구인가? '물을 끓여야지' 하는 생각이 텅 빈 마음 속에서 떠올라 우주 전체를 동시에 움직였으니 텅 빈 마음이 경험의 주체이다. 창조주인 텅 빈 마음이 나와 우주를 동시에 빌려 물을 끓여 마시는 경험을 한 뒤 텅 빈 마음 속에 놓아준 것이다.

텅 빈 마음인 창조주가 바로 나 자신임을 알 수 있다. 하지만 몸을 나라고 착각하면 '내가 몸을 움직여 물을 끓였다'고 믿게 된다. 그럼 나는 우주 전체를 움직이는 전지전능한 창조주와 분리되기 때문에 현실은 내 생각대로 돌아가지 않는다. '내가 한다'는 생각을 붙든 채 힘겹고 고달프고 외롭게 살아간다. 이것이 모든 고통의 근원적 원인이다.

창조주가 '나'를 빌려 수많은 '너'들을 창조한다.

창조주인 텅 빈 마음은 늘 텅 비어 있다. 왜 텅 비어 있을까? 예컨대 '나/너', '남자/여자', '하늘/땅', '낮/밤', '간다/온다', '태어난다/죽는다' 등 정반대의 짝이 되는 모든 생각을 완전히 받아들인 제로(0) 상태이기 때문이다.

창조주는 어떤 생각도 붙들고 있지 않기 때문에 늘 텅 비어 있고, 어떤 움직임도 없다. 그래서 모든 생각은 텅 빈 마음 속에서 떠오른다. 텅 빈 마음이 플러스 1을 창조하려면? 그럼 마이너스 1을 빌려야 한다. 따라서 플러스 1이 생기는 순간 마이너스 1도 동시에 생긴다. 마찬가지 이치로, 플러스 100이 생기는 순간 마이너스 100도 동시에 생긴다. 플러스 100은 마이너스 100을 빌려서 생기고, 마이너스 100은 플러스 100을 빌려서 생긴다. 이처럼 짝을 이루는 생각만 빌리면 무엇이든 창조할 수 있다.

그렇다면 '나'는 어떻게 창조될까? 역시 똑같은 이치로 창조된다. 아무것도 없는 텅 빈 마음 속에서 '나'를 창조하려면 '너'를 빌려야 한다. 그래서 '나'가 생기는 순간 '너'도 동시에 생긴다. '나'는 '너'를 빌려 생기고, '너'는 '나'를 빌려 생긴다. 그래서 '나' 이면엔 항상 '너'가 있고, '너' 이면엔 항상 '나'가 있다.

100명의 '너'들을 빌리면 100명의 '나'들을 창조할 수 있다. 10,000명의 '너'들을 빌리면 10,000명의 '나'들을 창조할 수 있다. 이렇게 창조되는 10,000명의 '너'들은 '나'가 아닐까? '너'는 '나'를 빌려 생기므로 모든 '너'들은 곧 '나'이다. 즉, 모든 '너'들은 이면의 '나'들이다.

'여자인 나'를 빌리면 '남자인 너'가 생기고, '남자인 나'를 빌리면 '여자인 너'가 생긴다. 그래서 남성성 이면엔 여성성이 존재하고, 여성성 이면엔 남성성이 존재한다. '사람인 나'를 빌리면 '식물인 너'도, '짐승인 너'도, '곤충인 너'도, '사물인 너'도 동시에 생긴다. 나의 눈으로 바라보면 '나'가 아닌 모든 것은 '너'이다. 동물들이 '너'일 수도 있고, 사물들이 '너'일 수도 있고, 세상이 '너'일 수도 있고, 우주 전체가 '너'일 수도 있다.

모든 '너'들은 '나'를 빌려 생기므로 곧 '나'이다. '나'들의 총합이 우주이다. 모든 '나'들은 창조주의 현현顯現이자 아바타들이다. 창조주가 수많은 아바타 '나'들을 빌려 수많은 모습으로 살아보는 것이다. 그러니까 창조주와 나는 하나이다. 창조주가 '나'라는 생각을 빌려 나로 살아간다. 그래서 의식적인 생각이든, 무의식적인 생각이든 나와 동일시하는 모든 생각은 무조건 현실로 창조된다.

이처럼 우주에 존재하는 모든 것은 '음/양', '플러스/마이너스'의 짝이 되는 생각들로 창조된다. 실제로 존재하는 건 아무것도 없다. 예컨대 내 몸의 70퍼센트는 물이다. 내 몸에서 물을 몽땅 빼내면 내 몸의 70퍼센트는 사라진다. 나머지 30퍼센트는 음식을 먹어서 생기는 살, 근육, 뼈 등이다. 그럼 내 몸에서 음식을 먹어서 생기는 것들까지도 몽땅 빼내면? 내 몸의 나머지 30퍼센트도 사라진다. 내 몸은 텅 비어버린다. 내 몸은 '나'라는 생각으로만 존재함을 알 수 있다. 그럼 내가 사는 집은 어떨까? 집에서 벽돌, 시멘트, 유리, 철근 등을 몽땅 빼내면? 집은 텅 비어버린다. 집도 역시 '집'이라는 생각으로만 존재한다.

그런데 이상하지 않은가? 생각으로만 존재하는 내 몸과 집이 왜 물질처럼 눈에 보이고 손으로 만져질까? '나'라는 몸이 생기는 순간, 나는 오감을 통해 나와 동일시하는 생각을 오감으로 전환시켜 인식하기 때문이다. 즉, 물질로 인식한다. 예컨대 '나는 너를 바라본다'는 생각을 나와 동일시하는 순간 이 생각은 오감으로 전환돼 내 눈앞에 펼쳐진다. 즉, 내가 너를 바라보는 장면이 오감의 공간으로 내 눈앞에 펼쳐진다. 그럼 나는 너를 바라보며 말도 주고받고 손도 잡고 냄새도 맡는다. 하지만 이 순간만 지나면 생각으로 사라지기를 끊임없이 반복하며 마치 진짜 존재하는 것 같은 착각을 일으킨다.

하지만 오감의 공간으로 펼쳐지는 모든 상황은 진짜 존재하는 게 아니기 때문에, 내가 너를 바라보는 것도 서로를 빌려야 한다. 예컨대 내가 너를 바라보는 동안 너는 보이지만 나는 보이지 않는다. 나를 빌려 너를 바라보기 때문이다. 상대의 입장에서도 역시 마찬가지다. 그래서 오감의 공간 속에선 너와 나를 동시에 바라볼 수 없다. 꿈속의 등장인물인 내가 꿈속의 너와 나를 동시에 바라볼 수 없는 것과 마찬가지다. 너와 나를 동시에 바라보려면 내가 오감의 공간을 벗어나 그 공간을 객관적으로 바라보아야 한다. 객관적으로 바라보면 꿈이다. 너와 나는 꿈속에서만 존재하는 가짜이다.

만일 내가 너를 바라보지 않으면? 너도 존재하지 않고, 너를 바라보는 나도 존재하지 않는다. 나는 너를 빌려 존재하고, 너는 나를 빌려 존재한다. 너와 나는 짝이 되는 생각이기 때문에 서로 분리될 수 없다. 너와 나가 사라지면 꿈도 사라진다.

이처럼 오감의 공간 속에 존재하는 모든 것은 짝이 되는 생각들을 빌려 생기는 가짜들이지만, 일단 오감화되면(물질화되면) 물질 에너지로 계속 존재해야 한다. 그러려면 계속 남들의 물질 에너지를 빌려야 한다. 예컨대 '몸인 나'가 계속 물질 에너지로 존재하기 위해서는 역시 물질 에너지인 '음식인 너'를 계속 빌려야 한다. 너를 계속 빌리지 않으면 나는 사라진다.

그렇다면 나한테 음식으로 먹히는 곡식과 채소들은 어떨까? 이들은 이들대로 '나'로 계속 존재하기 위해서는 흙과 물 등 '너'를 계속 빌려야 한다. 너를 계속 빌리지 않으면 나는 사라진다. 집은 안 그럴까? 집인 '나'도 계속 존재하기 위해서는 모래와 시멘트 등 '너'를 계속 빌려서 붙들고 있어야 한다. 모래와 시멘트 등 빌린 것들을 몽땅 돌려주면 집은 사라진다. 이처럼 만물은 '나/너', '나/사물', '나/식물', '나/세상', '나/우주' 등 나와 짝이 되는 생각들로 창조되는 가짜이다. 그런데도 왜 너무나도 생생한 진짜처럼 보이는 걸까?

'나'와 동일시하는 생각대로 '나/우주'가 짝을 맞춰 움직인다

그동안 내가 만난 사람들을 떠올려보라. 내가 'A를 떠올려봐야지'라고 생각하는 순간 A가 빛처럼 순식간에 떠오른다. 'B를 떠올려봐야지'라고 생각하는 순간 B가 역시 빛처럼 순식간에 떠오른다. '무한한 우주를 떠올려봐야지'라고 생각하는 순간 무한한 우주가 역시 빛처럼 순식간에 떠오른다.

이들은 왜 내가 생각을 떠올리는 순간 텅 빈 마음 속에서 빛처럼 순식간에 떠오를까? 창조주인 텅 빈 마음이 홀로그램 현실을 창조할 때 사용하는 빛 홀로그램들이기 때문이다. 이 홀로그램들은 나와 동일시하는 생각대로 일제히 내 눈앞에 펼쳐져 너무나도 진짜 같은 인생 영화를 연출해낸다.

예컨대 내가 '난 시장에 간다'는 생각을 나와 동일시하면 텅 빈 마음 속에서 홀로그램들이 일제히 그 생각대로 정렬돼 내 눈앞에 펼쳐진다. 그래서 내가 시장 가는 장면이 마치 진짜 3차원 영화 장면처럼 내 눈앞의 홀로그램으로 펼쳐진다. 내가 실제로 이동하는 게 아니다. 내 눈앞에서 '나'라는 홀로그램이 팔다리를 움직이며 시장 가는 모습을 빛의 떨림으로 연출할 뿐이다. 그럼 나와 짝이 되는 우주라는 홀로그램도 시장과 함께 내게 점점 가까이 다가오는 모습을 동시에 연출한다.

이 홀로그램들은 누가 동시에 움직여주는 걸까? 진짜 나인 창조주가 '간다/온다'는 짝이 되는 생각들을 사용해 나와 우주라는 홀로그램들을 동시에 움직여준다. 그럼 아바타인 나는 시장을 향해 가고, 우주는 시장과 함께 내게 오는 모습이 연출된다. 가는 움직임과 오는 움직임이 동시에 일어나면 제로(0)가 된다. 실제로는 가는 것도 없고 오는 것도 없다. 실제로 이동하는 건 아무것도 없다. 단지 나와 동일시하는 생각대로 홀로그램들이 내 눈앞에서 빛의 떨림으로 명멸할 뿐이다.

하지만 홀로그램 몸을 붙들고 있는 나는 내가 정말 시장을 향해 간다고 착각하게 된다. 사실은 창조주가 아바타 나를 빌려 시장 가는 경험을 하는 것이다.

만일 내가 지하철을 타기 위해 지하철역을 향해 걸어 나간다면? '걸어 나간다'는 생각과 '걸어 나온다'는 생각은 서로 짝이 되는 생각이다. 내가 '걸어 나간다'는 생각을 붙들고 지하철역을 향해 걸어 나가는 움직임을 취하면, 우주는 지하철역과 함께 나를 향해 걸어 나온다. 나와 우주는 늘 짝을 맞춰 서로 정반대로 움직인다. 그래야 서로의 움직임이 상쇄돼 텅 빈 마음이 되기 때문이다.

텅 빈 마음 속에선 실제로 이동하는 게 아무것도 없어야 한다. 그래서 내가 저쪽으로 가면 우주는 이쪽으로 오고, 내가 위로 올라가면 우주는 아래로 내려오고, 내가 오른쪽으로 돌면 우주는 왼쪽으로 돈다. 내가 산책길을 따라 앞으로 걸어 나가면 산책길은 나를 향해 걸어 나온다. 내가 롤러코스터를 타고 아래로 치달으면 땅바닥은 나를 향해 위로 솟아오른다. 내가 비행기를 타고 창공을 향해 앞으로 날아가면 창공은 나를 향해 날아온다.

텅 빈 마음 속에서 일어나는 모든 움직임의 총합은 매 순간 완벽한 제로(0)이다. 즉, 가짜이면서도 진짜 같은 느낌을 일으키는 홀로그램 환영일 뿐이다. 창조주인 텅 빈 마음이 정반대의 짝이 되는 생각들을 사용해 펼쳐내는 홀로그램 영화이다.

올라간다/내려간다, 준다/받는다, 공격한다/공격당한다, 뺏는다/뺏긴다, 사랑받는다/미움받는다, 부유하다/가난하다, 태어난다/죽는다…. 홀로그램들을 움직일 때 사용되는 모든 생각도 반드시 짝을 이룬다. 서로가 서로를 빌려 생기기 때문이다.

서로를 빌려서 생기는 짝이 되는 생각들로 움직이는 3차원 홀로그램 현실은 진짜일까? 물론 가짜이다. 가짜이기 때문에 이 찰나에만 존재한다. 이 찰나만 지나면 텅 빈 마음 속으로 사라진다. 하지만 생멸을 거듭하기 때문에 너무나 진짜 같은 환영을 일으킨다. 이 찰나만 지나면 사라지는 것이 진짜 물질일까? 아인슈타인의 말대로 "물질은 존재하지 않는다(There is no matter)."

홀로그램 현실은 원래의 나인 창조주가 수많은 모습의 홀로그램 몸들을 만들어 홀로그램 눈으로 보고, 홀로그램 귀로 듣고, 홀로그램 손으로 만져보는 놀이다. 수많은 '나'들이 각기 나와 동일시하는 생각들을 붙들어 각자의 홀로그램 우주를 창조하면 서로의 우주들이 겹치게 된다. 예컨대 A와 B는 각기 다른 도시에서 각자의 인생을 살고 있다. 하지만 두 사람이 K 음식점에서 함께 만나면 두 사람의 우주들이 K 음식점에서 중첩된다. 그러다가 서로 헤어지면 서로의 우주들도 다시 분리된다. 그러니까 A가 B를 만날 때 서로 몸과 몸으로 만나는 게 아니다. 몸은 창조주인 내가 사용하는 놀이도구이다.

다시 말해 게임 플레이어인 창조주가 A와 B라는 게임 캐릭터들을 만들어 혼자서 게임을 즐기는 것이다. 그걸 어떻게 알 수 있을까? A가 동일시하는 생각도 텅 빈 마음 속에서 떠오르고, B가 동일시하는 생각도 텅 빈 마음 속에서 떠오른다. 그러니까 텅 빈 하나의 마음인 창조주가 자신을 쪼개 두 명의 게임 캐릭터들로 만들고, 이 캐릭터들이 각자 독자적으로 움직이도록 각자에게 나와 동일시해 붙들 수 있는 생각을 떠오르게 해주는 것이다.

이 세상엔 무수한 캐릭터들이 있다. 이들도 각기 창조주가 떠오르게 해주는 무수한 줄기의 생각들을 각기 자신과 동일시하며 독자적인 우주 속에서 살아간다. 나 자신이 게임 속에 들어온 창조주라는 사실을 깜빡하는 순간 나는 게임 속에 갇힌 캐릭터로 살아가게 된다.

창조주가 '나'를 빌려 홀로그램 인생 영화 속에 들어온다

내가 서울에서 제주도로 비행기를 타고 여행을 한다고 가정해 보자. 몸을 나와 동일시하면 나는 내가 비행기를 타고 서울에서 제주도로 이동한다고 생각한다. 하지만 지나고 나서 여행 중의 내 모습들을 되돌아보면? 마치 사진기로 촬영한 흑백 사진들처럼 텅 빈 마음 속에서 내 모습들이 낱개의 정지된 평면 이미지들로 떠올랐다 사라진다. 제주도 여행은 3차원 공간 속에서 일어난 상황이 아니라, 텅 빈 마음 속에서 펼쳐진 평면의 영화였음을 알 수 있다.

그리고 나도 그 평면 영화 화면의 일부였다. 나는 '나'라는 홀로그램 몸을 붙들고 홀로그램 영화 속에 들어갔다 나온 것이다. 그렇다면 진짜 나는 누구인가? 그 영화를 지켜보는 텅 빈 마음인 관찰자이자 창조주이다. 이를 VR(가상현실, Virtual Reality) 영화에 비유해보면 어떨까?

나는 VR 안경을 쓰고 내가 제주도를 여행하는 VR 영화를 보는 중이다. 내 몸에 붙은 두 손이 VR 영화 속에 들어가 영화 속의 이미지와 서로 반응하는 것처럼 움직인다. 그럼 나는 마치 내가 정말 제주도를 여행하는 것처럼 착각하게 된다. 나는 지금 이 자리에 가만히 있고 영화 속의 이미지들이 차례로 내게 다가오면서 내 눈앞에 펼쳐진다.

높은 산의 이미지가 점점 내려오면서 내 눈앞에 펼쳐지면 내가 정말 산에 올라가는 것 같다. 해변에서 거센 파도가 밀려오는 이미지가 내 눈앞에 펼쳐지면 내가 정말 파도에 휩쓸려버릴 것처럼 느껴진다. 평면의 영화 이미지들이 펼쳐지는 것인데도 영화 속에 두 손을 들여놓은 나는 내가 정말 이리저리 이동한다고 착각한다.

물론, 현실이라는 인생 영화는 훨씬 더 정교하다. VR 영화를 볼 땐 내 눈의 표면과 VR 안경 사이에 약간의 거리가 있다. 즉, 서로 분리돼 있다. 또, 내 두 손만 영화 속에 들어가 있기 때문에 현실감도 떨어진다. 더구나 영화 속의 등장인물들과 서로 말이나 감정을 주고받을 수도 없고, 물건을 주고받을 수도 없다.

하지만 홀로그램 인생 영화에서는 창조주인 내가 홀로그램 몸을 만들어 홀로그램 영화 속에 아예 들어와버린다. 나 자신이 홀로그램 영화 화면의 일부가 돼버리는 것이다. 내 홀로그램 몸과 홀로그램 영화 화면은 서로 완전히 붙어버린다. 내 눈도 역시 홀로그램 영화 화면의 일부이다.

잠시 눈을 감아보라. 현실이라는 영화 화면이 내 눈과 함께 싹 사라진다. 다시 눈을 떠보라. 영화 화면이 내 눈과 함께 다시 펼쳐진다. 내 눈은 영화 화면과 붙어 있다. 그래서 내 몸은 영화 화면을 벗어날 수 없다. 이처럼 창조주는 두 손만 영화 속에 들여놓은 게 아니라, 아예 몸 전체를 영화 화면 속에 들여다놓고 현실이라는 영화를 경험한다. 물론 몸을 평면의 영화 화면 속에 들여다놓을 수 있는 건 몸도 역시 평면의 홀로그램이기 때문이다.

친구를 떠올려보라. 아무것도 없는 텅 빈 마음 속에서 평면의 이미지로 떠오른다. 그를 우주만큼 크게 떠올려볼 수도 있고, 콩알만큼 작게 떠올려볼 수도 있다. 그를 옆모습으로 떠올려볼 수도 있고, 뒷모습으로 떠올려볼 수도 있다. 우주를 떠올려보라. 역시 평면의 이미지로 떠오른다. 우주를 어마어마하게 크게 떠올려 볼 수도 있고, 티끌만 하게 작게 떠올려볼 수도 있다.

이처럼 이 세상에 존재하는 모든 것은 내가 생각하는 대로 요술처럼 형상화되는 평면의 홀로그램들이다. 이쪽 면이 보인다고 생각하면 이쪽 면이 보이고, 저쪽 면이 보인다고 생각하면 저쪽 면이 보인다. 뒷모습이 보인다고 생각하면 뒷모습이 보이고, 앞모습이 보인다고 생각하면 앞모습이 보인다. 가까이 있다고 생각하면 가까이 보이고, 멀리 떨어져 있다고 생각하면 멀리 보인다. 이쪽으로 돈다고 생각하면 이쪽으로 돌고, 저쪽으로 돈다고 생각하면 저쪽으로 돈다. 하지만 늘 한쪽 면만 보이는 평면이다.

홀로그램 몸은 나와 동일시하는 생각을 형상화시켜줄 뿐 아니라 소리도 듣고, 말도 하고, 촉감도 느낄 수 있게 해준다. 홀로그램은 진동하는 빛의 떨림이기 때문이다. 그래서 이런 소리가 들린다고 생각하면 이런 소리가 들리고, 저런 향기가 난다고 생각하면 저런 향기가 난다. 이처럼 홀로그램들은 진짜가 아닌 평면이면서도 너무나도 진짜 같은 3차원 환영을 연출해낸다. 이 요술 같은 홀로그램들을 사용해 나는 한평생을 살다 돌아간다.

사랑하는 연인과 심한 말다툼이 벌어졌다. 나는 그 상황이 틀림없는 진짜라고 착각한다. 그도 3차원의 몸이고, 나도 3차원 몸이고, 그 상황 전체가 3차원 현실이라고 믿는다. 하지만 나와 말다툼 중인 그의 모습을 찬찬히 살펴보면 매 순간 한쪽 면만 보이는 평면이다. 평면이면서도 끊임없이 움직인다. 화난 표정을 지을 땐 얼굴도 붉으락푸르락하고 호흡도 가빠진다. 하지만 늘 한쪽 면만 보이는 평면이다. 나한테 소리를 지를 때도, 나에게 삿대질을 할 때도 늘 한쪽 면만 보이는 평면의 이미지이다. 내가 나를 바라보면 어떤가? 나도 역시 늘 한쪽 면만 보이는 평면 이미지이다.

둘이 싸우다가 화가 풀리면 서로 씩 웃으며 마주 안고 등을 톡톡 두드려준다. 등은 눈에 보이지 않는다. 그런데도 왜 감촉이 느껴지는 걸까? 내가 그의 등을 톡톡 두드려줄 때 나는 어떤 생각을 나와 동일시해 붙들고 있는가? '나는 손으로 그의 등을 톡톡 두드려준다'는 생각을 붙들고 있다. 내가 붙들고 있는 그 생각이 몸의 촉감으로도 전환돼 그의 등이 만져진다는 느낌이 일어난다.

만일 며칠 후 그와 멀리서 전화 통화를 한다면? 그와 나는 서로를 보지 못한다. 상대는 생각으로만 존재하는 가짜다. 가짜인 상대가 내는 목소리는 진짜일까? 역시 생각이 청각으로 전환되는 가짜다. 통화 중인 그는 나를 보지 못한다. 나도 역시 생각으로만 존재하는 가짜다. 단지 서로 몸을 나와 동일시해 만나는 순간에만 서로를 진짜처럼 착각하게 될 뿐이다.

'너'와 '나'는 번갈아가며 나타나는 홀로그램

가정에서건, 직장에서건, 학교에서건, 너와 나의 관계가 가장 큰 스트레스의 원인이다. '너'와 '나'가 서로 분리돼 있다는 착각 때문이다. 하지만 너와 나는 남자와 여자, 낮과 밤, 여름과 겨울, 하늘과 땅처럼 홀로그램 영화 속에서만 존재하는, 정반대의 짝을 이루는 홀로그램이다.

짝을 이루는 홀로그램들의 특징은? 시간에 따라 서로 번갈아가며 나타난다는 것이다. 예컨대 낮과 밤, 여름과 겨울은 번갈아가며 내 눈앞에 나타난다. 위를 바라보면 하늘이 보이다가 아래를 바라보면 땅이 번갈아가며 내 눈앞에 나타난다.

너와 나는 어떨까? 빛보다 빠른 속도로 '너'와 '나'가 번갈아가며 내 눈앞에 나타난다. 즉, 내가 너를 바라보는 순간 너는 보이지만 나는 보이지 않는다. 그런데도 왜 나는 나도 동시에 보인다고 생각하는 걸까? '너'가 보이기 때문이다. '너'가 보이니 당연히 같은 공간에 있는 나도 보인다고 착각하게 된다.

거꾸로 내가 나를 바라보는 순간 나는 보이지만 너는 보이지 않는다. 그런데도 왜 나는 너도 동시에 보인다고 생각하는 걸까? '나'가 보이기 때문이다. '나'가 보이니 당연히 나와 같은 공간에 있는 너도 보인다고 착각하게 된다.

너와 나는 짝이 되는 생각으로 창조되기에 동시에 보이지 않는다. '너'가 보이면 '나'가 안 보이고, '나'가 보이면 '너'가 안 보인다. 이는 사실은 너무나 당연한 일이다. '나'가 보이는데 어떻게 동시에 '너'가 보이겠는가? '나'가 보이는 순간 '너'는 사라지는 것이다. 하지만 너와 나라는 짝이 되는 생각이 빛보다 빠른 속도로 번갈아가며 홀로그램으로 나타나기 때문에 홀로그램 영화 속의 나는 이 사실을 전혀 눈치챌 수 없을 뿐이다.

창조주는 이런 착각을 이용해 마치 '너'와 '나'가 늘 존재하는 것 같은 감쪽같은 요술을 부린다. 창조주가 혼자서 나를 빌려 너를 바라보고, 너를 빌려 나를 바라보는 놀이를 즐기는 것이다.

내가 바라보는 너는 정말 홀로그램일까? 내가 너의 앞쪽 면을 바라보는 순간 너의 뒤쪽 면은 보이지 않는다. 거꾸로 너의 뒤쪽 면을 바라보는 순간 너의 앞쪽 면은 보이지 않는다. 나는 너의 뒤쪽 면을 빌려 너의 앞쪽 면을 바라보고, 너의 앞쪽 면을 빌려 너의 뒤쪽 면을 바라본다. 너 자체도 이쪽과 저쪽이 번갈아가며 나타나는 홀로그램임을 알 수 있다. 영화 속의 나는 너의 양쪽 면을 동시에 바라볼 수 없다.

그렇다면 내가 바라보는 나도 정말 홀로그램일까? 내가 나의 앞쪽 면을 바라보면 뒤쪽 면은 보이지 않는다. 또, 나의 왼쪽 면을 바라보면 오른쪽 면이 보이지 않는다. 나의 이쪽 면을 빌리지 않으면 저쪽 면을 바라볼 수 없고, 저쪽 면을 빌리지 않으면 이쪽 면을 바라볼 수 없다. 나도 역시 홀로그램이다.

그럼 '나'와 '너'가 서로 두 손을 마주 잡고 있다면? 서로 두 손을 마주 잡고 있는 모습은 보이지만 다른 모습은 보이지 않는다. 이런 모습이 보이면 저런 모습은 보이지 않는다. 저런 모습을 빌려 이런 모습을 바라본다. 저런 모습은 실제로 존재할까? 이런 모습을 빌려 생기는 착각이다.

그렇다면 창밖의 풍경은 진짜일까? 창밖의 풍경을 바라보면 방 안의 풍경은 보이지 않는다. 거꾸로 방 안의 풍경을 바라보면 창밖의 풍경이 보이지 않는다. 나는 이쪽 풍경을 빌려 저쪽 풍경을 바라보고, 저쪽 풍경을 빌려 이쪽 풍경을 바라본다.

서로를 빌려 생기는 건 진짜일까? 가짜이다. 서로 빌렸던 걸 몽땅 돌려주면 제로(0)가 돼버리기 때문이다. 사실은 이쪽 풍경도 없고 저쪽 풍경도 없다. 이쪽과 저쪽이 서로 번갈아가며 나타날 뿐이다. 그래서 모든 풍경은 지금 이 순간만 지나면 텅 빈 마음 속으로 사라진다. 텅 빈 마음인 창조주가 풍경을 구경한 뒤 거둬들이는 것이다.

만물이 죄다 이와 똑같은 이치로 연출되는 홀로그램 환영이다. 즉, 내가 바라보는 동안에만 존재한다. 이것이 양자물리학이 말하는 이른바 '관찰자 효과'(observer effect)이다. 하지만 이는 과학적 실험 결과가 그렇다는 것일 뿐, 물질 차원을 벗어나 직접 체험하지 않고는 가슴으로 완전히 받아들이기 어렵다. 창조주가 짝이 되는 생각들로 부리는 요술이기 때문이다. 그래서 노벨물리학상 수상자 리처드 파인만Richard Feynman마저도 "양자역학을 이해하는 사람은 아무도 없다"고 말한 바 있다.

이처럼 물질 세상은 짝이 되는 정반대의 생각들로 창조되는 홀로그램 영화이다. 이 영화가 착각이라는 걸 알면 나는 텅 빈 마음으로 돌아가고 모든 문제는 스스로 풀린다. 홀로그램 영화는 원래의 나인 창조주가 직접 영화 속에 들어와 보고 듣고 만지며, 이것도 바꿔보고 저것도 바꿔보는 너무나도 생생하고 신나는 놀이이다.

오감의 공간도 역시 짝으로 번갈아가며 펼쳐진다. 내 눈앞의 공간을 바라보면 뒤쪽 공간은 보이지 않는다. 거꾸로 뒤쪽 공간을 바라보면 앞쪽 공간이 보이지 않는다.

그럼 거울을 이용해 내 몸 앞뒤 공간 전체를 통째로 바라보면? 오감의 공간 전체가 가짜임이 드러난다. 그 공간 속의 나도 사라진다. 동시에 모든 문제가 스스로 풀리는 신기한 경험도 하게 된다. 그 생생한 경험 사례들은 책 후반부에 자세히 소개돼 있다.

'나'와 동일시하는 생각이 내가 경험하는 상황이다

나는 지금 서울 근교의 한 작은 아파트에 살고 있다. 텅 빈 마음 속에서 문득 이런 생각이 떠오른다. '일주일 뒤 제주도에 놀러 갈까?' 텅 빈 마음 속에서 떠오른 이 생각을 나와 동일시해 붙들고 있으면 일주일 뒤 내 눈앞의 현실로 펼쳐진다.

물론 현재의 나는 집에 머물고 있다. 내가 제주도에 가 있는 현실은 생각으로만 잠재해 있다. 현재의 나는 '난 집에 머물고 있어'라는 생각을 붙들고 있다. 이 생각을 붙들고 있는 동안 나는 집에 머물게 된다.

이 생각을 붙들고 있으면서 '청소를 해야지' 하는 생각을 추가로 붙들면 나는 집에 머물면서 청소도 하게 된다. '껌을 씹어야지' 하는 생각을 추가로 또 붙들면 나는 집에 머물면서 청소도 하면서 껌도 씹게 된다. 또, '음악을 들어야지' 하는 생각을 추가로 붙들면 나는 집에 머물면서 청소도 하면서 껌도 씹으면서 음악도 듣게 된다.

그러다가 일주일이라는 시간이 흘러가면 '오늘 제주도 가기로 했었지' 하는 생각이 텅 빈 마음 속에서 떠오른다. 이 생각을 나와 동일시해 붙들면 내가 제주도에 가는 현실이 내 눈앞에 펼쳐진다.

제주도에 머물며 '바닷가에 가야지' 하는 생각을 붙들고 있으면 내가 제주도에 머물며 바닷가에 가는 현실이 내 눈앞에 펼쳐지고, 그 생각을 내려놓고 '올레길을 걸어봐야지' 하는 생각을 붙들고 있으면 내가 올레길을 걷는 현실이 내 눈앞에 펼쳐진다. 올레길을 걸으며 '휘파람을 불어야지' 하는 생각을 추가로 붙들면 올레길을 걸으면서 휘파람도 추가로 불게 된다. 그러다가 '모자를 써야지' 하는 생각을 추가로 또 붙들면 올레길을 걸으면서 휘파람도 불면서 모자도 추가로 쓰게 된다.

나와 동일시해 붙드는 생각 속엔 나도 들어 있고, 올레길도 들어 있고, 휘파람도 들어 있고, 모자, 바닷가, 나무들, 하늘 등 모든 것이 다 들어 있다. 왜 모든 것이 몽땅 들어 있는 걸까? '나'가 생기는 순간 짝이 되는 '너'도 생기고, 세상도 생기고, 우주도 동시에 생기기 때문이다. 나와 동일시해 붙드는 생각이 곧 내 눈앞에 펼쳐지는 현실, 즉 내가 경험하는 상황이다. 내가 붙드는 생각은 창조주인 텅 빈 마음 속에서 떠오르므로, 내가 경험하는 상황도 텅 빈 마음 속에서 떠오르는 것, 즉 창조주가 아바타인 나에게 선물처럼 내려주는 것이다. 아바타인 내가 경험하는 상황이 곧 창조주인 내가 경험하는 상황임을 알 수 있다.

'나'와 동일시하는 생각을 억누르면 상황이 되풀이된다

남편은 결혼 전부터 술과 담배에 중독된 채 살아왔습니다. 재작년부터 제가 시작한 일이 잘돼 남편도 같이 새 사업을 하고 있는데, 전부터 있던 의처증이 더욱 심해졌습니다. 지금은 술이 없으면 단 하루도 못 지냅니다. 정말 미칠 것 같아서 이혼 이야기를 몇 번 꺼냈는데, 사람을 죽일 듯 난리를 쳐서 지금은 그 말을 꺼내지도 못합니다.

정말 이제는 남편에 대한 정이 하나도 없고, 불쌍하다는 생각도 전혀 없습니다. 그냥 저 사람이 내 눈앞에만 안 보이면 좋겠습니다. 같은 공간에 있는 것도 싫고 눈 마주치는 것도 소름 끼칠 정도입니다. 아이들까지 매일 남편 기분을 살피며 불안하게 사는 게 너무 싫습니다.

몸이 '나'라는 착각 속에 살아가면 남편과 나는 서로 분리된 존재이다. 나와 분리된 남편을 내가 무슨 수로 바꿀 수 있을까? 불가능한 일이다. 하지만 내가 경험하는 모든 상황은 나와 동일시해 붙들고 있는 생각이 형상화된 홀로그램 영화라는 사실에 눈을 뜨면 돌연 모든 게 가능해진다. 왜냐하면 내가 붙들고 있는 생각만 바꾸면 상황 전체가 통째로 바뀌기 때문이다. 그러려면 내가 붙들고 있는 생각이 어떻게 가짜 상황을 연출해내는지 또렷하게 이해해야 한다.

상황, 즉 현실이 가짜라는 건 실제로는 아무것도 없다는 말이다. 그걸 완전히 아는 '앎'이 되는 순간 마음은 텅 비어버린다. 즉, 내가 붙들고 있는 모든 생각을 몽땅 놓아주게 된다. 마치 공포스러운 꿈을 꾸다가 '아, 이건 가짜구나!' 하고 깨닫는 순간 공포가 싹 사라지는 것과 같다. 공포가 가짜라는 걸 알았기 때문이다. 내가 공포를 붙들고 있지 않으면 공포스러운 꿈도 공포스럽지 않은 꿈으로 전환된다.

3차원 현실이 진짜라는 착각을 일으키는 가장 큰 원인은 단연

시각이다. 시각은 내 시야를 완전히 덮어버리기 때문이다. 나는 내 머리 앞쪽에 붙어 있는 육안을 통해 나와 동일시하는 생각을 3차원 공간으로 전환시켜 바라본다.

그렇다면 육안이 붙어 있지 않은 내 머리 뒤쪽에도 3차원 공간이 동시에 존재하는 걸까? 생각은 육안을 통해서만 3차원 공간으로 전환된다. 자연히 육안이 없는 내 머리 뒤쪽엔 3차원 공간이 존재하지 않는다. 그러니까 내 머리 뒤쪽은 늘 텅 비어 있다. 하지만 내가 머리를 돌려 내 몸 뒤쪽을 바라보는 순간, 3차원 공간이 몸 뒤쪽에 펼쳐진다. 대신 내 몸 앞쪽에 펼쳐졌던 3차원 공간은 사라진다.

3차원 공간은 항상 내 육안 앞에만 나타나는 반쪽짜리 공간, 즉 가짜이다. 내가 머리를 이쪽으로 돌리면 이쪽에 3차원 공간이 생기고, 머리를 저쪽으로 돌리면 저쪽에 3차원 공간이 생긴다. 내가 머리를 위로 쳐들면 위쪽에 3차원 공간이 생기고, 내가 머리를 아래로 숙이면 아래쪽에 3차원 공간이 생긴다.

내가 머리를 돌릴 때마다 내 눈앞에 어김없이 3차원 공간이 펼쳐지니 나는 '난 틀림없이 3차원 공간 속에서 살고 있어'라고 착각할 수밖에 없다. 자연히 내 머리 뒤쪽에도 3차원 공간이 있으려니 착각하게 되는 것이다. 그래서 3차원 현실을 진짜라고 철석같이 믿게 된다.

3차원 공간은 나와 동일시해 붙들고 있는 생각이 홀로그램 눈을 통해 홀로그램으로 형상화돼 펼쳐지는 것이다. 그런데 내가 붙들고 있는 생각은 매 순간 시간을 따라 흘러간다. 자연히 홀로그럼 눈을 통해 형상화되는 3차원 공간도 역시 매 순간 시간을 따라 흘러간다.

따라서 내가 지금 머리를 돌려 내 몸 뒤의 3차원 공간을 다시 바라본다면 그건 아까 보았던 3차원 공간이 아니다. 아까 보았던 3차원 공간은 머리를 돌리는 데 지나간 시간만큼 이미 흘러가버렸다. 지금 내 눈앞에 펼쳐지는 3차원 공간은 바로 지금 이 순간 나와 동일시하는 생각이 형상화되는 것이다.

청각과 후각 등 다른 감각들도 3차원 공간이라는 착각을 생생하게 강화시키는 보조기능을 한다. 예컨대 3차원 공간은 내 눈앞에만 펼쳐지는 환영이지만, 귀를 통해 내 몸 뒤의 먼 곳에서 차가 다가오는 소리가 들린다거나 빵을 굽는 냄새가 바람을 타고 흘러오면 나는 자동적으로 내 몸 뒤에도 3차원 현실이 존재한다고 믿게 된다. 하지만 그것도 역시 나와 동일시해 붙들고 있는 생각이 청각과 후각으로 전환되는 것이다. 나는 늘 나와 동일시하는 생각 속에서 살아간다.

그렇다면 남편이 매일 술을 마시는 원치 않는 현실은 왜 매일 되풀이해 내 눈앞에 형상화돼 나타나는 걸까? 현실을 진짜라 착각하면 좋고 싫음이 생기기 때문이다. 그러다 보니 '난 술 마시는 남편이 싫다'는 생각을 나와 동일시해 계속 억눌러 붙들고 있게 된다. 생각은 내가 붙들고 있지만 않으면 물질화된 현실로 나타나지 않고 그냥 흘러가 사라진다. 그런데 내가 계속 억눌러 붙들고 있으니 흘러가지 못한 채 내 눈앞의 물질화된 현실로 계속 나타날 수밖에 없다.

나는 왜 '술 마시는 남편'을 싫다고 억눌러 붙들고 있을까? '술 안 마시는 남편'을 좋다고 붙들고 싶어하기 때문이다. 한쪽을 좋 다고 붙들고 싶어하면 싫어하는 반대쪽은 자연히 무의식에 억눌 리게 된다. 그럼 어떤 현실이 창조될까? 억눌린 생각은 반드시 다 시 튀어 오른다. 생각도 에너지의 물결이기 때문이다.

그렇다면 내가 정반대의 짝이 되는 생각을 동시에 받아들이면? 양쪽 생각이 합쳐져 텅 비어버린다. 즉, 텅 빈 마음 속으로 흘러 간다. 자연히 싫어하는 남편의 모습은 내 눈앞의 현실로 형상화 돼 나타나지 않는다.

몸을 나와 동일시하면 자연히 좋고 싫음이 생긴다. 자연히 원 하는 생각은 좋다고 붙들고 싶어지기 때문에, 원치 않는 생각은 싫다고 느껴져 무의식적으로 억눌리게 된다. 그럼 원치 않는 현 실이 계속 나타날 수밖에 없다.

게임 속의 캐릭터인 '나'가 끼어들면 게임을 망치게 된다

어느 날 냉장고를 열어보니 먹거리가 바닥났다. '먹거리가 바 닥났다'는 생각이 드는 순간 살짝 두려움이 올라온다. 지금의 내 상황에 맞는 두려움이다. 두려움을 느껴주면 '먹거리를 채워야지' 하는 생각이 텅 빈 마음 속에서 스스로 떠오른다. '먹거리가 바닥 난다'는 생각은 '먹거리가 채워진다'는 생각과 짝이기 때문이다.

그래서 '먹거리를 채워야지' 하는 생각을 나와 동일시하면, 또 '시장 봐야지'라는 생각이 저절로 뒤따른다. '시장 봐야지'라는 생 각을 나와 동일시하면 나는 시장을 보게 된다. 시장을 보고 오면

냉장고는 먹거리로 다시 가득 채워지게 된다.

내 상황에 맞는 생각들이 왜 이처럼 스스로 꼬리를 물고 텅 빈 마음 속에서 떠오르는 걸까? 창조주인 텅 빈 마음이 바로 나 자신이기 때문이다. 창조주는 인생 영화 밖에서 늘 영화 속의 나를 지켜본다. 영화 밖의 창조주와 영화 속의 나는 하나이다. 그래서 영화 밖에서 나를 지켜보는 창조주는 먹거리가 바닥나면 먹거리가 다시 채워지도록, '먹거리를 채워야지' 하는 생각이 스스로 떠오르도록 해주는 것이다.

창조주가 게임을 하는 플레이어라면 나는 게임 속의 아바타이자 캐릭터이다. 창조주는 게임 속의 모든 캐릭터를 동시에 지켜보며 동시에 움직여준다. 플레이어인 창조주가 게임을 완벽하게 즐길 수 있게 하려면 게임 속의 캐릭터인 내가 끼어들지 말아야 한다. 내가 끼어들면 게임이 제대로 흘러가지 못한 채 자꾸만 고통스럽게 되풀이된다.

게임 속의 A도, B도, C도, D도 각기 창조주인 텅 빈 마음 속에서 떠오르는 생각으로 움직이는 캐릭터들이다. 게임 속의 나는 내가 게임을 한다고 착각하지만, 나 혼자 게임을 할 수 있을까? 게임이 제대로 흘러가려면 게임 속의 모든 캐릭터가 플레이어인 창조주에게 게임을 완전히 맡겨놓아야 한다. 그렇지 못하기 때문에 인생 영화라는 게임이 고통의 바다인 것이다.

'돈이 떨어진다'는 생각은 '돈이 채워진다'는 생각과 짝이다. 그래서 돈이 떨어지는 상황이 닥치면 두려움이 저절로 올라온다. 두려움을 느껴주지 않으면 돈이 떨어져도 아무 행동도 안 하게 된다. 그래서 점점 궁급해진다. 하지만 두려움을 느껴주면 '돈을 채워야지' 하는 생각이 텅 빈 마음 속에서 스스로 떠오른다.

이 생각을 나와 동일시해 붙들고 있으면 '돈을 어떻게 채우지?' 하는 생각이 뒤따라 떠오르고, 이 생각을 나와 동일시해 붙들고 있으면 또 두려움이 올라온다. 이 두려움도 또 느껴주면 '이렇게 벌면 되지'라는 생각이 뒤따라 떠오르고, 이 생각을 나와 동일시해 붙들고 있으면 나는 돈을 벌게 된다.

내가 텅 빈 마음에 늘 귀를 기울이고 있으면 텅 빈 마음이 내 상황에 맞는 생각을 어김없이 떠오르도록 해준다. 내 몸은 이렇게 떠오르는 생각대로 움직이는 홀로그램이다. 그래서 텅 빈 마음인 창조주에게 맡겨놓을 때 현실은 완벽하게 돌아간다.

'난 매 순간 텅 빈 마음 속에서 살아가고 있다' 혹은 '난 매 순간 텅 빈 무한한 사랑 속에서 살아가고 있다'고 자각하며 살아가면 내가 경험하는 모든 상황은 무조건적이고 무한한 사랑 속에서 순리에 맞게 순풍을 타고 흘러간다. 거꾸로 몸을 나와 동일시하고 살아가면 현재의 상황과 맞지 않는 두뇌의 생각으로 살아가게 되기 때문에 원치 않는 상황들이 자꾸만 되풀이된다.

소꿉놀이는 왜 재미있을까? 가짜인 걸 알고 내가 놀이에 들어가기 때문이다. 가짜라는 걸 알기 때문에 그 놀이 속에서 부부가 됐다가 헤어져도 재미있고, 행복하게 살다가 죽는 것도 재미있다. 재미가 없다면 그 놀이에 들어가지 않을 것이다. 연극은 왜 재미있을까? 가짜인 걸 알고 내가 연극의 등장인물이 되기 때문에 내가 어떤 역할을 하든 재미있다. 설사 내가 거지 역할을 하더라도 가짜임을 알기 때문에 재밌게 연기를 할 수 있다.

3차원 인생 영화도 창조주가 짝이 되는 생각들로 수많은 홀로 그램 장난감 '나'들을 만들고 혼자서 즐기는 놀이다. 인생 영화 속의 모든 홀로그램 등장인물이 죄다 수많은 모습을 한 창조주의 현현이자 장난감들이다.

창조주가 바로 나임을 망각하면 두려운 영화 장면이 펼쳐질 때 무의식적으로 자꾸 억눌러버리게 된다. '억눌러버린다'는 건 '억 눌러 계속 붙들고 있다'는 말이다. 나는 무엇을 억눌러 계속 붙들고 있는가? 나와 동일시하는 생각을 억눌러 계속 붙들고 있다. 그러니 그 생각이 창조하는 영화 장면이 계속 내 눈앞에 되풀이될 수밖에 없다.

나와 동일시하는 생각은 바로 영화 밖의 나인 창조주가 내게 보내주는 사랑의 선물이라는 사실을 망각해 생기는 고통이다. 영화 속에서 신음하는 나를 지켜보는 영화 밖의 나는 어떤 선택을 해야 할까? 두려운 영화 장면을 몇 번이고 재연(replay)할 수밖에 없다. 그래야 내가 그 영화에서 풀려날 수 있기 때문이다.

원치 않는 생각을 억누르면 '원치 않는 나'가 된다

'초라한 나'는 '우아한 나'를 빌려 생긴 환영이다
오늘 아침 산책을 마친 뒤 승강기를 타는 순간 동네 한 여성이 곱게 단장한 모습으로 내렸습니다. 그 순간 낡은 운동복 차림의 저 자신이 몹시 초라하게 느껴졌습니다. 집에 돌아와 거울을 가만히 바라보았습니다. 정말 어딘가 초라해 보이는 제가 앉아 있더군요. 그 모습을 한동안 바라보노라니 '초라한 나'가 올라왔습니다. 나는 그동안 '초라한 나'가 너무나 수치스럽다고 억눌러놓고 살아온 것이었습니다.

울컥하며 미안한 마음이 밀려왔습니다. "미안해. 널 버리고 살아서 정말 미안해." 이렇게 말하다 보니 갑자기 엄마 얼굴이 떠올랐습니다. 그동안 나는 '초라한 나'를 수치스럽게 여겨 외면한 채, 엄마한테 투사하며 살아왔다는 걸 알았습니다. 항상 낡은 옷차림으로 일만 하며 살아온 엄마를 나는 창피하게 여겼던 것입니다. 남편과 자식으로부터도 무시당하며 자신이 하고 싶은 걸 한 번도 드러내보지 못한 채 살아온 엄마의 아픔이 느껴졌습니다. 울음과 콧물, 헛구역질이 한동안 걷잡을 수 없이 터져 나왔습니다.

난 왜 초라한 존재로 느껴지는 걸까? 낡은 운동복이나 부스스한 내 맨얼굴에 초라한 감정이 담겨 있는 걸까? 운동복이나 얼굴은 매 순간 시간을 따라 움직이며 흘러가는 빛의 떨림, 즉 홀로그램이다. 그래서 홀로그램 현실은 내 감정들을 투사하는 거울일 뿐, 현실 자체엔 어떤 감정도 담겨 있지 않다.

그렇다면 곱게 단장한 이웃 여성을 보고 나를 초라하다고 공격하는 건 누구일까? 내 무의식 속에 억눌린 '초라한 나'라는 인격체이다. 나는 이 존재를 왜 내 무의식에 억눌러놓고 살아온 걸까?

내가 어릴 때부터 항상 낡은 옷차림으로 일만 하며 살아온 엄마, 자신이 하고 싶은 걸 한 번도 드러내보지 못하는 엄마를 나로 투사해 심한 수치심과 열등감을 느꼈기 때문이다. 그래서 그 못난 엄마를 내 무의식에 억눌러버렸다.

'초라하다'는 생각은 '우아하다'는 생각과 짝이다. 실제로는 초라한 것도, 우아한 것도 존재하지 않는다. 붙들거나 억누르지만 않으면 정반대의 짝이 되는 생각들이 서로 생겼다 사라졌다를 끊임없이 반복하며 텅 빈 마음 속에서 흘러간다. 하지만 둘로 쪼개서 나와 동일시해 붙들고 있으면 나도 둘로 쪼개진다.

나는 왜 그 생각들을 나와 동일시해 붙들고 사는 걸까? 몸이 나라고 착각하기 때문이다. 그럼 남들과 나를 비교하게 되고, '난 초라하다'는 생각을 나도 모르게 억눌러 붙들게 된다. 수치심과 열등감을 느끼는 게 아프기 때문이다. 이 생각이 반복적으로 무의식에 억눌려버리면 '초라한 나'라는 무의식 속의 자아가 된다. 흘러가지 못하는 생각이 굳어지면 인격체가 돼버리는 것이다.

나는 졸지에 무의식에 갇혀버리고, 무의식 속의 이 자아가 무의식 속에서 나로 살아간다. 이 자아는 어떤 인생 영화를 창조할까? 수치심과 열등감을 느끼며 초라하게 살아가는 영화를 창조한다. 그러다 보면 '나도 우아한 나로 살아가고 싶어'라는 생각이 끊임없이 떠오른다.

하지만 내가 아무리 애를 써도 '우아한 나'가 되지 못한다. 왜냐하면 무의식 속의 '초라한 나'가 이미 내 몸을 차지한 채 나로 살아가고 있기 때문이다. '우아한 나'가 되고 싶어하는 나도 함께 무의식에 억눌려 있다. 그럼 어떤 현실이 창조될까? '초라한 나'로 살아가면서 동시에 '우아한 나'가 되고 싶어하는 현실이 창조된다. 그래서 '초라한 나'로 살다 보면 '나도 우아한 나로 살아가고 싶어'라는 생각이 자꾸만 함께 떠오른다.

'초라한 나'가 너무 오래 억눌리면 나를 비웃고 공격하는 악마가 된다. 그래서 '나도 우아하게 살고 싶어'라는 생각이 떠오르는 순간 즉각 '뭐? 너 같은 게? 너처럼 초라한 게 어떻게 감히?'라며 현실 속의 나를 조롱하게 된다. 무의식 속의 '초라한 나'가 표면의 식인 현실 속에서 '우아한 나'로 살고 싶어하는 나를 비웃는 것이다. (현실은 무의식 속의 자아들이 창조하는 공간이다.)

현실 속의 내가 '우아한 나'로 살아가고 싶은 욕심으로 '초라한 나'를 억눌러놓았으니 비웃음을 당하는 게 당연한 일이다. '초라한 나'는 나를 비웃을 뿐 아니라, 어떻게든 초라한 현실을 창조함으로써 현실 속의 나를 고통에 빠뜨리고자 기를 쓴다. '초라한 나'는 초라한 현실을 창조할수록 자신의 존재를 인정받을 수 있기 때문이다.

그렇다면 '초라한 나'로 살아가는 내가 '우아한 나'가 되려면 어떻게 해야 할까? 내가 무의식에 억눌러버린 '초라한 나'를 풀어놓아주어야 한다. 그러려면 '초라한 나'로 살아가는 수치심과 열등감을 느껴줘야 한다. 그 감정들을 느끼는 게 두렵고 아파서 '초라한 나'를 억눌러놓았기 때문이다. 그 감정들을 느껴주면 '초라한 나'가 풀려나 짝이 되는 '우아한 나'와 다시 합쳐져 제로(0)가 된다. '초라한 나'로 살아가던 내 존재가 원래의 나인 창조주이자 텅 빈 하나의 마음으로 돌아가는 것이다. 그럼 창조주가 된 나는 어떤 생각이든 자유로이 선택해 원하는 현실을 창조할 수 있다. 상황에 따라 '우아한 나'가 될 수도 있고, '초라한 나'가 될 수도 있다.

예컨대 잘사는 지인의 결혼식장에 갈 땐 옷을 잘 차려입고 '우아한 나'로 하객들과 보조를 맞춰 신나게 놀 수도 있다. 또, 가난한 사람들을 만날 땐 가슴을 열고 '초라한 나'로 살아가는 아픔에 귀를 기울여줄 수도 있다. 창조주는 양쪽 생각을 다 받아들인 텅 빈 마음이므로, 아무리 우아하게 잘 차려입은 사람을 봐도 주눅 들지 않고, 아무리 초라하게 살아가는 사람을 봐도 우쭐하지 않는다. 그들 모두가 텅 빈 마음인 창조주의 현현이자 이면의 '나'들이기 때문이다. 텅 빈 마음은 우아함과 초라함을 초월한 무조건적인 사랑이다. 내 인생은 무조건적인 사랑 속에서 펼쳐진다.

내 몸은 수많은 '나'들이 사용하는 홀로그램이다

사랑하는 사람을 떠올려보라. 내 얼굴에 미소가 번지면서 몸의 긴장이 풀어지고 눈빛도 따뜻해진다. 내 무의식 속에서 '사랑하는 나'가 올라와 내 몸을 사랑으로 채우는 것이다. 사랑하는 사람들끼리 만나는 건 몸과 몸이 만나는 게 아니다. 무의식 속의 '사랑하는 나'들끼리 서로 만나는 것이다.

그러다가 사랑이 식으면 '미워하는 나'들이 올라와 서로 미움을 주고받는다. 미움이 가득한 눈으로 나를 바라보는 상대의 눈빛은 나를 잡아먹을 듯 살기를 띤다. 마찬가지로, '두려운 나'가 올라오면 몸이 덜덜 떨리고 겁에 질린 표정이 된다. '수치스러운 나'가 올라오면 몸이 오그라들면서 얼굴이 홍당무처럼 빨개지거나 진땀이 난다. '슬픈 나'가 올라오면 눈엔 눈물이 고인다.

이처럼 무의식 속의 수많은 '가짜 나'인 자아들은 몸을 사용해 각기 자신을 표현하고 서로 소통한다. 몸은 원래는 '진짜 나'인 창조주가 사용하는 홀로그램 장난감이자 성전으로 창조됐지만, 무의식에 억눌린 고통스러운 자아들의 소굴이 돼버렸다. 몸에 온갖 고통스러운 질병들이 생기는 것도 그래서이다. 이 자아들을 풀어놓아주어야 질병에서도 풀려나고, 고통스러운 현실에서도 풀려난다.

어느 순간 어떤 자아가 올라와 몸을 사용하느냐에 따라 표정, 눈빛, 말투, 체온, 몸짓 등이 순식간에 달라진다. 만일 몸이 단단한 물질이라면 이렇게 미세하고 섬세하게 변화할 수 있을까? 생각과 감정을 고스란히 보여주는 홀로그램 거울이기 때문에 가능한 일이다.

만일 내가 심한 수치심을 억눌러놓고 '수치스러운 나'로 평생을 산다면 내 얼굴은 어떻게 변할까? 수치심을 띤 얼굴로 변한다. 나이 40을 넘으면 자신의 얼굴에 책임을 져야 한다는 말이 나오는 것도 그래서다. 책 후반부엔 거울을 이용해 수많은 자아들이 어떻게 내 몸을 이용해 자신들의 감정들을 표현하는지를 생생한 체험 사례들을 통해 소개한다.

자아들을 무의식에서 풀어놓아주지 않으면 수천 년의 세월이 흘러도 무의식 속에서 생명을 가진 에너지체들로 생존한다. 이들은 각기 저마다의 수명을 갖고 있다. 만일 내가 '열등한 나'를 소멸시켰다면 그 자아는 내 무의식에서 사라진다. 몇 년 후 이번엔 '수치스러운 나'를 소멸시켰다면 그 자아도 역시 내 무의식에서 사라진다. 그러면서 내 인생은 점점 더 자유로워진다.

창조주인 텅 빈 마음은 태어남도, 죽음도 없다. 병도 없다. 자아들이 몸을 붙들고 태어나고 죽고 병에도 걸린다. 내 몸이 자아들의 소굴이 돼버렸기 때문에 몸이 고통에 시달리는 것이다. 그래서 무의식을 완전히 정화한 사람은 아무런 질병에도 시달리지 않고 건강하게 살다가 자신이 원하는 때에 죽는다.

자아들은 창조주처럼 우주를 창조할 순 없지만, 이미 창조된 우주를 끝없는 고통 속에 몰아넣는 창조 능력을 갖고 있다. '나'는 원래 무한한 창조 권능을 가진 창조주이기 때문에 '나'가 동일시하는 모든 생각은 어김없이 내 눈앞의 물질화된 현실로 나타난다. '창조주인 나'는 창조주 차원에서 수많은 영들을 창조하고, '날개의 영인 나'는 영 차원에서 내 우주를 창조한다. 무의식에 억눌린 수많은 '나'들도 각기 고통스러운 현실을 창조할 수 있다.

이처럼 현실 창조의 주체는 늘 '나'이다. 그래서 창조주 차원의 나이건, 영 차원의 나이건, 자아 차원의 나이건, '나'가 자신과 동일시하는 모든 생각은 어김없이 내 눈앞의 현실로 물질화된다. 어느 차원의 나이건 모든 '나'들은 창조주의 현현이기 때문에 각기 창조 능력을 갖고 있는 것이다.

무한한 우주엔 '나'밖에 없다. 자아 차원의 '나'들을 모두 풀어놓아주면 근원의 나, 창조주인 나로 돌아간다. 내 눈앞에 펼쳐지는 현실을 보면 내가 어떤 차원의 나로 살아가는지, 거울처럼 고스란히 드러난다.

내 마음속에선 늘 두 목소리가 맞서 싸운다

전 타인에게 돈 쓰는 게 너무 싫어요. 저보다 못한 사람들에게 돈을 기부하는 건 괜찮은데, 저랑 비슷한 경제력을 가진 사람들이나 동료들에게는 제 돈을 쓰는 게 너무 싫고, 제 지갑을 열게 될 일이 생기면 기분이 나빠집니다. 저는 남들에게 받고만 싶어요. 심지어는 가족한테도 그렇습니다. 그리고 남들이 돈을 쓸 땐 옆에서 희열을 느껴요.

예전에 손금 공부하는 친구가 제 손금을 봐줬던 적이 있는데 저한테 인색하다고 한 적이 있어요. 꽤 오래전인데도 그 말이 맞는 거 같아 잊히지 않습니다. 저는 경제적으로 큰 어려움을 겪고 자라지도 않았고, 직장에 다니며 필요한 돈을 벌고 있는데, 왜 저도 모르게 자꾸만 인색하게 굴까요? 나이도 먹어가고 직장에서 아랫사람들한테 베풀어야 할 때도 많이 생기는데 이런 마음이 들 때마다 너무 괴롭습니다.

누구나 남들을 위해 돈을 쓸 때 '돈이 아깝다'고 느낄 때가 있다. 그래야 돈을 함부로 쓰지 않게 된다. 하지만 내 의지와는 상관없이 매번 기분이 나빠진다면? 내 무의식 속에 강박적으로 '난 뺏긴다'라고 느끼는, 나도 모르는 존재가 억눌려 있다는 얘기다. 이 존재는 언제 어떻게 내 무의식 속에 억눌려 있게 된 걸까?

제가 어릴 때 아빠는 제 앞에서 대놓고 다섯 살 아래인 동생만 너무 편애했습니다. 제 말은 무시하고 동생이 말하면 들어주었어요. 그래서 제가 보고 싶은 TV 프로그램이 있으면 동생한테 "아빠한테 이 프로그램 좀 틀어달라고 해봐"라고 부탁할 때도 있었습니다. 엄마도 "동생 좀 잘 챙겨"라고 말하곤 했는데, 전 그 말이 너무 싫었어요.

나는 어릴 때 동생한테 부모의 사랑을 몽땅 뺏기며 자랐다. '난 뺏긴다'는 생각을 붙들고 있으면 두려움이 올라온다. 계속 뺏기고 살면 생존은 불가능하기 때문이다. 몸은 이렇게 올라오는 두려움을 반사적으로 억눌러버린다. '난 뺏긴다'는 생각과 두려움이 합쳐져 무의식에 억눌려버리면 '뺏기는 나'라는 두려움에 떠는 자아가 된다. 이 자아가 '나'로 살아가기 때문에 내가 돈을 쓸 때마다 '난 뺏긴다'는 생각이 끊임없이 떠오른다.

이 자아가 나로 살아가니 뺏기는 현실이 반복해 펼쳐진다. 그런 현실 속에서 살아가는 건 괴로운 일이다. 뺏겼다고 느끼면 뺏고 싶어진다. 그래서 남들이 나 대신 돈을 낼 때마다 내가 빼앗은 느낌이 들어 기분이 좋아진다. 하지만 뺏고 싶어하는 내 마음을 남들도 눈치채게 되기 때문에 나는 점점 미움도 받게 된다.

이렇게 '뺏기는 나'와 '뺏는 나'가 무의식에 억눌려 있으면 내 마음속에서는 끊임없이 두 가지 목소리가 올라온다. 한쪽에선 '뺏기는 나'가 "난 또 뺏겼어"라는 목소리를 내고, 반대쪽에선 '뺏는 나'가 "나도 뺏고 싶어"라는 목소리를 낸다. 그러다가 '뺏기는 나'가 마침내 악에 받치면 현실 속의 나를 공격하기 시작한다. "너 같은 게 뺏고 싶다고? 넌 뺏기며 살 수밖에 없는 존재야. 널 계속 뺏기게 해줄 거야!"라고 나를 비웃는다.

두뇌의 표면의식은 무의식의 존재를 모르기 때문에 대개 "나도 뺏고 싶어"라는 목소리만 인식하며 살아간다. 그래서 뺏고 싶다는 생각이 왜 자꾸 떠오르는지 영문을 모른다. 무의식에 억눌려 있는 '뺏기는 나'가 자꾸 뺏기는 현실을 창조하고 있기 때문에 뺏고 싶어한다는 걸 모르고 사는 것이다.

따라서 "나도 뺏고 싶어"라는 목소리가 들릴 때 '이 목소리는 대체 누가 내는 거지?' 하고 마음속을 자꾸 들여다보면, 내 무의식 속에 '뺏기는 나'가 억눌려 있음을 알게 된다. 몇 달이고 몇 년이고 끊임없이 알아차리면 마침내 소멸된다. 그럼 나는 뺏고 뺏기는 고통스러운 삶에서 영구적으로 벗어난다.

저는 남편 형제들 사이에서 저희만 돈을 더 쓰는 상황이 생기면 억울한 마음이 주체하지 못할 정도로 생깁니다. 서로 공평하게 내면 좋은데, 장남이라는 이유로 조금씩 더 내는 게 너무너무 억울한 마음이 듭니다. 불과 몇만 원 더 내는 거지만, 너무 억울하고 시누이들과 동서들이 밉기만 합니다. 그렇다고 똑같이 내자고 주장하지도 못하는 저 자신이 한심하기도 하고 원망과 억울함, 미움의 반복입니다. 어떻게 해야 이런 괴로움에서 벗어날 수 있을까요?

왜 내 의지와는 상관없이 '난 뺏긴다'는 생각이 주체하지 못할 정도로 자꾸만 떠오르는 걸까? 내 의지가 미치지 못하는 무의식 속에 '난 뺏긴다'고 생각하는 인격체인 '뺏기는 나'가 억눌려 있기 때문이다. 이 자아가 억눌려 있으면 자꾸 뺏기는 현실이 내 눈앞에 펼쳐진다. '뺏기는 나'가 억눌려 있으니 뺏는 역할을 해주는 사람들이 자꾸 나타난다.

이 괴로운 놀이에서 벗어나려면 '뺏기는 나'로 살아가는 두려움을 느껴주어야 한다. 두려움이 풀려나야 두려움으로 억눌렀던 '뺏기는 나'도 풀려나, '뺏는 나'와 합쳐져 텅 빈 하나의 마음으로 돌아간다. 양쪽 생각이 상쇄돼 사라지는 것이다. 그럼 나는 더 이상 '뺏기는 나'로 살아가지 않게 된다. 전지전능한 텅 빈 마음으로 돌아가는 것이다.

창조주인 텅 빈 마음은 어떤 현실을 창조해줄까? 뺏기는 지금의 내 상황에 필요한 만큼의 돈을 세상으로부터 뺏을 수 있게 해준다. 물론 남한테 손해를 끼치며 뺏는 건 아니다. 돈을 벌게 해준다는 말이다. 이것이 바로 함이 없이 이뤄지는 무위이화無爲而化이다.

이처럼 텅 빈 마음으로 돌아가면 뺏는 것도 뺏기는 것도 자유로워진다. 그래서 인생은 놀이가 된다. 나는 더 이상 무의식에 억눌려 있는 존재가 아니다. 예컨대 돈이 떨어져 '주식투자를 해서 돈을 좀 벌어볼까?' 하는 생각이 떠오르면 무의식에서 풀려난 '뺏는 나'가 나타나 놀라운 능력으로 주식투자로 돈을 벌게 해준다. 상황 전체를 바라보는 텅 빈 마음으로 돌아간 '뺏는 나'가 투자해주기 때문에 실수도 없고, 남들한테 고통을 주지도 않는다. '돈을 못 벌면 어떡하지?'라는 부정적 생각이 아예 없으니 내가 생각하는 대로 현실화되는 것이다. 그러다가 남들을 도와줄 여유가 생겼다고 느낄 땐 '뺏기는 나'가 나타나 흔쾌히 돈을 뺏겨준다. 내가 마음만 먹으면 언제든지 돈을 벌 수 있다는 걸 알고 있으니 욕심도 사라진다.

인생은 즐거운 놀이일 뿐이다. 이것을 확실히 알기 전까지는 '뺏기는 나'와 '뺏는 나'가 내 무의식을 지배하고 있기 때문에 내 마음속에선 '난 왜 자꾸 뺏기는 거지?/나도 뺏고 싶어'라는 두 목소리가 번갈아가며 떠오르게 된다.

제 남편은 돈 개념이 없어요. 결혼 전에 사기를 당해서 봉급 받으면 빚을 갚는 데 다 쓰고, 저도 매달 도와주고 있습니다. 제 봉급날만 되면 아이처럼 좋아하는 게 철없는 아이 같아요. 쇼핑하러 가면 아무 생각 없이 카트에 담아요. 그런 일로 자주 싸우게 되니 제가 지치네요. 남편은 어려서 많이 맞고 자랐다고 해요.

남편과 나는 돈을 같이 쓰는 부부다. 그래서 나는 절약하는데 남편은 돈을 펑펑 써대면 나는 자연히 상대적으로 돈을 빼앗긴다는 박탈감을 느끼게 된다. 누가 이렇게 느끼는 것일까? 내 무의식 속엔 '빼앗기는 나'가 억눌려 있다. 이 자아는 '난 남편에게 돈을 뺏기고 있어'라고 생각하게 되고, 나도 남편의 돈을 빼앗고 싶어진다. '빼앗기는 나'는 언제 내 무의식에 각인돼 있었을까?

조언해주신 대로 저의 어린 시절을 떠올려보니 돈을 막 쓰고 싶은 내면아이가 제 안에 들어 있다는 걸 알겠어요. 어린 시절 새아버지에게 친아들이 있었어요. 그 아들을 스키 선수로 키운다고 눈 있는 나라는 안 가본 곳이 없었습니다. 전 그 모습을 보고 자랐고, 너무 부러웠어요. 오빠가 해외에서 누리는 생활을 사진으로 보며 항상 너무 부러워했어요. 하지만 새아버지는 절 너무 미워했고, 저는 무관심과 미움 속에서 어린 시절을 보냈습니다. 나약한 엄마는 항상 기가 죽어 있었어요. 그런 엄마도 원망했어요.

어린 나는 돈을 못 쓰는데, 오빠는 돈을 펑펑 썼다. 자연히 나는 상대적 박탈감, 즉 돈을 빼앗긴다는 느낌을 억눌러놓고 살았다. 그 느낌이 무의식에 각인돼 '빼앗기는 나'라는 자아가 돼버렸다. 그 자아가 수십 년의 세월이 흐른 지금도 '나는 돈을 못 쓰는데, 남편은 돈을 펑펑 쓰고 있다'고 느낀다. 나는 돈을 펑펑 쓰던 오빠를 남편에게 투사하고 있는 것이다.

'아, 내가 오빠를 남편에게 투사하고 있구나!' 하고 수십 년 전 어릴 때의 내 모습을 반복해 되돌아보며 '빼앗기는 나'로 살아가는 두려움과 아픔을 꾸준히 느껴주면 점점 약해지다가 사라진다. 그럼 빼앗기는 아픔을 더 이상 남편한테 투사하지도 않게 된다. 이렇게 '뺏기는 나'가 내 무의식에서 사라질 때까지는 '난 뺏긴다'는 생각과 '나도 뺏고 싶다'는 생각이 짝을 이뤄 번갈아가며 자꾸만 떠오르기 때문에 괴로움이 끊이지 않는다.

저는 근 20년 강박증을 앓고 있습니다. 오염 강박, 확인 강박으로 제 삶의 질이 많이 떨어지고 무기력하고 삶의 의미가 없습니다. 엄청난 스트레스를 받을 정도로 하루에도 수십 번씩 손을 씻습니다. 씻고 돌아서면 손에 더러운 것이 묻었다는 생각이 또 떠오르고, 그럼 즉시 다시 손을 씻고, 씻고 나도 다시 더러운 생각이 떠올라 다시 씻는 행위를 반복합니다. 일상생활이 너무 힘듭니다. 씻는 행동이 반복되다 보면 슬슬 짜증이 나고 마음속에서 불안감이 올라오고 열이 치밀어 오르는 것을 느낍니다. 그러면 강박행동은 더 심해집니다. 아이에게 짜증도 많이 냅니다.

'더럽다'는 생각과 '깨끗하다'는 생각은 서로 짝이다. 전자는 싫고 후자는 좋다고 분류하지만 않으면 현실로 물질화돼 고통을 일으키지 않는다. 그런데 '난 깨끗하다'는 생각을 좋다고 느껴 붙잡으려 들면 '난 더럽다'는 반대쪽 생각은 나쁘다고 느껴 무의식에 억눌러버리게 된다.

'난 더럽다'는 생각을 왜 나쁘다고 느낄까? 수치심과 두려움을 일으키기 때문이다. 그래서 나도 모르게 '난 더럽다'는 생각을 무의식에 억눌러버려 '더러운 나'라는 자아를 창조하게 된다. 이 자아가 '나'로 살아가기 때문에 나는 내 몸이 항상 더럽다고 느껴 강박적으로 손을 되풀이해 씻게 된다. 그렇다면 '난 더럽다'는 생각은 언제 억눌리게 됐을까?

지금도 가끔 생각나는 어릴 때의 한 장면이 있습니다. 제가 초등학교 1학년 때 교무실에서 어느 여선생님과 대화를 하다가, 거기를 나와서 화장실인가 어딘가에서 거울을 쳐다봤는데 제가 입고 있던 러닝이 옷 밖으로 비집고 나와 있었는데(어깨 부근), 때가 찌들어 꺼멓게 꼬질꼬질하고 더러웠습니다. 그때 엄청 큰 수치심이 밀려들었고, '그 선생님이 혹시 보지 않았을까? 보셨다면 나를 얼마나 지저분한 아이라 생각할까?' 하고 불안하고 걱정을 엄청 많이 했던 게 생각납니다. 저는 시골에서 자랐고 원래는 그렇게 지저분하지 않았는데, 그때 그런 모습을 들킨 게 충격이었나 봅니다. 성인이 되고 나서도 그때의 장면이 자주 떠오르고, 사실 얼마 전에도 생각이 났습니다.

무의식이 열려 있던 어린 시절에 '난 더럽다'는 생각이 떠오르는 순간 엄청난 수치심이 올라와 무의식적으로 억눌러버렸다. 무의식은 그 수치스러운 상황을 고스란히 저장해둔다. 그리고 그 상황은 자꾸만 현실로 되풀이해 올라온다. 무의식에 수치스러운 상황이 저장돼 있으면 마음이 괴롭기 때문이다.

강박증에서 벗어나 텅 빈 마음으로 돌아가려면 수치심으로 억눌려 있는 무의식 속의 '더러운 나'를 풀어놓아주어야 한다. 그러려면 '더러운 나'로 살아가는 수치심을 느껴주어야 한다. '더러운 나'를 받아들이면 '깨끗한 나'와 합쳐져 상쇄되고, 텅 빈 하나의 마음으로 돌아간다.

텅 빈 마음이 된 나는 내가 처하는 상황에 맞게 '깨끗하다/더럽다'는 생각을 자유로이 선택할 수 있다. 즉, 오물 등 더러움을 피할 필요가 있는 상황에선 '더럽다'는 생각을 선택해 더러움을 피하게 되고, 손을 여러 번 씻을 필요가 없는 상황에선 지나치게 깨끗해지려고 애쓰지 않게 된다.

그때까지는 내 무의식에 억눌려 있는 '더러운 나'가 '나도 깨끗해지고 싶어'라는 생각을 강박적으로 떠오르게 한다. 나를 더럽다고 느끼기 때문에 깨끗해지고 싶다는 강박관념이 생기는 것이다.

저는 20대에 이혼 후 줄곧 친정 부모님과 작은 아파트에서 살고 있어요. 5년 전 부부가 옆집으로 이사 왔는데, 제가 출퇴근할 때마다 그 집 아저씨가 집 앞에서 담배를 피우면서 제게 인사를 겁니다. 정말 꼴도 보기 싫어요. 작년엔 제 어머니를 통해 제게 남자를 소개시켜주겠다며 접근을 했는데, 그 후 철저히 거리를 두고 피해 다녔습니다. 그래도 어쩔 수 없이 마주치는데, 눈빛이 너무 징그럽고 죽이고 싶을 정도로 싫습니다.
저는 병원 식당의 관리자로 일하는데 나이 많은 아저씨 손님들이 쳐다만 봐도 그 인간 같아서 소름이 끼치고 살기가 일어납니다. 제가 지나치게 예민하고 괴팍한 걸까요? 이 글을 쓰는데도 심장이 벌렁거리고 손이 부들거립니다.

옆집 남자를 바라보는 어머니는 괴로워하지 않는다. 다른 이웃들도 나처럼 괴로워하지 않는다. 그런데 왜 나만 괴로운 걸까? 능글맞은 옆집 남자를 바라볼 때 왜 너무나 징그럽고 죽이고 싶을 정도로 살기가 올라오는 걸까? 과거에 능글맞게 행동하는 남자에게 성적 수치심을 느끼는 상황이 일어났는데, 그 순간 내가 강한 살기로 억눌러놓았다는 얘기다. 내 유아기의 수치심일 수도 있고, 어머니의 무의식에 억눌려 있던 수치심이 나에게 대물림됐을 수도 있다.

내가 괴로운 건 강한 살기로 꾹꾹 억눌러놓은 이 성적 수치심이 '수치스러운 나'라는 인격체가 돼버려 옆집 남자를 볼 때마다 자꾸 마음의 표면으로 올라오기 때문이다. 나는 옆집 남자를 죽여버리고 싶은 게 아니다. 옆집 남자한테 자극받아 내 무의식에서 올라오는 '수치스러운 나'를 죽여버리고 싶은 것이다.

죽여버리고 싶은 살기가 바로 혐오감이다. 따라서 내가 옆집 남자를 혐오하면 혐오할수록 나는 내 무의식 속의 '수치스러운 나'를 점점 더 강한 혐오감으로 억눌러놓게 된다. 그럼 '수치스러운 나'는 상대로 하여금 점점 더 강한 성적 수치심을 일으키도록 공명시킨다. 그래야 자신의 존재를 인정받을 수 있기 때문이다.

따라서 고통스러운 감정들의 원인을 바깥세상에 돌리면 절대로 사라지지 않는다. 바깥세상은 내 무의식에 억눌린 감정들을 비춰주는 홀로그램 거울일 뿐이기 때문이다. 내 감정들로 받아들여야 내 마음속으로 사라진다. 그럼 옆집 남자의 능글맞은 모습도 함께 사라진다. 그가 내 눈앞에서 사라지든지, 능글맞은 미소가 사라지든지, 그를 바라보는 내 괴로움이 사라지든지, 셋 중 하나다.

이처럼 현실 속의 나는 무의식에 억눌린 나로부터 늘 괴롭힘을 당한다. 나 스스로 짝이 되는 생각들을 두 쪽으로 쪼개 두 개의 인격화된 '나'들을 창조해놓고 두 개의 나로 살기 때문이다. 두 개의 '나'들은 늘 서로 싸우는 목소리를 낸다. '나도 돈 벌고 싶어/뭐? 너 같은 게 정말? 내가 절대로 못 벌게 할 거야', '나도 출세하고 싶어/흥, 넌 안 돼. 내가 용납 못 해', '나도 유능해지고 싶어/넌 원래부터 무능하잖아. 무능하게 살아'….

이렇게 정반대로 생각하는 두 개의 '나'들이 무의식에 억눌려 서로 싸우고 있으면 내가 원하는 게 이뤄질까? 아무것도 이뤄지지 않는다. 현실 속의 내가 이걸 하고 싶어하면 무의식 속의 나는 이걸 부정하고, 저걸 하고 싶어하면 저걸 부정한다. 이렇게 부정만 하는 게 아니라 적극적으로 방해하며 부정적 현실을 창조한다.

이렇게 나를 부정하는 부정적 자아들이 내 무의식에 억눌려 있으니 현실 속의 나는 늘 고달프고 지치고 외롭고 절망스럽다. 두 쪽으로 쪼개진 '나'들이 하나의 나인 텅 빈 마음으로 돌아가야 두 쪽으로 쪼개진 목소리가 나오지 않는다. 텅 빈 마음 속에선 늘 지금 상황에 맞는 하나의 선명한 목소리만 떠오른다. 그래서 내가 원하는 인생을 맘껏 살아갈 수 있다.

원래 즐거운 놀이로 창조된 인생 영화가 고통의 바다로 둔갑한 것은 나 자신이 텅 빈 마음인 창조주임을 지난 수천 년간 대대로 망각하며 살아왔기 때문이다. 이것이 이른바 '원죄', '업보', '카르마'의 근원적 원인이다. 두 쪽으로 쪼개진 모든 '나'들을 받아들여 텅 빈 하나의 마음, 즉 창조주로 돌아가야 내가 원하는 하나의 생각이 아무 걸림 없이 척척 물질화된다.

'원치 않는 나'가 원치 않는 현실을 창조한다

저는 처음엔 200~300만 원으로 주식투자를 시작했는데, 점점 욕심이 생겨 마이너스통장 대출로 주로 단타를 하다 보니 스트레스도 심하고, 너무 춥고, 감기도 걸리고, 위도 너무 안 좋아져 위암 걸린 게 아닌가 걱정도 됩니다. 그래서 그만해야겠다고 마음은 먹지만 어느새 1,000만 원의 보험약관대출을 더 받아 이젠 빚이 5,000만 원을 넘었습니다. 저도 모르게 점점 더 주식투자라는 감옥에 갇혀버리는 것 같습니다.

종일 주식 생각밖에 안 떠올라 정말 미쳐버릴 것 같습니다. 남편과 딸한테 죄책감도 많이 듭니다. 저는 평생 가난하게 살아왔는데 앞으로도 가난하게 살 수밖에 없다는 생각에 주식에 더 집착하는 걸까요? 저는 평생을 불안과 두려움 속에서 살아왔고, 이제는 20평대 따뜻한 집에서 돈 걱정 없이 살고 싶은데 이것도 제겐 넘치는 것일까요? 욕심 없이 주식투자를 할 수는 없을까요?

나는 '주식투자를 이젠 그만해야지'라고 생각한다. 하지만 나도 모르게 무의식적으로 자꾸 하게 된다. 빼앗긴 돈을 도로 빼앗고 싶어하는 존재가 내 무의식 속에 들어 있기 때문이다. 풀리지 않는 현재 상황은 풀리지 않은 과거 상황의 재연이다. 다시 말해 과거에 나와 동일시해 무의식에 억눌러버린, 풀리지 않은 생각이 자꾸 현실로 물질화돼 올라오는 것이다.

만일 내 무의식이 열려 있던 유아기나 태아기에 형제들한테 부모의 사랑을 몽땅 빼앗기며 자랐다면? '난 빼앗겼다'는 생각을 나와 동일시하게 된다. 이 생각을 두려움과 열등감 등으로 무의식에 억눌러놓으면 '빼앗긴 나'라는 자아가 된다. 이 자아는 끊임없이 빼앗기는 현실을 창조하며 내 인생을 살아간다.

빼앗기면 빼앗고 싶어진다. 빼앗고 싶어하는 건 누구인가? '빼앗긴 나'이다. 빼앗겼기 때문에 빼앗고 싶어지는 것이다. '빼앗긴 나'가 주식투자를 계속하면? 계속 빼앗기는 현실이 나타난다. '빼앗기는 나'를 무의식에서 풀어놓아주지 않는 한 빼앗기는 현실은 계속 되풀이된다. '난 뺏긴다'는 생각이 뭉쳐져 생긴 인격체가 내 무의식에 억눌려 있으면, 나는 무의식적으로 이 생각과 나를 동일시하게 되기 때문에 이 생각이 창조하는 현실을 도저히 벗어날 수 없게 되는 것이다.

저는 1년 전쯤 5,000만 원 정도를 사기당했습니다. 그중 3,000만 원은 어머니 돈이에요. 정말 이상한 게 제가 투자한 그 시점에 갑자기 엄마한테 연락이 와서 3,000만 원을 제 명의로 적금을 넣어달라고 하시더군요. 전엔 그런 부탁을 하신 적이 없거든요. 그래서 제가 같이 투자하자고 말씀드렸어요. 결국 함께 투자한 돈을 몽땅 날려버려 억장이 무너졌지만, 저를 똑 부러지는 딸이라고 믿고 계신 어머니한테 솔직히 말씀드릴 수가 없네요.

나는 왜 어머니 돈까지 합쳐 큰돈을 투자하고 싶었을까? 나도 남들처럼 힘 안 들이고 큰돈을 벌고 싶었기 때문이다. 다시 말해

큰돈을 빼앗고 싶은 생각이 무의식에 억눌려 있었다는 말이다.

왜 그런 생각이 억눌려 있었을까? 과거에 많이 빼앗긴 적이 있었기 때문이다. 그래서 '난 빼앗겼다'는 생각을 나와 동일시해 억눌러버렸다. 나는 과거에 어떤 걸 많이 빼앗겼다고 느끼며 자랐던 걸까?

어머니는 쌍둥이 맏이로 태어나셨는데 함께 태어난 남자아이는 3개월 만에 죽고, 어머니만 남으셔서 아버지와 할머니의 원망과 미움을 받으셨다고 해요. 중학생 때부터 공장과 식모살이를 하시다 스무 살에 억지로 결혼해 모진 시집살이와 폭력을 견디며 사셨어요. 제 위로 두 오빠가 있어서 그만 낳으려고 낙태를 한 번 했다가 또 저를 임신하셔서 지우려다 그냥 낳으셨다고 해요. 저는 연애 공포가 심하고 직장도 오래 다니지 못해 가장 오래 다닌 게 겨우 2년 정도인데 대부분 1년 남짓 다니다가 그만두기를 반복합니다. 버림받기 전에 그만둔다는 표현이 맞는 거 같습니다. 두 오빠는 연애도 잘하고 지금 다 결혼했는데 저만 왜 이런지 늘 고민이었습니다.

어머니는 부모의 사랑을 받지 못하고 자라 무의식 속에 '버림받은 나'가 억눌려 있다. 그래서 중학생 때부터 버림받는 현실 속에서 고달프게 살아왔다. 내 무의식 속에도 어머니한테 물려받은 '버림받은 나'가 억눌려 있다. 게다가 나를 임신하기 전엔 낙태된 아이까지 있었다. 그 아이가 겪었을 버림받는 공포, 즉 죽음의 공포까지 함께 억눌러버렸다. 그러다 보니 직장을 다니더라도 버림받을까 봐 내가 먼저 버리고 그만두는 상황들이 반복돼왔다.

연애를 잘 못하는 것도 역시 버림받지 않을까 하는 공포 때문이다. 사랑받지 못한다고 느낄 때 버림받는다고 느낀다, 그러니까 '버림받은 나'는 '사랑을 빼앗긴 나'이기도 하다. 그래서 나는 인생을 살아오면서 버림받거나 빼앗기기를 되풀이했다. 이렇게 살다 보면 '나도 남들처럼 사랑받고 싶어', '나도 빼앗고 싶어'라는 생각이 자꾸 떠오르게 된다.

큰돈을 투자한 건 누구일까? '빼앗긴 나'이다. '빼앗긴 나'가 투자했으니 빼앗긴 것이다. 이렇게 버림받고 빼앗기며 살아가는 고통스러운 현실에서 벗어나려면? '버림받은 나'와 '빼앗기는 나'를 내 무의식에서 풀어놓아주어야 한다. '원치 않는 나'들을 내 무의식에 억눌러놓고 있으면 이들이 원치 않는 생각을 끊임없이 나와 동일시하게 되고, 이 생각이 원치 않는 현실을 끊임없이 창조하기 때문이다.

'버림받는 나'를 억눌러놓으면 날 버리는 상대가 나타난다

고등학교 다니는 아들이 대인관계를 너무 어려워해 학교 다니는 것도 힘들어하다가 결국 1년 전 자퇴를 했습니다. 검정고시 학원에 다니면서 나머지 시간은 방 안에서 꼼짝 안 하고 게임만 하고 있습니다. 갈수록 사람들과의 접촉을 피하며 자기만의 세계에 갇혀 지내는 것 같아 너무 두렵습니다. 가족과의 대화도 하지 않고 사람을 피하기만 합니다. 유일하게 대화가 되던 저와도 요즘은 거의 대화를 안 하려고 합니다. 이 고통에서 어떻게 벗어나야 할까요?

아들은 왜 방 안에만 틀어박혀 사는 걸까? 사람들이 두렵기 때문이다. 왜 두려울까? 사람들한테 버림받을까 봐 두렵기 때문이다. 아들의 무의식 속엔 '버림받은 나'의 두려움이 억눌려 있다. 그런 아들을 볼 때마다 내 무의식 속에서도 엄청난 두려움이 공명해 올라온다. 아들은 내 무의식에 깊이 억눌려 있는 두려움을 공명시켜 보여주는 거울인 것이다.

나는 왜 버림받은 두려움을 느껴주지 않고 억눌러놓고 살다가 아들한테 물려주었을까? 두려움을 느껴주면 정말 버림받을까 봐 무서웠기 때문이다.

아들도 마찬가지다. 엄마인 나한테 "엄마, 나 사람들한테 버림받고 사는 게 너무 무서워!"라고 털어놓지 못한다. 아들의 무의식은 엄마도 버림받은 두려움에 떨며 산다는 걸 훤히 알고 있다. 그런 엄마한테 "엄마, 나 무서워!"라고 털어놓는 건 자존심 상하고 수치스러운 일이라 느낀다.

'버림받는다'는 생각은 '버린다'는 생각과 짝을 이루는 정반대의 생각이다. 붙잡거나 억누르지만 않으면 번갈아가며 생겼다 사라졌다를 반복하며 흘러가는 한 쌍의 생각이다. 하지만 '버림받는다'는 생각을 나와 동일시해 억눌러 붙들고 있기 때문에 '버림받은 나'라는 인격체가 돼버린 것이다. 사람들은 누군가를 버릴 땐 우월하다고 느끼지만 버림받을 때는 열등하다고 느낀다. 그래서 '난 저 사람한테 버림받을 것 같아'라는 생각이 떠오르는 순간 두려움이 올라온다.

그래서 내가 먼저 상대를 버린다. 그러다 보니 무의식에 억눌린 버림받은 두려움은 계속 덮여버리게 된다. '버림받은 나'는 사람들도 무섭고, 세상도 무섭고, 나중엔 엄마마저도 무섭다. 엄마마저도 나를 버릴까 봐 무서워진다. 나의 유일한 안식처는 내 방 안이다. 그래서 아들은 방 안에 틀어박혀 살아간다.

아들은 왜 '버림받은 나'의 모습으로 내 눈앞에 나타났을까? 내 무의식에 '버림받은 나'가 억눌려 있음을 비춰주기 위해서다. 나 스스로는 내 무의식을 들여다보지 못하기 때문에 내가 낳은 아들을 거울삼아 내 무의식을 들여다보게 하는 것이다.

이처럼 내 무의식 속에 '버림받은 나'가 억눌려 있으면 나를 버리는 상대가 반드시 나타난다. 그 상대가 아들일 수도 있고, 연인이나 남편일 수도 있다. 혹은 직장일 수도 있다. 나와 짝을 맞춰 움직이는 우주가 나를 버릴 사람을 데리고 내 눈앞에 나타나 서로 버리고 버림받는 괴로운 놀이가 펼쳐지도록 해준다. 그래야 '버림받는 나'의 두려움을 느껴줘 풀어놓을 수 있기 때문이다.

이런 괴로운 놀이에서 벗어나려면? 아들을 볼 때 올라오는 내 무의식 속의 버림받은 두려움을 완전히 느껴주어야 한다. 그래야 두려움으로 억눌린 '버림받은 나'가 풀려난다. 그럼 공명하는 아들의 '버림받은 나'도 동시에 풀려나게 된다.

형은 술만 먹으면 인사불성이 되어서 파출소를 들락거리며 어머니를 고통에 빠뜨립니다. 옆에서 지켜보는 저도 너무 괴롭고 '죽고 싶다. 죽여버리고 싶다. 짜증 난다' 등의 감정이 올라옵니다. 심할 때는 심장이 두근거리며 공포와 분노에 휩싸인 저를 발견합니다. 같이 죽어버리면 좋겠다는 생각도 했지만 어머니와 형수, 어린 조카들을 생각하며 참았습니다.

제가 세 살 때 아버지가 바람을 피워 집을 나가셨고, 어머니가 홀로 저희를 키웠습니다. 마음공부를 하면서 마음을 다스려 보지만 형이 술에 취해 파출소에서 연락이 오면 한꺼번에 무너집니다. 어머니는 동네 사람들 보기 부끄럽다며 밖에도 못 나가시고 속만 끓이십니다.

형의 무의식 속엔 '버림받은 나'가 억눌려 있다. 아주 어릴 때 아버지가 집을 나가버렸으니 자연히 버림받았다고 느끼며 자랐을 것이다. 그 자아는 평소 무의식에 가라앉아 있다가 술만 마시면 표면으로 올라온다. 자신을 버리고 집을 나간 아버지에 대한 분노, 원망, 미움, 서러움 등이 평소엔 표면의식이라는 뚜껑으로 단단히 덮여 있다가, 술기운으로 그 뚜껑이 열려버리면 걷잡을 수 없이 분출되는 것이다. 몸은 이미 어른이지만 어릴 때 부모 앞에서 해보지 못한 어린아이 노릇도 해보고 싶다.

평소에 형은 어른이자 가장이다. 그래서 술에 안 취해 있을 땐 두뇌의 표면의식으로 '버림받은 나'를 억눌러놓는다. 하지만 술만 마시면 표면의식이 마비되니 무의식에서 '버림받은 나'가 올라와 파출소를 드나들며 가족들을 고통에 빠뜨린다. 나는 그런 형을 보면 죽여버리고 싶은 충동이 올라온다.

이런 괴로움은 형 때문에 생기는 걸까? 아니면 내 무의식에도 '버림받은 나'가 억눌려 있어서 공명해 올라오는 걸까? 내 안에도 형과 똑같은 자아가 억눌려 있다. 내가 억눌러놓은 이 자아가 형의 모습을 볼 때 공명해 올라오는 것이다. 나는 형이 아니라, 형이 공명시켜 올라오는 내 무의식 속의 자아를 죽여버리고 싶은 것이다. 죽여버리고 싶은 그 살기로 나는 그동안 내 안의 자아를 꾹꾹 짓눌러놓고 살아왔다.

형은 아버지로부터 버림받은 아픔이 나보다 더 심하다. 나에겐 그래도 몇 살 위인 형이라도 있었지만, 형은 의지할 만한 집안의 남자가 아무도 없었다. 내 고통의 원인이 형에게 있는 게 아니라, 바로 내 무의식 속에 있음을 알아차리는 순간 치유가 시작된다. 불과 몇 시간 후 놀라운 깨우침이 일어났다.

어릴 때 버림받은 아이가 큰 빙하 속에 로봇처럼 웅크리고 앉아 있다가 자신의 존재를 알아주는 순간 빙하는 녹아버리고 그 아이는 우주를 자유롭게 날아다닙니다. 로봇이 자기 몸의 네 배나 되는 큰 천사 날개를 펼치며 환한 얼굴로 바뀌었답니다. 형이 왜 그러는지를 어머니께 설명드렸더니 놀랍게도 형에 대한 어머니의 분노나 신세 한탄도 멎었습니다.

내 안의 버림받은 아이를 느껴주는 순간 그 아이가 우주를 자유롭게 날아다니는 모습이 상상 속에서 펼쳐졌다. 현실 자체가 내 마음속의 상상이자 환영이다. 내 안의 억눌렸던 아이가 풀려나가는 모습이 상상이나 꿈을 통해서 떠오른다면 그 아이는 풀려난다.

바깥세상에서 일어나는 일이 진짜라고 믿으면 고통의 원인을 밖에서 찾게 된다. 그럼 고통의 수레바퀴는 멈추지 않는다. 고통의 원인이 바로 내 마음속에 들어 있음을 자각하는 순간 분노와 원망을 남에게 투사하지 않고, 내 마음속의 상처를 사랑과 연민의 눈으로 바라보고 느껴주게 된다.

'원치 않는 나'를 받아들여야 '원하는 나'가 된다

저는 제가 지금 왜 큰 부를 누리며 살게 됐는지 이유를 정확히 알게 됐어요. 저는 20여 년 전 극한 상황에 놓여 있을 때 이런 생각을 했습니다. '그래. 내가 꼭 성공하지 못하고 가난하게 살면 안 된다는 법이 어디 있어. 나도 가난하게 살 수 있는 거야. 내가 이번 생에 이렇게 살 수 있다는 걸 받아들이고 지금의 내 상황 속에서 찾을 수 있는 아주 작은 행복을 찾아 감사함을 느끼며 살면 그게 행복이지. 그냥 살아 있음에 감사하자.' 이렇게 맘을 바꿔 먹고는 가난함 속에서 그냥 잘 살았거든요. 나름 행복하게요. 그때부터 마음의 평화가 찾아왔고, 모든 일이 뜻밖에 잘 풀려나기 시작했고, 현재 큰 부를 이루었어요. 지금도 그 부를 잃지 않을까 노심초사하는 마음이 하나도 없어요. 다 망한들 우리나라 복지 시스템이 밥은 안 굶긴다는 거. 1,000만 원 보증금에 월세 10만 원인 국민임대 주택에 들어가면 비바람 다 피하고 같은 수준의 사람들끼리 이웃이 되어 스트레스 하나 없이 나름 도란도란 행복하게 산다는 걸 잘 아니까요. 그래서 그런 건지 늘 뜻밖에 점점 더 잘살게 되더라고요.

그때 제가 했던 생각 — '나도 가난해도 돼. 가난한 나도 괜찮아. 살아지는 날까지 즐겁게 살지 뭐. 난 지금도 살아 있잖아' — 이 지금의 나를 이 자리까지 오게 한 근본임을 알고 있습니다.

'난 가난하다'는 생각은 '난 부유하다'는 생각과 짝이 되는 생각이다. '난 가난하다'는 생각을 나와 동일시해 붙들고 있으면 가난한 현실이 내 눈앞에 펼쳐진다. '가난한 현실도 나를 지켜보는 창조주가 내 몸을 빌려 경험하는 놀이구나' 하고 자각하고 살아가면 가난한 현실 속에서 올라오는 열등감이나 수치심 등 부정적 감정들을 기꺼이 느껴보게 된다. 창조주가 바로 나이기 때문이다. 그럼 부정적 감정들이 사라지면서 가난한 현실은 아무 고통 없이 텅 빈 마음 속으로 흘러가고, 부유한 현실이 스스로 찾아온다.

왜 그럴까? 현실은 '난 가난하다/난 부유하다'는 정반대의 짝이 되는 생각들이 번갈아가며 창조하는 환영이기 때문이다. 그래서 전자를 받아들이면 후자와 합쳐져 텅 비어버리면서 내가 원하는 후자로 전환된다. 창조주가 가난함도 경험해보고, 부유함도 경험해보는 것이다.

하지만 눈에 보이는 현실을 진짜로 착각하면 '난 부유하다'는 생각이 창조하는 부를 좋다고 느껴 붙잡고 싶은 욕망, 즉 집착이 생긴다. 그럼 짝이 되는 '난 가난하다'는 생각을 나도 모르게 무의식에 억눌러버려 '가난한 나'가 돼버린다. 내 인생이 '가난한 나'로 고정돼버리는 것이다.

'가난한 나'로 살아가는 고통에서 벗어나려면 '가난한 나'를 무의식에서 풀어놓아주어야 한다. 그러려면 '가난한 나'로 살아가는 열등감이나 두려움을 완전히 느껴주어야 한다. 그런 감정들을 느껴주지 않고 무의식에 억눌러버려 '가난한 나'가 생겼기 때문이다.

'가난한 나'의 열등감을 느껴주면 열등감이 풀려나면서 '가난한 나'도 풀려난다. 동시에 짝이 되는 '부유한 나'와 합쳐져 텅 빈 하나의 마음 속으로 돌아간다. 텅 빈 마음은 어떤 현실을 창조하며 살아갈까? 나의 지금 상황에 가장 맞는 현실, 즉 내가 원하는 부유한 현실을 창조하며 살아간다. 마음이 늘 텅 비어 있으면 어떤 생각이든 나와 동일시해 원하는 현실을 마음대로 창조할 수 있다. 텅 빈 마음인 창조주가 전지전능한 것은 어떤 생각도 붙들고 있지 않기 때문이다. 자연히 모든 생각을 자유로이 사용할 수 있다.

저는 고등학생 때부터 쭉 10년이 넘도록 공부도 잘하고 능력도 있는 사람으로 살고 싶어 영어 공부, 그림 그리기, 운동, 주식, 책 읽기, 자격증 공부 등에 집착했던 것 같습니다. 이제는 너무 힘들고 지쳐서 모든 공부를 그만하고 편하게 살고 싶어요. 정말 지쳤어요. 공부 못하는 나, 무능한 나를 덮어버리기 위해 그렇게 기를 쓰며 고달프게 살아온 것 같아요.

공부도 잘하고 능력도 있으면 사람들이 저를 좋아해줄 거라 생각했는데, 그게 아니라는 걸 알았습니다. 제가 너무 싫어했던 공부 못하는 나, 능력 없는 나를 놓아주고 싶은데, 어떻게 하면 좋을까요?

'난 공부를 잘한다'는 생각과 '난 공부를 못한다'는 생각은 짝이 되는 생각이다. 둘 다 받아들이면 텅 빈 하나의 마음 속으로 사라지고, 나는 텅 빈 마음으로 공부할 수 있다. 즉, 텅 빈 마음이 내 몸을 빌려 공부하게 된다. 하지만 현실을 진짜로 착각하면 전자를 좋다고 느껴 붙잡으려 들게 된다. 그럼 후자는 싫다고 느껴져 억눌러버린다.

이렇게 텅 빈 하나의 마음 속에서 떠오르는 짝이 되는 생각을 '원하는 생각/원치 않는 생각'으로 쪼개 원치 않는 생각, 즉 '난 공부를 못한다'는 생각을 무의식에 억눌러버리면 '공부 못하는 나'라는 자아가 돼버린다. 이 자아로 살아가면 자꾸 열등감이 올라온다. 열등감은 느끼기 싫다. 나도 우월감을 느끼며 살고 싶다. 그래서 '공부 잘하는 나'가 되기 위해 집착하게 된다. 이렇게 집착하다 보면 '공부 못하는 나'는 점점 더 깊이 무의식에 억눌리게 된다. 그래서 공부 못하는 현실이 점점 더 굳어진다.

마찬가지로, '난 능력 없다'는 생각을 열등감으로 무의식에 억눌러버리면 '능력 없는 나'라는 자아가 된다. 이런 자아들이 내 무의식에 억눌려 있으면 작은 외부의 자극에도 열등감이 올라온다. 그래서 '공부 잘하는 나', '능력 있는 나'가 되기 위해 부단히 애쓰는 고달픈 삶을 살아가게 된다. 원치 않는 생각('난 공부 못한다'. '난 능력 없다')을 나 스스로 나와 동일시해 무의식에 억눌러버려 '공부 못하는 나', '능력 없는 나'로 살아가는 동시에, 현실 속에서는 '공부 잘하는 나', '능력 있는 나'가 되기 위해 끊임없이 나를 채찍질하는 고달픈 삶을 살아가게 되는 것이다.

'공부 잘하는 나'가 되기 위해서는 현재의 '공부 못하는 나'를 내 무의식에서 풀어줘야 한다. 현재의 '공부 못하는 나'를 나와 동일시해 붙들고 있으면서 동시에 '공부 잘하는 나'가 될 수는 없기 때문이다. '공부 못하는 나'를 풀어주려면 그 자아로 살아가는 열등감을 완전히 느껴주어야 한다. 그래야 짝이 되는 '공부 잘하는 나'와 다시 합쳐져 텅 빈 하나의 마음으로 돌아간다. 텅 빈 마음인 관찰자로 돌아간 나는 지금의 내 상황에 맞는 '공부 잘하는 나'가 되도록 해준다.

저는 시골에서 가난하게 자랐습니다. 10리가 넘는 초등학교를 한 시간 가까이 걸어서 통학했고, 농사일을 하시는 부모님은 공부하라는 말은커녕 학교에서 돌아오면 농사일, 집안일을 거들라는 말만 하셨습니다. 제가 공부를 잘해 담임선생님이 서울로 보내라는데도 아버지는 저를 읍내에 있는 농업고등학교에 진학시켰어요.

저는 그 선생님의 조언으로 학교 도서관이 문을 닫을 때까지 밤

늦도록 공부하면서 마침내 서울에 있는 고교로 전학해 원하던 대학에 진학했고, 지금은 대기업 임원입니다. 중학교 다니는 두 아들이 너무나 좋은 환경 속에서도 공부는 안 하고 핸드폰만 하면서 빈둥거리는 걸 보면 너무나 답답하고 화가 납니다.

나는 왜 화가 나는 걸까? 어린 시절의 나도 다른 아이들처럼 내가 좋아하는 걸 하며 자유롭게 뛰어놀며 맘껏 공부하고 싶었다. 더구나 담임선생님이 나를 서울로 보내 공부시키라고 조언까지 해주는데도 부모는 농업고등학교에 진학시켰다. 자연히 '내 미래를 챙겨줘야 할 부모님한테 오히려 버림받았구나!' 하는 두려움이 올라왔다. '이러다간 세상에서 생존하지 못할 거야' 하는 두려움이다.

부모한테 버림받는 건 너무나 무서운 일이다. 그래서 무의식적으로 억눌러버렸다. 즉, '난 버림받는다'는 생각을 나와 동일시해 두려움으로 억눌러버린 것이다. 그 순간 내 무의식엔 '버림받은 나'라는, 두려움에 떠는 자아가 억눌린다. '버림받은 나'는 '버림받지 않으려면 공부 잘하는 길밖에 없어'라고 생각하며 공부에 매달린다. 하지만 아무리 애를 써도 나는 '사랑받는 나'가 될 수 없다. 무의식에 억눌린 '버림받은 나'가 이미 나로 살아가고 있기 때문이다.

지금도 두 아들이 핸드폰만 만지작거리며 빈둥거리는 걸 보면 '버림받은 나'가 올라온다. 버림받지 않기 위해 공부에 매달려야 할 아이들이 핸드폰만 하고 있으니 가슴이 답답하고 짜증이 난다. "야! 너희들 그렇게 빈둥거릴 틈이 어디 있어? 그렇게 게으름 피우다간 큰일 나! 어떻게 살아남으려고 그래! 정신 바짝 차리고 공부해!"라고 아이들한테 마구 외치고 싶다.

하지만 아이들은 공부에 집착해야만 생존할 수 있다는 두려움을 느끼지 못한다. 그러다 보니 아이들과 나 사이엔 갈등이 생긴다. 갈등은 미움을 일으킨다. 서로를 미워하다 보면 마음속에서 서로를 점점 버리게 된다.

나는 성공에 대한 집착으로 대기업 임원까지 됐지만, 이렇게 '버림받은 나'가 무의식에 억눌려 있으면 진정한 행복을 느끼기 어렵다. 물질적, 사회적 성공은 피상적인 것이기 때문이다. 또, 집착하는 삶은 몸과 마음을 지치게 한다. '사랑받는 나'로 살아가려면 '버림받는 나'를 먼저 풀어놓아주어야 한다. 그러려면 '버림받는 나'의 두려움을 느껴줘야 한다. 두려움은 느껴주면 풀려난다. 그럼 '버림받는 나'도 풀려나고 버림받는 현실도 풀려나 자유로워진다.

현실은 텅 빈 마음 속에 펼쳐지는
홀로그램 거울

현재 상황은 풀리지 않은 과거 상황의 재연이다

저는 신혼 때 아기들과 함께 있다가 남편이 술 먹고 계단 올라
오는 소리만 들려도 무섭고 불안해서 빨리 들어가 자는 척했습
니다. 남편이 주사는 없었지만 술 취한 상태에서 소리를 지르거
나, 혼자 누군가에게 욕을 하는 소리가 들리면 너무 무섭고 불
안했습니다.

그러다가 제가 태어나 누워 있을 때 아들을 원하던 아버지가 딸
을 낳았다는 걸 알고 술 먹고 욕하면서 삼신상을 엎어버렸다는
말을 언니한테 들었습니다. 그 말을 듣고 나니 '아, 그래서 그랬
었구나!' 하는 생각이 들면서 마음이 개운해졌습니다. 남편한테
도 그 말을 해주었습니다. "당신이 술 먹는 모습만 봐도 화가 나
고 불안했는데, 그 원인을 알았어. 내가 갓난아기였을 때 아버

지가 딸이라고 술 먹고 삼신상을 엎어버렸거든."

남편은 "나한테 고맙다고 해"라고 말했습니다. 저는 이제 술상을 차려도 기쁩니다. 그리고 위층에 이사 오는 부부마다 서로 욕을 하며 수시로 싸우는 소리를 듣고 '왜 저런 사람들만 이사 오는 거지?' 하고 생각했었는데, 되돌아보니 모두 제 마음속을 비춰주는 거울이었네요. 지금은 거의 사라졌고 설사 싸우는 소리가 가끔 들려도 웃을 수 있게 됐어요.

그리고 저는 아기 때 울지도 못하고 꼼짝도 안 하고 누워 있었고 순했었는데, 아버지한테 버림받거나 죽임당할지 모른다는 공포가 억눌려 있었다는 것도 알게 됐습니다.

나는 두려움의 원인을 모른 채 무조건 억눌러놓고 살아왔다. 그러다가 언니의 말을 듣는 순간 술 취한 아버지에 대한 두려움에 떨던 갓난아기인 내 모습이 그려졌다. 과거의 그 두려움을 남편에게 투사해왔음을 깨달았다. 그 순간 '아 그래서 그랬었구나!' 하며 남편에 대한 두려움이 싹 사라졌다.

남편에 대한 두려움은 남편을 만나기 훨씬 이전에 억눌렸던 것이다. 그러니까 남편에 대한 현재의 두려움은 근거 없는 가짜다. 현재 상황 속엔 두려움이 들어 있지 않다. 과거의 두려움을 현재 상황에 투사할 뿐이다.

이처럼 현재의 두려운 상황은 풀리지 않은 과거의 두려운 상황의 재연이다. 과거의 두려운 상황은 왜 자꾸 재연됐을까? '난 아버지한테 죽임당할지 몰라'라는 두려운 생각을 나와 동일시해 무의식에 억눌러버렸기 때문이다. 나와 동일시하는 생각이 내 눈앞에 펼쳐지는 상황을 창조한다.

과거 상황을 되돌아보라. 어디서 떠오르는가? 아무것도 없는 텅 빈 마음 속에서 평면의 이미지로 떠올랐다 사라진다. 텅 빈 마음 속에서 떠오르는 평면 이미지는 진짜인가, 가짜인가? 나와 동일시하는 생각이 만들어낸 가짜이다.

그렇다면 가짜인 과거 상황의 재연인 현재 상황은 진짜인가, 가짜인가? 가짜의 재연도 역시 가짜이다. 현재 상황을 예컨대 50년 뒤쯤의 시점에서 되돌아보면 어디서 떠오를까? 텅 빈 마음 속에서 평면의 이미지로 떠오른다. 현재 상황도 늘 가짜이다.

모든 상황은 나와 동일시하는 생각이 오감화된 홀로그램 환영이다. 괴로운 생각은 억눌려 있으면 흘러가지 못한다. 그래서 자꾸만 현재 상황으로 재포장돼 다시 내 눈앞에 펼쳐지기를 되풀이한다.

괴로운 현실을 있는 그대로 받아들이는 것만으로는 아무 변화도 일어나지 않는다. 괴로운 현실을 끝없이 연장시킬 뿐이다. 받아들이라는 말은 괴로운 현실의 원인인 무의식 속의 괴로운 감정들을 받아들이라는 말이다. 받아들이면 느껴주게 된다. 느껴주면 풀려난다. 괴로운 감정들이 풀려나야 괴로운 현실도 풀려난다.

저는 두 남매를 둔 가장입니다. 저희 부부는 맞벌이를 하면서 넉넉하지는 않지만 하고 싶은 거 다 하면서 살아왔습니다. 그러던 중 아내가 아버지뻘 되는 사람과 외도를 했습니다. 충격적인 증거들이 쏟아졌고 저는 큰 트라우마를 겪으면서 일이 손에 잡히지 않았어요.

그 당시 저는 주중에는 회사를 다니고 주말에는 캠핑장을 운영하고 있었습니다. 쉬는 날이 없었죠. 아내는 용서를 빌었고 저도 용서를 했지만 상처는 쉽게 가라앉지 않았고, 그 뒤에도 아내는 여러 차례 술과 남자 문제로 고통을 주었습니다. 그사이 저는 적지 않은 돈을 벌었는데도 경제적으로 허덕이며 빚더미에 앉게 됐고, 지인들에게 빌린 돈을 못 갚아 대인관계마저 엉망이 됐습니다.

지금도 아내는 저를 남편으로 대하지 않고 서로 마주치면 아이들이 있건 없건 큰소리치고 이혼도 준비 중입니다. 저는 어떻게 해야 할지 하루에도 수십 번씩 생각이 왔다 갔다 합니다.

아이들이 있으니 헤어지기도 고통스럽고, 아내한테 무시당하며 참고 사는 것도 고통스럽다. 이럴 수도 없고, 저럴 수도 없다. 나는 아내의 외도로 인한 피해자라고 느낀다. 도무지 출구가 보이지 않는다. 고통의 감옥에 갇혀 있는 느낌이다. 이렇게 솟아날 구멍이 없는 상황이 펼쳐지는 건 상황 속의 몸을 벗어나 상황 전체를 멀리서 객관적으로 바라보라는 신호이다.

이 상황 전체를 수십 년 뒤의 먼 시점에서 되돌아본다면 어디서 떠오를까? 아무것도 없는 텅 빈 마음 속에서 떠오른다. 텅 빈 마음 속에서 펼쳐지는 인생 영화이다. 텅 빈 마음 속에서 떠오르는 영화 속에 고통스러운 감정들이 들어 있을까? 영화 자체엔 아무런 감정이 들어 있지 않다. 영화를 볼 때 고통스러운 감정들이 올라온다면 내 무의식 속에 고통스러운 과거의 상처가 억눌려 있기 때문이다. 과거에 어떤 상처가 억눌렸던 걸까?

현재 상황은 풀리지 않은 과거 상황을 재연시킨 영화라는 말을 듣고 나서 가만히 생각해보니, 제가 어릴 때 돈 문제로 싸우던 부모님의 모습과 아버지의 외도로 흥분해 있는 어머니의 모습이 떠올랐습니다. 어머니가 겪었던 괴로움이 제 마음속에 미처 리된 상황으로 걸려 있다가 현실로 나타난 거구나 하는 생각이 들면서 마음이 가벼워지기 시작했습니다.

어머니는 배우자인 아버지한테 배신당했다. 어릴 땐 내 무의식이 활짝 열려 있기 때문에 어머니가 배신당해 두려움에 떨던 상황이 마치 카메라로 찍어놓은 사진처럼 고스란히 무의식에 저장된다. 당시 나는 아버지를 나쁜 사람으로, 그리고 어머니는 착한 사람으로 느껴 어머니를 나와 동일시했다.

어머니는 어떤 생각을 자신과 동일시해 붙든 채 고통스러워했을까? '난 배우자한테 배신당했다'는 생각이다. 이 생각을 붙들고 있으면 어마어마한 두려움이 올라온다. 나 자신이 바로 이 생각이 돼버리기 때문이다. '이제 내 인생은 망쳤구나!' 하고 느끼게 된다. 그래서 어머니는 이 생각을 두려움으로 무의식에 억눌러버렸다.

'난 배신당했다'는 생각을 나와 동일시해 무의식에 억눌러버리면 '배신당한 나'라는 자아가 된다. 어머니를 나와 동일시하던 나도 어머니의 무의식을 물려받아 역시 '배신당한 나'로 살아가게 된다. '배신당한 나'의 두려움이 무의식에 억눌려 있으면 공명하는 두려움을 억눌러놓고 사는 사람을 끌어들이게 된다. 그래서 그로부터 배신당하게 된다. 위 상황에선 아내한테 배신당하고 있다.

현재 상황을 진짜라고 착각하면 나는 아내를 원망하게 된다. 하지만 현재 상황은 무의식에 억눌려 있는, 풀리지 않은 과거 상황의 재연이다. 과거 상황은 이미 오래전에 나와 동일시해 무의식에 억눌러놓았던 지나간 생각이다. 이미 지나간 생각이 두려움으로 무의식에 억눌려 있기 때문에 다시 현재 상황으로 재포장돼 내 눈앞에 펼쳐지고 있다.

어머니는 왜 아버지한테 배신당하는 상황을 두려움으로 억눌러버렸을까? 그 상황을 진짜라고 착각했기 때문이다. 나도 역시 아내한테 배신당하는 상황을 진짜로 착각해 두려움으로 억눌러놓고 있다. 현실이 가짜임을 알게 되면 아무리 두려운 현실이 닥쳐도 두려움을 억누르지 않고 느껴보게 된다.

두려움은 느껴주면 사라지는 가짜이다. 두려움이 사라지면 두려움으로 억눌렸던 배신당하는 상황도 더 이상 재연되지 않는다. 즉, 배신당하지 않는 상황으로 전환되는 것이다.

요즘 층간소음이 너무 심해서 괴롭습니다. 처음에는 윗집과 싸우고 싶지 않아서 승강기 벽에 기분 나쁘지 않게 메모지를 붙여 놨는데 일주일 후 또 시끄럽습니다. 새벽 1시가 넘어서도 시끄러워 인터폰으로 조용히 해달라고 했더니 이제는 낮에도 쿵쿵 소리가 납니다. "아이를 키우다 보면 이해할 거다", "다른 집에서 나는 소리일 수도 있다" 등의 변명만 돌아옵니다. 가끔 큰 물건으로 윗벽을 치고 싶은 충동도 듭니다. 조용할 때도 언제 또 소음이 들릴지 몰라 불안하고, 내 집에서 왜 남 때문에 이렇게 스트레스를 받으며 살아야 하는지 속상합니다.

시끄러운 소리 자체엔 아무 감정도 들어 있지 않다. 공기의 진동일 뿐이다. 하지만 사람마다 소음이 들릴 때 올라오는 감정은 각기 다르다. 예컨대 내 아이가 큰 소리로 울면 달래주고 싶은 사랑이 올라오지만, 남의 집 아이가 마구 울어대면 귀를 막고 싶은 미움이 올라온다. 또, 내가 내 집을 수리할 땐 종일 망치질을 해도 즐거움이 올라오지만, 옆집에서 한 시간 동안만 망치질을 해도 괴로움이 올라온다. 소음 때문에 괴로운 게 아니라, 소음이 들릴 때 내 무의식 속에 억눌려 있던 괴로운 감정이 올라오기 때문에 괴로운 것이다. 이 감정은 언제 억눌리게 됐던 걸까?

저는 어릴 때부터 아빠가 큰소리를 내거나 엄마랑 싸우면 가슴이 쿵쾅쿵쾅 뛰고 땀이 났습니다. 지금도 제 앞에서 사람들이 서로 큰소리로 싸우거나 큰소리가 들리면 귀를 막고 지나갑니다. 이렇게 소리에 예민할 뿐 아니라, 어떤 사람이 조금이라도 기분 나쁜 말을 하면 금방 기분이 상합니다.
길을 가다가 딸에게 다정한 아빠들을 보면 참 부럽습니다. 저도 아빠한테 사랑받고 이해받고 의지하고 싶었는데, 제가 오히려 아빠를 이해해줘야 하는 게 속상하거든요. 이 모든 게 제 안의 공격성을 보는 두려움임을 알아차리니 마음이 한결 편안해집니다.

내가 어린 시절 아빠가 시끄러운 소리를 낼 때마다 나는 '엄마가 공격받는다'라고 느꼈다. 나는 엄마와 나를 동일시했고, 자연히 '난 공격받는다'는 생각도 나와 동일시해 억눌러버렸다. 그럼 나도 공격하고 싶어진다. 즉, 공격성이 올라온다. 그래서 지금도 큰소리가 들릴 때마다 어릴 때 아빠한테 공격받는다고 느꼈던 순간들이 악몽처럼 떠올라 내 무의식 속에서 공격성이 올라온다.

위층에서 층간소음이 들릴 때도 마찬가지다. '난 공격받는다'고 느낀다. 그래서 큰 물건으로 윗벽을 치고 싶은 충동을 느낀다. 층간소음 자체엔 아무 감정도 없다. 층간소음은 '난 공격받는다'라고 느꼈던 과거의 두려운 상황을 되돌아보게 하는 거울일 뿐이다. 어릴 때의 그 두려운 상황이 여전히 내 무의식에 두려움으로 억눌려 있기 때문에, 이번엔 이웃집과의 두려운 상황으로 재포장돼 펼쳐지고 있다.

'난 공격받는다'는 한쪽 생각을 두려움으로 억눌러 붙들고 있으면 공명하는 두려움을 가진 사람들이 자꾸 나타나 서로 공격을 주고받는 두려운 상황을 연출해내게 된다. 두려움은 느껴주면 사라진다. 그럼 두려운 상황도 재연되지 않는다. 두려운 상황은 나와 동일시하는 생각을 두려움으로 억눌러놓고 있는 동안에만 되풀이되는 가짜이다.

모든 사람은 내 무의식을 비춰주는 거울이다

20대 후반인 딸이 자기 방에 온갖 물건들을 마치 쓰레기장처럼 어질러놓고 방에 들어오지도 못하게 합니다. 그러면서도 자기 몸은 엄청 깨끗하게 관리합니다. 딸은 저의 어떤 마음을 보여주는 걸까요? 그리고 저는 버스터미널에서 근무하는데 사람들이 많이 지나다니는 곳이라 누군가가 제게 길을 물어오는 일이 잦습니다. 그럴 때마다 왜 슬픔이 올라오고 울고 싶을까요?

딸은 왜 자신의 물건들을 말끔하게 정리해놓지 않고 방 안에 버려놓는 걸까? 방 안의 풍경은 딸의 마음을 보여주는 거울이다. 딸은 세상을 버리고 있다. 왜 버릴까? 무의식 속에 '버림받은 나'가 억눌려 있어서 '난 세상으로부터 버림받았다'고 느끼기 때문이다. 세상이 나를 버리니 나도 세상을 버리는 것이다.

버림받은 두려움을 직면하는 건 너무나 무서운 일이다. 죽음의 공포가 올라온다. 그래서 현실 속의 뭔가를 단단히 붙들어야 한다. 나를 버린 세상 속에서 내가 유일하게 믿고 붙들 수 있는 건 내 몸밖에 없다. 그래서 몸만큼은 깨끗하게 관리한다. '버림받은 나'는 자신을 열등하고 수치스럽게 느낀다. 그래서 자신의 그런 모습을 들키지 않기 위해 아무도 방에 들어오지 못하게 한다.

내 눈앞에 펼쳐지는 현실은 내가 어떤 생각을 나와 동일시하며 살고 있는지를 고스란히 비춰주는 거울이다. 만일 내 마음이 텅 비어 있다면 괴로운 현실은 펼쳐지지 않는다. 텅 빈 마음인 무한한 사랑이 내 눈앞의 현실을 창조하기 때문이다. 거꾸로 내 무의식 속에 괴로운 자아들이 억눌려 있다면 이 자아들이 동일시하는 괴로운 생각들이 내 눈앞의 현실로 펼쳐진다.

몸을 나와 동일시하며 살아가는 모든 사람은 이 자아들의 지배를 받으며 살아간다. 그래서 인생살이는 고해苦海이다. 하지만 나 스스로는 내 무의식 속에 어떤 자아들이 억눌려 있는지 알 수 없다. 그래서 내가 만나는 사람들이 내 무의식을 보여준다. 무의식 속의 자아들이 서로 공명하는 상대를 끌어들여 만나기도 하고 헤어지기도 하기 때문이다.

그렇다면 딸은 나에게 어떤 자아의 감정을 보여주는 걸까? 딸을 보는 내 마음속에서는 '저러다 딸이 세상으로부터 버림받는 거 아니야?' 하는 두려움이 공명해 올라온다. 딸은 내 무의식 속에 억눌려 있는 '버림받은 나'의 두려움을 보여준다.

이 자아는 사람들이 길을 묻는 모습을 보면 눈물이 난다. 세상으로부터 버림받아 갈 곳을 잃고 헤매는 나를 그들에게 투사하기 때문이다. 나는 과거에 누구한테 어떻게 버림받았기에 내 무의식 속에 '버림받은 나'가 억눌려 있는 걸까?

저는 50여 년의 인생을 살아오면서 그 누구에게도 차마 털어놓지 못한 두려움이 있습니다. 어릴 때 바로 밑에 남동생이 태어났는데 엄마가 엄청 예뻐했습니다. 동생이 자고 일어나자 죽어버렸으면 하고 하얀 빨랫비누를 흰 떡이라며 먹으라고 줬어요. 다행히 동생이 받아먹지는 않았습니다.

아기는 엄마를 세상의 전부로 인식한다. 엄마한테 버림받는 것은 세상으로부터 버림받는 것과 마찬가지다. 그 두려움을 억눌러 놓고 살다 보니 행인들이 길을 물어도 어린 시절의 버림받은 두려움과 아픔이 올라온다. 딸은 내가 알아차리지 못한 내 무의식 속의 '버림받은 나'의 두려움을 보여주는 거울이다. 딸의 모습이 바로 내 모습임을 알아차리는 순간, 나는 딸의 아픔을 남의 아픔이 아닌 내 아픔으로 받아들여 느끼게 된다.

마음의 아픔은 느껴주면 사라진다. 마음의 아픔은 두려운 감정들을 느끼지 않고 억눌러놓아 응어리진 것이기 때문이다. 마음의 아픔이 사라지면 현실의 아픔도 사라진다.

왜 현실 전체가 나를 비춰주는 거울인가?

창조주인 텅 빈 마음은 늘 텅 비어 있다. 텅 빈 마음이 텅 빈 마음 속에서 펼쳐지는 홀로그램 인생 영화 속에 들어오기 위해서는 '나'라는 홀로그램 몸이 있어야 한다. 앞서 자세히 설명한 대로 '나'는 '너'를 빌려 생기고, '너'는 '나'를 빌려 생긴다. 자연히 '나'를 빌리면 수많은 '너'들도 동시에 생긴다. 나를 빌려 A라는 너도 생기고, 나를 빌려 B라는 너도 생기고, 나를 빌려 C라는 너도 생긴다. 너는 사람일 수도 있고, 나무일 수도 있고, 구름일 수도 있고, 곤충일 수도 있다. 생물일 수도 있고, 무생물일 수도 있다. 세상일 수도 있고, 우주일 수도 있다. 모든 '너'들은 '나'를 빌려 생기므로 모든 '너'들은 이면의 '나'들이다.

창조주는 왜 이런 식으로 세상을 창조한 걸까? 이면의 '나'들은 크게 두 가지 역할을 한다. 첫째, 창조주가 너와 나, 남자와 여자 등 수많은 '나'들로 쪼개져야 역할극을 할 수 있다. 둘째, 나 스스로는 나 자신이 가짜인 홀로그램이라는 사실을 알지 못한다. 그래서 가짜인 홀로그램을 진짜로 착각해 많은 감정들을 무의식에 억눌러놓게 되고, 이로 인해 생긴 인격체들, 즉 자아들로 살아간다. 자아들을 진짜 나로 착각하며 살아가면 창조주인 텅 빈 마음과 영원히 분리돼 고통에서 벗어날 방법이 없다. 그래서 내가 '진짜 나'인 창조주로 살아가는지, 아니면 '가짜 나'인 자아로 살아가는지를 보여주는 많은 거울들이 필요하다.

A도, B도, C도, 모든 사물도 각기 나 스스로는 보지 못하는 내 무의식 속의 자아들을 보여준다. 즉, 나는 A, B, C 등 이면의 '나'들을 거울삼아 내가 지금 어떤 자아로 살아가고 있는지를 알아차려 '진짜 나'를 찾아갈 수 있는 것이다. 이건 나를 찾아가는 힘겨운 여정이기도 하고, 동시에 보물찾기 같은 놀이이기도 하다. 나와 만나는 모든 사람을 거울로 삼고 살아가다 보면 언젠가는 '진짜 나'라는 보물을 찾게 될 것이기 때문이다.

내가 아닌 모든 것이 '이건 내가 아니야'라고 오랫동안 내가 억눌러놓거나 외면해온 무의식 속의 자아들을 보여준다. 세상은 '좋다/싫다', '옳다/그르다', '착하다/악하다' 등 짝이 되는 생각들로 창조된다. 나는 좋거나 옳거나 착하다고 생각하는 모든 건 나에게 투사해 붙들고자 하고, 싫거나 그르거나 악하다고 생각하는 모든 건 내가 아닌 너, 세상, 우주에 투사해 억눌러놓는다. 그래서 내가 무의식에 억눌러놓는 것들은 필연적으로 이면의 나인 너, 세상, 우주를 통해 내 눈앞에 나타난다.

내가 좋거나 옳다고 생각하는 것들은 내 몸에 좋은 느낌을 일으킨다. 그래서 붙잡으려 든다. 반대로 내가 싫거나 그르다고 생각하는 것들은 내 몸에 싫은 느낌을 일으킨다. 그래서 억누른다. 좋은 느낌을 붙잡으려 들면 짝이 되는 싫은 느낌은 자동적으로 억눌린다(즉, 긍정적 감정들을 붙잡으려 들면 부정적 감정들은 자동적으로 억눌린다). 이렇게 억눌린 싫은 느낌을 일으키는 것들이 내 눈앞에 되풀이해 펼쳐지기 때문에 인생살이의 고통이 반복되는 것이다.

만일 나의 무의식에 두려움이 억눌려 있다면? 그럼 나는 이 두려움을 이면의 나인 A나 B나 C에게, 혹은 동물들이나 벌레들, 사물들에 투사한다. 예컨대 공부도 못하고 운동도 못하는 아들을 보면 열등감이 올라온다. 내 무의식 속에 억눌려 있는 열등감이 아들을 볼 때 올라오는 것이다. 나는 평생 우월감을 붙잡기 위해 이 열등감을 꾹꾹 억눌러놓고 살아왔다. 열등감을 느끼며 사는 게 너무나 끔찍했기 때문이다. 그래서 나 스스로는 내 무의식에 이 열등감('열등한 나')이 억눌려 있다는 걸 알지 못한다.

그런데 이면의 나인 아들을 볼 때마다 아들이 꼴 보기 싫어진다. 왜 그럴까? 아들이 내 무의식에 억눌린 열등감을 자꾸만 보여주기 때문이다. 나는 내 열등감을 이면의 나인 아들에게 투사해 아들을 미워하는 것이다. 따라서 아들만 미워하고 있으면 내 열등감은 절대로 사라지지 않는다. 아들이 내 열등감을 보여주는 이면의 나, 즉 내 거울임을 알아차려야 내 열등감도 사라지고, 공명하는 아들의 열등감도 함께 사라진다.

만일 내가 뱀을 두려워한다면? 만일 내가 뱀이라면 나는 나를 어떻게 느낄까? 나를 징그럽고 수치스럽게 느낄 것이다. 나는 내 무의식 속의 수치심을 뱀에게 투사한다. 내 수치심을 보는 게 두려운 것이다. 내가 남에게 투사하는 이 두려움과 수치심이 바로 나 자신의 감정임을 알아차려야 텅 빈 마음 속으로 사라진다. 그렇지 않으면 내 몸에 응어리진 채 온갖 불행을 창조한다.

저는 대학 재학 중에 "도를 아십니까" 종교에 빠져서 등록금을 갖다 바치고 대학도 중퇴했습니다. 마침내 사이비 종교에서 빠져나와 결혼 후 계속 육아와 집안 살림만 하고 있는데, 자영업자인 남편은 대출금이 많고 돈도 모으지 못합니다.

남편은 힘들 때 저한테 "니가 도대체 잘하는 게 뭐냐? 돈은 쓸 줄만 알고 모을 줄은 모르고 자식 교육도 똑바로 못 시키고 살림도 꽝이고" 하는 말을 저에게 합니다. 그럴 때마다 저는 속으로 '죽고 싶다. 헤어지고 싶다'는 생각을 하지만 아이들 때문에 참을 때가 많습니다.

제가 무능하고 돈을 못 벌어서 무시당하는 것 같아 돈 벌고 싶은 마음은 간절한데 경력 단절에 나이도 많아서 전문직을 못 구합니다. 제가 너무 무능하고 비참하다는 생각도 듭니다.

남편이 내게 하는 말을 들으면 죽고 싶다는 생각이 든다. '죽고 싶다'는 말은 '나를 죽이고 싶다'는 말이다. 왜 나를 죽이고 싶을까? 내 무의식 속에 억눌려 있는 '무능한 나'를 죽이고 싶기 때문이다.

그런데 남편은 어떻게 내 무의식 속에 '무능한 나'가 억눌려 있다는 사실을 알고 내게 지적질을 해서 자극을 일으키는 걸까? 남편 자신의 무의식 속에도 똑같은 '무능한 나'가 억눌려 있기 때문이다. 그런데 남편 스스로는 자신의 무의식 속에 어떤 존재가 억눌려 있는지 알 수 없다.

하지만 서로가 서로의 무의식을 비춰주는 거울이다. 남편의 무의식에 억눌려 있는 '무능한 나'는 아내인 나를 보면 공명을 통해 표면으로 올라온다. 나 또한 남편을 통해 내 무의식 속의 '무능한 나'를 보게 되기 때문에 이 자아를 죽이고 싶다는 생각이 든다.

이처럼 우리는 몸과 몸으로 만나는 게 아니라, 무의식 속의 자아들끼리 공명을 통해 서로 만난다. 그래야 서로 상대를 거울삼아 내 무의식 속에 어떤 자아가 억눌려 있는지 알게 되고, '아, 내 무의식 속에 이런 자아가 억눌려 있구나' 하고 알아차리게 되는 것이다. 알아차리면 알아차릴수록 자신의 존재를 인정받은 자아들은 점점 나와 분리돼 사라진다.

저는 아들을 보면 젊었을 때 외모 콤플렉스를 갖고 있던 제 모습이 보이고, 딸을 보면 학교 다닐 때 왕따로 힘들어하던 제 학창 시절이 보이고, 남편을 보면 고등학교 때 공부 때문에 열등감에 사로잡힌 제 모습이 보입니다. 어떻게 해야 출구가 보일까요?

가족들을 볼 때 왜 내 마음속에서 아픔이 올라올까? 누구나 가족한테서는 사랑을 기대한다. 기대했던 사랑을 받지 못한다고 느끼면 반대 감정인 미움이 올라온다. 사랑은 미움을 빌려 생기고, 미움은 사랑을 빌려 생긴다. 그래서 가장 사랑하는 가족에게 실망할 때 가장 큰 미움이 올라온다.

부부관계도 그렇다. 내가 목숨처럼 사랑하던 배우자가 나를 배신하면 죽이고 싶을 만큼 큰 미움이 올라온다. 내가 100만큼 사랑하던 사람은 100만큼 미워하게 되고, 내가 1,000만큼 사랑하던 사람은 1,000만큼 미워하게 된다.

짝이 되는 감정들은 이렇게 마치 저울로 재는 것처럼 정확하게 오르내린다. 아무것도 없는 텅 빈 마음 속에서 서로가 서로를 빌려 생긴 것이기 때문에 주는 것과 받는 것이 항상 제로(0)가 돼야 하는 것이다. 따라서 가족에 대한 사랑이 클수록 미움도 클 수밖에 없다.

열등감도 마찬가지다. 나는 사랑하는 가족이 우월감을 느끼며 당당히 살아가길 바란다. 그래서 가족이 열등한 모습을 보이면 마음이 아프다. 내 마음속에도 열등감을 억눌러놓아 생긴 아픔이 있기 때문이다. 그래서 가족이 내 열등한 모습을 보여주면 아픔이 공명해 올라온다. 나는 이 아픔이 가족 때문에 생기는 거라 착각해 가족을 미워한다. 내 아픔을 미움으로 덮어버리는 것이다.

예컨대 아들이 취직도 못 한 채 방 안에만 틀어박힌 열등한 모습을 자꾸 보여주면 점점 꼴 보기 싫어진다. 하지만 사실은 아들이 꼴 보기 싫은 게 아니라, 아들이 보여주는 무의식 속의 내 열등한 모습이 꼴 보기 싫은 것이다. 나의 거울인 아들이 밖에 나가 있을 땐 열등감이 잠시 가라앉는다. 그러다가 아들이 집에 돌아오자마자 또 방에 틀어박혀 있으면 열등한 내 모습을 거울처럼 보게 되기 때문에 다시 꼴 보기 싫어진다.

따라서 아들만 쳐다보며 미워하고 한탄만 하고 있으면 내 열등감은 사라지지 않는다. 아들을 볼 때 올라오는 내 열등감을 느껴주어야 한다. '아, 아들이 내 열등감을 보여주는 거울이구나!' 하고 받아들여 꾸준히 느껴주어야 한다.

자꾸 느껴주면 열등감은 점점 약해지다가 나중엔 올라오지 않는다. 내 열등감이 완전히 사라지면 공명하는 아들의 열등감도 함께 사라진다. 서로의 열등감을 풀어놓아주기 위해 가족으로 만난 것이기 때문이다. 자연히 아들에 대한 미움도 사라진다. 내 열등감을 보게 하는 미움이었기 때문이다.

미움이 사라지면 자연히 짝이 되는 사랑이 올라온다. 열등감이 영구적으로 사라졌다면 영원한 사랑인 무조건적인 사랑이 올라온다. 아들을 바꾸려 들지 말고 아들을 볼 때 올라오는 내 괴로운 감정을 느껴주는 것이 아들을 바꾸고 나를 바꾸는 근원적이고 영구적인 길이다.

저는 남친과 헤어질 때마다 막연한 두려움이 올라왔습니다. 그러다가 문득 잊고 있었던 어린 시절 한 장면이 떠올랐습니다. 제가 대여섯 살 무렵, 제 가족, 이모, 사촌 동생과 차를 타고 어딘가 가고 있었는데, 무슨 일인지 기억이 안 나지만 제가 토라진 상태였고 엄마가 달래주고 있었어요. 그러다 사촌 동생이 멀미가 심해서 구토를 했어요. 엄마는 저 때문이라며 저를 차에서 내리라고 했어요. 엄마가 무서워 내렸는데, 저를 두고 차가 출발하던 장면이 슬로 모션처럼 떠올랐습니다. 저는 잘못했다고 울부짖으며 차를 따라갔고, 머지않아 차가 멈춰 다시 저를 태우고 갔지요. 그 뒤는 기억나지 않습니다.

아마 이게 제가 그토록 찾던 저의 내면 아이가 아닐까 하는 생각이 들었고, 몇 시간을 목 놓아 오열했던 것 같습니다. 30년쯤 전의 일인데 엄마에게 버림받은 두려움에 질려 울던 아이가 제 안에 있었다는 걸 알았어요. 그 뒤로 남자친구와도 다시 사이가 원만해졌고, 두통도 사라졌습니다. 이제는 그냥 정수리로 빠져나가는 느낌만 있습니다. 마음이 많이 평온해졌습니다.

어린아이는 왜 엄마와 떨어지는 걸 가장 두려워할까? 모든 사람이 몸을 갖고 태어나는 순간 무조건적이고 무한한 근원의 사랑과 분리된다. 그래서 뱃속에서부터 붙잡고 있던 엄마를 태어난 이후에도 계속 붙잡고 있으려 든다. 모든 사람의 무의식 속엔 이처럼 버림받은 두려움이 억눌려 있다.

그런데 엄마가 나를 떼어놓고 화난 얼굴로 차를 타고 가버리면? 엄마를 잃으면 나는 죽는다. 어마어마한 죽음의 공포가 올라온다. 이 공포를 억눌러놓으면 그 공포스러운 상황은 내 무의식속에 고스란히 저장된다. 그래서 어른이 된 뒤 조금이라도 비슷한 상황이 닥치면 과거의 공포스러운 상황이 순식간에 올라와 오버렵된다.

왜 이 공포를 반드시 느껴줘야 하는 걸까? 느껴주지 않으면 억눌린 과거의 공포스러운 상황이 작은 자극에도 끊임없이 반복해 떠오르기 때문이다.

남친은 현재 내가 가장 사랑하고 붙들고 싶어하는 사람이다. 그래서 남친과 헤어진다고 생각하면 어릴 때 엄마한테 버림받던 순간의 두려움이 올라온다. 남친은 어릴 때의 버림받은 공포를 끌어 올려주는 역할을 하는 거울이다. 이 사실을 자각하고 두려움을 느껴줬더니 남친한테 버림받는 두려운 상황은 더 이상 되풀이되지 않았다. 두려움이 일으킨 두통도 사라졌다.

저는 멍청한 어린 아들을 보면 죽여버리고 싶은 살기가 올라와 고통스럽습니다. 차라리 남의 집 아이라면 그냥 바라볼 수도 있을 텐데, 제 아들이 공부도 못하면서 종일 핸드폰이나 게임만 하는 걸 보면 저도 모르게 욕이 나옵니다. 저는 왜 못난 아들을 볼 때마다 죽여버리고 싶은 충동이 올라올까요?

멍청한 어린 아들을 볼 때 왜 죽여버리고 싶은 살기가 올라올까? 내가 낳은 아들은 내 무의식을 물려받았다. 그래서 멍청한 아들을 보면 내 무의식에 억눌려 있던 열등감이 공명해 올라온다. 나는 아들이 아니라, 아들의 열등한 모습을 볼 때 올라오는 과거의 내 열등한 모습을 죽여버리고 싶은 것이다. 아들은 내 무의식을 비춰주는 거울일 뿐이다.

만일 내 무의식 속에 열등감이 억눌려 있지 않다면? 공명해 올라오는 열등감도 없을 것이다. '아, 아들의 저 열등한 모습은 내 안의 열등한 내 모습이구나!' 하고 받아들이면 사라진다. 왜 사라질까? 그동안 나는 열등감을 무의식에 깊숙이 억눌러놓아 '열등한 나'로 살아왔다. '열등한 나'로 사는 게 싫어 '우월한 나'가 되고자 온갖 노력을 하며 살아왔다. 그런데 '열등한 나'와 '우월한 나'는 정말 존재하는 걸까? 이 자아들은 '열등하다/우월하다'는 한 쌍의 생각들이 만들어낸 인격체들이다. 그래서 서로 분리시켜 붙잡고 있을 때만 존재한다. 서로 합치면 텅 빈 마음 속으로 사라진다.

어떻게 합칠 수 있을까? 내가 싫다고 무의식에 억눌러버린 '열등한 나'가 바로 나 자신임을 다시 받아들여 '열등한 나'로 살아가는 아픔을 느껴주어야 한다. 아픔을 느껴주지 않아 억눌려버렸기 때문이다. 그럼 짝이 되는 '우월한 나'와 합쳐져 텅 빈 마음 속으로 사라진다. 모든 자아는 나로 받아들이면 무의식에서 풀려나지만, 억눌러버리면 무의식에 갇혀버려 나로 살아간다.

저는 남편과 이혼한 뒤 지금까지 딸 하나를 키우며 계속 일을 해오고 있습니다. 그동안 해온 부동산 중개업이 순탄치 않아 제 사무실을 정리하고, 지금은 다른 분 사무실에서 함께 일하고 있습니다. 그런데 같이 일하는 그 남자분의 성향이 너무 싫다고 생각되면서 너무 괴롭습니다. 잔인한 말도 스스럼없이 하고, 예의도 없고, 저를 부하직원 대하듯 해요.

상대는 나를 비춰주는 거울이라 여기며 올라오는 감정을 분리해보려고 노력하는데, 막상 또 얼굴을 보면 자꾸 경계의 벽을 쌓게 됩니다. 그렇다고 사무실을 그만두기도 쉽지 않습니다. 에너지가 너무 다른 사람이란 생각이 들고, 옆에 스치기만 해도 소름이 돋을 정도로 싫습니다. 그만두는 게 나을지, 아니면 나를 비춰주는 거울이라 생각하고 계속해야 할지 판단이 서질 않습니다.

내가 함께 일하는 이 남자는 왜 잔인한 말을 스스럼없이 할까? 부모한테 잔인한 말을 들으면서 지배당하고 무시당하며 자랐기 때문이다. 그렇게 자란 사람의 무의식 속엔 지배당하고 무시당한 열등감이 억눌려 있다. 그렇게 당하고 살았으니 나도 남을 지배하고 무시하며 우월감을 느끼고 싶어진다. 그래야 주고받음이 상쇄돼 텅 빈 마음으로 돌아간다. 그래서 그는 "난 이렇게 잔인하게 지배당하고 무시당하며 자랐어! 너도 이렇게 당해봐!"라고 광고하는 것이다.

그런데 나는 왜 그 남자의 그런 언행이 못 견디게 싫은 걸까? 내 무의식 속에서도 무시당한 열등감이 공명해 올라오기 때문이다. 만일 내 무의식 속에 그런 열등감이 억눌려 있지 않다면 설사 그가 나를 무시하는 언행을 하더라도 열등감이 공명해 올라오지 않을 것이다. '저 사람은 열등감이 너무 심한 사람이네. 우월감을 느껴보려고 저런 언행을 하고 있군' 하고 있는 그대로 바라볼 뿐, 괴로움은 올라오지 않는다. 그리고 애초에 그런 직장에서 그런 남자와 엮이지도 않았을 것이다. 내 무의식 속에 느껴주지 않은 열등감이 억눌려 있기 때문에 공명하는 열등감이 억눌려 있는 그를 만나 서로 열등감을 주고받는 것이다.

그는 자신의 열등감을 느끼는 게 두렵고 수치스럽기 때문에 남을 무시함으로써 우월감을 느끼고 싶어한다. 또, 나는 나대로 내 열등감을 느끼는 게 두렵고 수치스럽기 때문에 우월감을 느끼고 싶어한다. 열등감이 억눌려 있는 사람들끼리 만나면 이렇게 서로 은근히 우월감을 느끼고 싶어하기 때문에 상대가 눈에 거슬리고 상대의 열등감을 자극하게 된다.

이럴 때 상대를 미워하면 열등감은 사라지지 않는다. 미움은 내 열등감을 덮어버릴 뿐이다. 상대한테 자극받아 올라오는 열등감을 '아, 내 열등감이구나!' 하고 받아들여 느껴주어야 열등감이 풀려난다. 열등감이 풀려나면 짝이 되는 우월감도 함께 풀려나 합쳐지면서 제로(0)가 된다. 즉, 우월감과 열등감으로 쪼개져 있던 내 마음은 하나의 텅 빈 마음으로 돌아간다. 내 마음이 텅 비어버리면 열등감을 가진 사람들이 내 눈앞에 나타나지도 않을뿐더러, 설사 나타난다 하더라도 거기에 휘말려 들지 않게 된다.

저는 자라면서 아버지와 관련한 모든 생각을 억눌러놓았습니다. 아버지 같은 남자들은 다 싫었어요. 혹시나 결혼한다 해도 아버지의 손을 잡고 결혼하는 일은 절대 없다며 결혼도 미뤄왔습니다. 그러다가 40대 후반이 돼서야 지금의 남편을 만났고, 그해 아버지는 돌아가셨어요.

이제 결혼생활 10년 차인데, 남편이 아버지의 모습을 거울처럼 그대로 보여주고 있어서 너무 괴롭습니다. 하다못해 물건 정리의 달인이었던 남편이 요즘엔 당근 마켓에서 꼭 필요하지 않은 물건들을 턱 하니 들여옵니다. 아버지가 많은 물건들을 쭉 늘어놓고 물건 찾기 어렵다고 투덜거리던 모습이 정말 거울처럼 보입니다.

어릴 때 아버지와 함께 살면서 가장 싫어했던 아버지의 모습을 떠올려보라. 내 마음속에서 '싫다'는 느낌, 즉 미움과 함께 떠오른다. 내가 아버지의 싫은 모습을 미움으로 무의식에 억눌러놓고 살아온 것이다. 무의식에 억눌린 모습은 반드시 표면의식인 현실로 다시 올라온다. 그래야 '아, 내 무의식 속에 아버지의 싫은 모습이 억눌려 있었구나' 하고 알아차려 풀어줄 수 있기 때문이다.

아버지가 과거에 꼭 필요하지도 않은 물건들을 자꾸 들여놓았던 이유는 뭘까? 과거에 너무 가난하게 살았기 때문이었다. '난 가난하다'는 생각을 나와 동일시해 수치심과 두려움으로 무의식에 억눌러놓아 '가난한 나'가 돼버렸던 것이다. 그래서 자신도 모르게 궁상떠는 수치스러운 행동을 했다.

그런 아버지를 볼 때 내 마음속에서는 어떤 생각이 떠올랐을까? '난 궁상떠는 아버지 모습이 싫다'는 생각이 떠올랐다. 그런데 나는 이 생각을 나와 동일시해 무의식에 억눌러놓았다. 억눌린 생각은 반드시 내 눈앞에 다시 펼쳐진다. 그래서 남편이 그 구차한 모습을 다시 보여주는 것이다. 남편이 아버지의 싫은 모습을 자꾸 보여주니 너무나 짜증이 난다. '저게 바로 아버지 모습이자 내 모습이구나!' 하고 받아들여야 내 마음속으로 사라진다.

이중적인 남편 때문에 고통스럽게 살아가는 한 중년 여성이 있다. 남편은 밖에 나가면 남들한테 너무나 친절하고 상냥하다. 남들한테는 돈도 아끼지 않고 쓴다. 하지만 집에만 돌아오면 완전 딴판이다. 툭하면 화를 내고, 폭언을 한다. 집안일을 거들지도 않고, 주말엔 종일 TV 앞에 앉아 뒹굴뒹굴하거나 낮잠을 잔다. 아이들과 잘 놀아주지도 않는다. 그는 왜 이렇게 이중적으로 행동하는 걸까?

그의 무의식 속에 '버림받은 나'의 두려움이 억눌려 있기 때문이다. 그 자아의 눈으로 바라보면 바깥세상은 나를 버릴 수도 있는 두려운 곳이다. 남들은 나보다 우월하게 느껴진다. 그래서 두려움과 열등감이 올라오지만 꾹 참고 그들한테 인정받고 싶은 것이다. 그래서 밖에 나가선 친절하고 상냥하다.

하지만 내 집에서는 버림받을 위험성이 없다고 느낀다. 가족들을 나와 동일시하기 때문이다. 버림받은 두려움과 열등감이 올라오면 화로 덮어버린다. 밖에서는 화를 꾹 참지만, 집에서만큼은 참을 필요가 없다고 생각한다. 그래서 아내가 조금만 자신을 무시한다고 느껴도 화를 폭발시킨다.

열등감과 두려움이 올라올 때 솔직하게 느껴주면 사라질 텐데, 그러지 못하는 건 아내 앞에서 그런 감정들을 드러내는 게 굴욕적으로 느껴지기 때문이다. 대신 이렇게 버럭 화를 내거나 폭언을 하면 자신의 감정들을 덮어버릴 수 있을 뿐 아니라, 아내보다

강하고 우월하다고 느끼게 된다. 즉, 자신이 약자가 아니라 강자라고 느끼게 되는 것이다.

이렇게 이중적으로 행동하는 남편을 볼 때 아내인 내 마음속에서는 어떤 감정들이 올라올까? 그가 가증스럽게 보이고, 분노가 북받치면 죽여버리고 싶다는 감정도 올라온다. 왜 이런 반응이 나타날까? 내 무의식 속에도 '버림받은 나'의 두려움과 열등감이 억눌려 있어서 공명해 올라오기 때문이다. 그러니까 나는 그를 죽여버리고 싶은 게 아니라, 내 무의식 속에 깊숙이 짓눌러놓은 '버림받은 나'의 감정들을 느끼는 게 너무 아프기 때문에 차라리 죽여버리고 싶은 것이다.

남편은 그 감정들을 끌어올려주는 거울이자 영혼의 친구 역할을 할 뿐이다. 현실 속의 남편을 미움과 원망, 분노의 눈으로 바라보면 내 무의식 속의 버림받은 두려움을 보지 못한 채 계속 억눌러놓게 된다. 남편에 대한 부정적 감정들만 점점 더 거세게 일어날 뿐이다. 이 모든 감정이 죄다 내 무의식에서 올라온다는 사실에 눈을 떠야 거울인 상대를 탓하지 않고 거울이 비춰주는 내 무의식 속을 들여다보게 된다.

시어머니가 나한테 "주말에 시댁에 와서 집안일을 하라"는 전화를 걸어옵니다. 나는 주말만 다가오면 가슴이 두근거립니다. 시어머니가 또 전화를 걸어오지나 않을까 두렵기 때문입니다. 이렇게 두려움을 억눌러놓고 살아가니 인생이 바늘방석입니다. 시어머니가 원망스럽고, 시어머니 편을 드는 남편도 밉고,

나도 모르게 아이들한테 버럭버럭 화도 내게 됩니다. 이렇게 꽉 막힌 현실 속에서 언제 벗어날 수 있을지 막막합니다.

시어머니는 왜 나한테 집안일을 거들어달라고 강요하는 걸까? 시어머니의 무의식 속엔 '강요당한 어린아이'가 억눌려 있다. 어릴 때 엄마한테 사랑받지 못하고 집안일을 강요받으며 자랐기 때문이다. 이 자아가 어릴 때의 그 상황을 고스란히 현재 상황으로 재창조하고 있다. 어릴 때 사랑받아본 적이 없으니 며느리인 나한테 "나랑 좀 놀아줘. 나 좀 돌봐줘"라고 사랑을 강요하는 것이다.

그런 시어머니의 전화가 걸려 오면 내 가슴은 왜 두근거릴까? 내 무의식 속에도 '강요당한 어린아이'가 억눌려 있기 때문이다. 내가 두려움과 수치심으로 깊이 억눌러놓고 살아온 내 안의 이 자아를 시어머니가 자꾸만 공명시켜 올라오게 하니 그런 어머니를 마주할 때마다 어릴 때 억눌렀던 분노, 두려움, 열등감, 수치심 등이 올라온다.

나는 시어머니가 두려운 게 아니다. 시어머니는 내 무의식 속의 자아를 비춰주는 거울일 뿐이다. 시어머니의 '강요당한 어린아이' 모습이 바로 내가 과거에 억눌러놓은 내 안의 '강요당한 어린아이' 모습임을 알아차려야 그 아이의 아픈 감정들을 느껴줄 수 있게 된다. 이 감정들이 풀려나가면 시어머니는 더 이상 나한테 강요하지 않게 된다.

억눌린 감정은 '이면의 나'인 상대를 통해 나타난다

저는 간호사인데 간호조무사나 간병사들과의 부딪힘으로 퇴사하는 일이 반복되고 있습니다. 최근 입사했던 병원에선 사소한 일로 갑자기 간병사가 제게 버럭 하고 화를 내며 상당히 무시하는 발언을 했습니다. 저는 충격을 받고 퇴사했습니다. 현재 근무 중인 직장에서는 입사 며칠 후 간호조무사가 제게 일을 떠넘겼다가 상사에게 발각돼 지적당하는 일이 있었습니다. 얼마 뒤에도 그가 명확히 구분 지어진 자신의 일을 은근슬쩍 저한테 떠넘기는 식의 발언을 했습니다.

간호사로 10년 넘게 일을 하면서 상사나 동료 간호사들, 환자들과의 관계는 무난했는데, 유독 저보다 직급이 낮은 직원들과는 늘 부딪힘이 있었습니다. 왜 윗사람들과는 늘 잘 지내는데, 아랫사람들과는 납득하기 힘든 이유로 부딪힘이 잦은 걸까요?

우월감과 열등감은 서로 짝이 되는 감정들이다. 우월감이 올라올 땐 기분이 좋고, 열등감이 올라올 땐 기분이 나쁘다. 그래서 우월감은 붙잡고, 열등감은 억누르게 된다.

나보다 지위가 낮은 사람을 만나면 자동적으로 우월감이 올라온다. 상대가 나를 높게 대우해주길 기대한다. 하지만 상대는 열등감을 느끼는 게 기분이 나쁘다. 그래서 짜증이 나고, 우월감을 느끼기 위해 나를 무시하게 된다.

내 아랫사람한테 무시당하면 무시당한 열등감이 올라온다. 그래서 화가 난다. 하지만 나보다 높은 사람을 만나면 그가 나보다 우월하다고 받아들인다. 그래서 설사 상대가 우쭐거리더라도 화나지 않는다. 이처럼 사람들은 서로 몸으로 만나는 게 아니라, 무의식에 억눌린 감정들의 공명을 통해 만난다.

열등감에서 벗어나려면? 열등감과 우월감은 상황에 따라 번갈아가며 올라온다. 열등감이 올라올 땐 억누르지 않고 느껴주고, 우월감이 올라올 땐 붙잡으려 들지 않고 느껴주면 풀려난다. 열등감 때문에 괴로운 건 내가 우월감을 붙잡으려 들기 때문이다. 우월감을 붙잡으려 들지만 않으면 열등감은 억눌리지 않는다.

나 자신이 상대보다 열등해도 괜찮다고 받아들일 수 있어야 열등감에 휘둘리지 않는다. 나 스스로는 내 무의식에 열등감이 억눌려 있다는 사실을 모르고 살아간다. 하지만 상대는 내 무의식 속에 열등감이 억눌려 있다는 사실을 너무나 잘 안다. 서로의 열등감이 공명해 만났으니 당연한 일이다.

이렇게 만나면 서로의 열등감이 증폭된다. 그래서 서로 자신도 모르게 열등감이 올라오는 걸 쉽게 느끼게 되는 것이다. 이 진실에 눈을 떠야 나의 거울인 상대를 탓하지 않고, 내 열등감으로 받아들여 느껴주게 된다.

엄마는 경제적으로 무능하고 이기적인 남편을 만나 하루하루 불편하게 살아가고 있습니다. 아빠는 감정 기복이 심해서 가족들을 트집 잡아 화풀이를 할 때도 있습니다. 저도 어렸을 때 시끄럽게 한다고 아빠에게 발로 배를 차이고 주먹으로 명치를 맞는 등 굉장히 심하게 맞은 적이 허다합니다. 저는 마음공부를 하면서 무의식이 현실을 창조한다는 걸 알게 됐고, 엄마의 무의식 속에는 어떤 감정들이 억눌려 있기에 아빠 같은 남편을 만났는지 알고 싶었습니다.

저희 외할아버지는 굉장히 좋으신 분입니다. 할머니에게도 굉장히 잘하시며 아주 인자하시고 한결같으신 분입니다. 또 엄마는 결혼 전에 남자에 대한 어떤 부정적인 생각도 갖고 있지 않았다고 합니다. 엄마는 저희에게 굉장히 다정하시고 시부모님에게도 정말 잘하십니다. 아빠가 큰소리를 치고 이해가 안 되는 행동을 해도 더 큰소리를 내는 게 아니라, 인생이 수행이라며 참고 기다리는 인내심이 강한 분입니다. 그런데도 엄마는 왜 그런 힘든 인생을 살아갈까요?

엄마의 부모님은 모두 착하게 살아간다. 그런 부모님 밑에서 자란 엄마도 역시 착하게 살아간다. 그런데도 현실은 왜 고통스럽게 펼쳐질까? 모든 사람의 무의식 속엔 '착한 나'와 '악한 나'가 짝을 이룬 채 억눌려 있다. 왜 억눌려 있을까? '착한 나'는 남들한테 사랑받기 때문에 붙잡으려 들고 '악한 나'는 미움받기 때문에 억눌러버리기 때문이다.

엄마인 나도 '착한 나'로 살아가기 위해 겉으로는 좋은 표정을 짓는다. 하지만 좋은 표정을 지을 때마다 싫은 감정들은 점점 더 깊이 무의식에 억눌려 '악한 나'가 돼버린다. 즉, 겉으로는 '착한 나', 속으로는 '악한 나'로 살아간다.

이렇게 살아가는 나는 어떤 사람을 남편으로 만날까? 나처럼 겉으로는 '착한 나', 속으로는 '악한 나'인 사람을 남편으로 만나게 된다. 물론 남편과 나는 서로 다른 점이 있긴 하다. 나는 가족들한테 '악한 나'의 싫은 감정들을 터뜨리지 않지만, 남편은 가족들한테 싫은 감정들을 거침없이 터뜨린다.

물론 남편도 밖에 나가서는 감정들을 함부로 터뜨리지 않을 것이다. 나처럼 남들한테 '착한 나'로 행세해 사랑받고 인정받기 위해서이다. 다만 집에서만큼은 잘 보이려 애쓰지 않아도 버림받을 염려가 없다고 느끼기 때문에 밖에 나가 터뜨리지 못했던 '악한 나'의 쌓인 감정들을 가족들한테 서슴없이 터뜨리는 게 다를 뿐이다. 집에서 남편은 참지 않고 터뜨릴 뿐이고, 나는 터뜨리지 못하고 참고 있을 뿐이다.

그렇다면 엄마인 나는 언제까지 남편한테 시달리며 살아가야 하는 걸까? 겉으로는 '착한 나', 속으로는 '악한 나'로 살아가는 남편의 모습이 바로 내 모습임을 깨달을 때까지 시달리게 된다. 나 스스로는 나 자신을 보지 못한다. 하지만 남편을 보면 내 모습이 보인다. 내 모습으로 받아들여야 내 감정들도 받아들여 느껴주게 된다.

제 아들은 중학교에 다닐 때 친구들과 밤에 돌아다니다가 어린 여학생을 성추행해 합의금을 주고 해결했습니다. 대학에 다닐 땐 대포통장을 만들어 명의를 빌려주는 바람에 법적인 문제를 일으켰습니다. 직장에 들어가 영업사원으로 일할 땐 쉽게 실적을 올리려는 생각으로 몇천만 원의 카드 대출을 받아서 현금지원을 했는데 갚지 못해 제가 해결해줘야 했습니다. 저와 통화할 땐 늘 저에게 화를 내거나 소리를 지르곤 합니다. 아들은 소화도 안 돼 고생하며 치주 질환으로 치료를 받고 있습니다.

저는 가난하게 자라 열여섯 살부터 공장 다니며 공부해 검정고시로 중고등학교와 방송대를 마쳤습니다. 아이들만큼은 제대로 공부시켜보려 열심히 살아왔는데, 뜻대로 되지 않습니다. 아버지는 밖으로만 나돌고 경제적으로도 무책임한 한량이었습니다. 아버지 같은 남편은 안 만나려 했는데, 저 역시 경제적으로 무책임한 남편을 만났다가 헤어졌습니다. 아들도 남편 같을까 봐 걱정입니다.

나는 어려운 환경 속에서 정말 열심히 살아왔는데, 아들은 왜 나와 정반대일까? 어릴 때의 나는 '착한 나'였다. 나는 공장에 다니면서도 착실히 공부해 대학도 마쳤다. 나는 어릴 때부터 이렇게 '착한 나'로 살아왔는데, 아들은 왜 '악한 나'로 살아가는 걸까?

'착한 나'와 '악한 나'는 서로 짝이다. 둘 다 받아들이면 상황에 따라 나는 '착한 나'와 '악한 나'를 자유로이 선택하며 살아간다. 예컨대 가난한 사람을 만나면 '착한 나'가 돼 도움을 줄 수도 있고, 어린아이를 괴롭히는 악한 사람을 만나면 '악한 나'가 돼 혼을 내줄 수도 있다.

하지만 나는 가난한 환경 속에서 생존하기 위해 '악한 나'를 꾹 꾹 억눌러놓으며 자랐다. 무책임한 한량인 아버지도 악한 존재라고 느꼈다. 그래서 아버지 같은 악한 존재가 되지 않기 위해 착한 나로 꿋꿋하게 살아왔다.

한량으로 살았던 아버지는 어떤 마음이었을까? 가족들을 부양하지 못하는 자신이 너무나 무능하고 수치스럽게 느껴졌을 것이다. 내 무의식 속의 '악한 나'는 아버지 때문에 생긴 것일까? 내 무의식 속에 '악한 나'가 억눌려 있지 않았다면 인생 영화 속에서 아버지를 만나지 않았을 것이다. 아버지도, 남편도, 아들도 내 무의식에 억눌린 '악한 나'를 풀어주고 텅 빈 마음으로 돌아가기 위해 인생 연기를 하는 의식체들이다.

그런데 내가 '착한 나'가 되기 위해 '악한 나'를 억눌러놓고 살아가면 '악한 나'는 누구를 통해 나타날까? 이면의 나인 상대를 통해 나타난다. 따라서 '악한 나'로 살아가는 아들을 보고 '아, 아들이 바로 내가 그동안 외면하고 살아온 내 모습이구나!' 하고 내 안의 '악한 나'를 나로 받아들여야 내 안의 '착한 나'와 합쳐져 텅 빈 하나의 마음으로 돌아간다.

저는 미군 관련 시설에서 근무하는데 한 미국인 여직원은 일이 끝나고 청소를 하지 않으려고 합니다. 자신은 집에서도 청소하는 게 싫다고 평소에도 자주 말을 합니다. 그럼 다른 뒷정리라도 해야 하는데 그것도 미루고 제가 마감할 때까지 다른 사람들과 수다만 떱니다. 한번은 제가 도와달라고 했더니 얼버무리며 넘어갔습니다. 몇 개월째 이 여직원과 2인 1조로 일하다 보니 얼굴을 마주칠 때마다 짜증이 올라오고 스트레스가 심합니다.

매니저에게 얘기를 할까 하다가도 저보다 한참 어린 이 직원을 고자질하는 느낌이 들어 망설이게 됩니다.

'책임감이 강하다'는 생각과 '무책임하다'는 생각은 서로 짝이 되는 생각들이다. 어느 한쪽 생각을 나와 동일시해 붙잡으려 들거나, 억누르지만 않으면 그냥 흘러가 사라진다. 책임감이 강할 수도 있고 무책임할 수도 있다고 받아들이면, 무책임한 사람을 봐도 짜증이 올라오지 않는다.

그런데 내가 어릴 때 부모가 책임을 다하는 나는 사랑해주고, 무책임한 나는 미워했다면? 나는 '책임감이 강한 나'는 붙잡으려 들고, '무책임한 나'는 억눌러놓고 자랐을 것이다. 그럼 나는 어떤 인생을 살아갈까? 겉으로는 '책임감이 강한 나'가 되기 위해 끊임없이 애쓰며 살아간다. 삶이 지치고 고달프다. 게다가 이면인 무의식엔 '무책임한 나'가 억눌린다.

이렇게 억눌린 '무책임한 나'는 공명을 통해 '무책임한 나'로 살아가는 사람을 끌어들인다. 청소를 거부하는 미국인 여직원은 바로 내 무의식에 억눌린 '무책임한 나'를 보여준다. 내가 어릴 때 미움으로 억눌러놓은 내 모습을 그 여직원을 통해 보게 되니 짜증스럽고 밉게 느껴진다.

그렇다면 해결책은? 무책임한 그 여직원이 내 모습을 보여주는 거울임을 알아차리면 그를 원망하지 않고 내 안의 '무책임한 나'를 들여다보게 된다. 그가 내 눈앞에 나타난 것은 내 안에 '무책임한 나'가 억눌려 있기 때문이다. 따라서 '저 사람이 내 안의 무책임한 나를 보여주는 거울이구나!' 하고 받아들이면 설사 상대가 무책임한 행동을 하더라도 그를 원망하기보다는 내 마음속을 들여다보는 관찰자가 된다. 그러다 보면 상대도 무책임한 행동을 안 하게 된다.

부정적 감정들을 느껴주면
왜 긍정 현실로 전환될까?

부정적 감정들을 억누르면 영화 속에 갇혀버린다

제가 일하는 카페에서는 휴무일엔 카페 직원들이 설거지를 합니다. 평일엔 알바가 하고요. 그런데 설거지가 산더미처럼 쌓여 있어도 사모는 콧노래 부르며 그냥 가버립니다. 청소도 평일엔 알바가 하지만, 주말엔 저희가 해야 합니다. 청소하다가 손님이 들어오면 청소를 멈추고 메뉴를 받아야 합니다. 카페에 처음 왔을 땐 사모가 일을 도와주더니 지금은 아무리 바빠도 나 몰라라 하고 있어서 너무 미워 죽이고 싶어요.

나는 왜 괴로운 걸까? 만일 내가 이제 막 카페를 개점한 카페 주인이라면 눈코 뜰 새 없이 바쁜 상황을 힘들어할까? 손님들이 넘치고 설거지가 산더미처럼 쌓이면 어떤 기분일까? "우와! 완전

대박!" 신바람이 절로 날 것이다.

일이 많아서 힘든 게 아니다. 사모한테 무시당하는 열등감을 억눌러놓은 채 일하니 힘든 것이다. '난 죽도록 일하는데 넌 그냥 가는구나' 하는 열등감에 휩싸이면 내가 열등감이 돼버린다.

나를 힘들게 하는 열등감은 누구의 마음속에서 올라오는가? 바로 내 마음속에서 올라온다. 내 무의식 속에 억눌려 있던 열등감이 사모한테 무시당하는 상황에 자극받아 표면으로 올라오는 것이다.

사모를 만나기 전엔 남들과 함께 지내면서 열등감이 올라온 적이 없었을까? 수도 없이 많았을 것이다. 내 무의식 속의 열등감은 이미 '열등한 나'라는 인격체가 돼버렸다. 이 자아가 자신의 존재를 인정받기 위해 열등한 상황들을 끊임없이 창조해왔다.

내가 힘든 건 일이 많기 때문도 아니고, 사모 때문도 아니다. '열등한 나'가 일을 하니 힘든 것이다. 지금 상황도 그 자아가 창조했다. 내가 죽이고 싶어하는 대상도 나 몰라라 하는 사모가 아니다. 내 무의식에 억눌려 있는 '열등한 나'를 죽여버리고 싶은 것이다.

그런데 사모는 왜 나의 힘든 사정을 알아주지 않는 걸까? 그의 무의식에도 '열등한 나'가 억눌려 있기 때문이다. 그래서 나를 보면 자신이 억눌러놓은 '열등한 나'가 공명해 올라오기 때문에 나를 좋아하지 않는다. 자신이 싫어하는 자신의 모습을 나를 통해 자꾸 보게 되니 나를 좋아하지 않는 것이다. 그래서 그냥 가버린다. 그럼 열등감 대신 우월감을 느낄 수 있다.

그렇다면 나는 사모와 다른 걸까? 나는 왜 그동안 '열등한 나'를 억눌러놓고 살아온 걸까? 나도 사모처럼 우월감을 느끼며 '우월한 나'로 살고 싶었기 때문이다. 사모의 모습이 바로 내 모습이다. 단지 사모는 지금 상황에선 우월한 위치에 있기 때문에 우월감을 느낄 수 있다는 게 다를 뿐이다.

내가 사모만 원망하고 있으면 내 안의 '열등한 나'는 계속 억눌리게 된다. 일도 점점 힘들어진다. '아, 내 안의 열등한 자아가 사모를 보고 공명해 올라오는구나!' 하고 받아들여야 한다. 받아들여 '열등한 나'의 열등감을 느껴줘야 한다. 그럼 '열등한 나'가 풀려나면서 짝이 되는 '우월한 나'도 함께 풀려난다. 둘로 쪼개졌던 나는 텅 빈 하나의 마음 속으로 사라진다. 텅 빈 마음은 내가 원하는 상황을 창조해준다.

현실은 나와 동일시해 붙들고 있는 생각이 내 눈앞에 3차원 인생 영화로 펼쳐지는 가짜이다. 창조주가 이 영화의 주인이다. 그런데 영화 속의 아바타인 내가 나와 동일시하는 생각을 두려움으로 억눌러버리면? 영화가 통째로 무의식에 억눌려버린다. 나와 동일시하는 생각은 인생 영화의 필름이기 때문이다. 필름 속의 나도 함께 억눌려버린다.

이처럼 두려움 등 부정적 감정들을 억눌러놓는 것은 영화 속의 나를 영화 속에 영구적으로 억눌러놓는 것이다. 그래서 영화 속에서 결혼도 하고 아이도 낳으면서 대를 이어가며 살아간다.

영화 속에 갇혀버린 내가 영화 속에서 벗어나는 길은 영화를 볼 때 올라오는 부정적 감정들을 억누르지 않고 느껴주는 것이다. 그래야 영화가 무의식에서 풀려나 흘러간다. 영화가 흘러가야 영화 속의 나도 영화에서 풀려날 수 있다. 영화 속의 아바타로 살지 않고 영화를 지켜보는 창조주로 자유롭게 살아갈 수 있다.

인격화된 자아들도 창조 능력을 가진 '나'이다

저는 운전 연수를 받으면서 너무 긴장된 나머지 눈을 세게 비볐는데, 그 뒤부터 눈이 점점 붓기 시작해 피부과를 다녔습니다. 두 달이 지난 지금, 생활이 불가능할 정도로 얼굴에 아토피가 번지고 있습니다. 얼굴이 딱딱해져서 표정을 짓거나 안면근육을 움직이기도 힘듭니다. 다른 사람과 눈을 마주칠 수도 없습니다. 장애인이 된 것 같습니다. 저는 오래전부터 유두 습진을 앓고 있지만, 몸에 아토피가 난 적은 단 한 번도 없었습니다. 제 얼굴에서 제일 예쁘다고 생각했던 눈을 다 덮어버려서 무섭기만 합니다.

얼굴에 극심한 아토피가 생겨 표정을 짓기조차 힘들다면 어떤 감정이 올라올까? 여자인 내 존재에 대한 극심한 수치심이 올라온다. 내 무의식 속에 여성성을 수치스럽게 느끼는 인격체인 '수치스러운 여자아이'라는 자아가 억눌려 있다가 마침내 아토피라는 물질화된 현실로 나타난 것이다. 만일 물질화된 현실로 나타나지 않았더라면? 나는 내 무의식을 들여다보지 않았을 것이다.

자아는 생명을 가진 인격체이다. 창조주인 텅 빈 마음은 '근원 차원의 나'이고, 의식체인 영은 '영 차원의 나'이고, 자아는 '무의식 차원의 나'이다. 근원 차원의 나이든, 영 차원의 나이든, 무의식 차원의 나이든, 모두 나이기 때문에 각 차원에서 창조 권능을 갖게 된다.

무의식에 억눌린 자아는 짝이 되는 생각들로 창조된 '가짜 나'이다. 그래서 어떻게든 자신의 아픔을 인정받기 위해 고통스러운 현실을 창조한다. 그러다가 마침내 내가 텅 빈 마음으로 돌아가 그 아픔을 느껴주면 텅 빈 마음 속으로 사라진다. 모든 자아가 완전히 사라지면 나는 텅 빈 마음인 근원 차원의 나, 즉 창조주로 돌아간다.

여자인 내 존재를 수치스럽게 느끼는 '수치스러운 여자아이'는 왜 사람들의 눈에 가장 띄기 쉬운 얼굴과 눈에 아토피가 번지도록 했을까? 수치스러운 자신의 아픔을 가장 쉽게 인정받을 수 있기 때문이다. 자아에게는 이렇듯 놀라운 지능과 현실 창조력이 있다. (위 사례의 사연자가 아픔을 느껴주면서 치유된 과정은 280쪽에 자세히 소개돼 있다.)

만일 내가 두려움, 수치심, 무능함, 슬픔, 미움, 불행, 열등감, 우울감, 배신감, 의심 등 부정적 감정들을 너무 억눌러놓아 전혀 못 느끼면 어떻게 될까? 부정적 감정들과 짝을 이루는 평온함, 즐거움, 자존감, 유능함, 기쁨, 사랑, 행복, 우월감, 신뢰, 믿음 등 긍정적 감정들도 전혀 느끼지 못하게 된다. 설사 느끼더라도 피상적으로 느낀다.

그럼 나는 어떤 감정도 느끼지 못하는, 죽어 지내는 사람이 된다. 내가 왜 사는지도 모르고, 살아가는 재미도 전혀 느끼지 못해

늘 우울하다. 내 존재에 대한 우울함으로 극단적인 선택을 하는 사람들이 생기는 것도 그래서다. 내 감정들을 존중해주는 게 나를 존중해주는 것이다.

부정적 감정들은 원래 위험경보 신호이다

수치심은 수치스러운 상황을 막아주는 위험경보

저는 남편과 연애 시절 갑작스럽게 왼쪽 난소에 물혹이 터져서 응급 수술을 받게 되었습니다. 벌써 10여 년 전의 일입니다. 그동안 남편과 관계를 할 때마다 방광염으로 늘 고생을 했고, 지금 남편이 두 달간 해외 출장을 가 있는데 내일모레 입국할 예정입니다.

그런데 남편이 집으로 돌아오기 일주일 전부터 계속 왼쪽 난소에 찌르는 듯한 통증이 느껴집니다. 두 달간은 방광염이 없었기 때문에 갑작스러운 통증을 이해할 수 없습니다. 병원에 가야 한다는 느낌보다는 심리적인 영향이 큰 거 같습니다. 그런데 구체적으로 어떤 감정이 억눌려서 이런 통증이 나오는 걸까요?

난소와 방광이 어떻게 남편이 돌아온다는 걸 미리 알고 일주일 전부터 통증을 일으켰을까? 난소와 방광은 성과 깊은 관련이 있는 장기들이다. 무의식 속의 여성성을 수치스럽게 느끼는 인격화된 성 수치심, 즉 '수치스러운 여자아이'가 남편의 귀국을 미리 알고 위험경보를 울리는 것이다. 이 인격체는 남편과의 성관계를 위험 상황으로 인식한다. 왜 그렇게 인식하는 걸까? 무의식이 열려 있던 태아기나 유아기에 여성성을 수치스럽게 느끼는 공포스러운 상황이 펼쳐졌기 때문이다. 그게 어떤 상황이었을까?

> 저는 첫째이고, 할머니를 포함한 가족 모두 제가 아들이기를 원했다고 들었습니다. 저는 자라며 남동생과도 차별 대우를 받았습니다. 어린 시절 저는 늘 남자가 되고 싶어서 머리도 짧게 자르고 여성스러움을 누르고 살았던 것 같아요.

내가 엄마의 배 속에 들어 있을 때 가족들이 모두 아들을 원한다면? 배 속의 나는 '여자는 수치스러운 존재구나' 하는 생각을 나와 동일시하게 된다. 그 상황이 너무나 공포스럽고 수치스럽다. 그래서 나와 동일시하는 그 생각을 공포와 성 수치심으로 무의식에 억눌러버린다.

그 생각과 감정들이 합쳐지면 어떤 존재가 될까? 공포에 떠는 '수치스러운 여자아이'라는 인격체가 돼버린다. 이 자아가 나로 살아간다. 이 자아의 억눌린 감정들이 점점 물질화되면서 10년 전 연애 시절엔 왼쪽 난소에 물혹을 터트려 성적으로 수치스럽고 공포스러운 상황을 일으켰다.

하지만 나는 여전히 성 수치심을 느껴주지 않은 채 억눌러놓고 살고 있다. 그래서 '수치스러운 여자아이'는 이번엔 남편이 귀국하기 일주일 전부터 왼쪽 난소에 극심한 통증을 일으키고 있다.

"나는 성 수치심이야. 왜 날 무시해? 무시하면 널 더 아프게 할 거야!" '수치스러운 여자아이'가 자신의 존재를 인정받고자 성적으로 수치스럽고 공포스러운 상황을 연출해내고 있다.

이 자아는 왜 그토록 자신의 존재를 인정받고자 기를 쓰는 걸까? 성 수치심 등 부정적 감정들은 원래 다가오는 위험한 상황을 미리 감지해 알려주는 위험경보이다. 위험을 알려주는 게 임무이다. 누구를 위한 위험경보인가? 바로 몸으로 살아가는 나를 위한 경보이다.

누가 보내주는 경보인가? 인생 영화 속에서 살아가는 나를 지켜보는 '영화 밖의 나'인 창조주이자 텅 빈 마음이 보내주는 경보이다. 그래서 경보는 텅 빈 마음 속에서 떠오른다. 그런데 내가 그 경보인 성 수치심을 느껴주기는커녕, 오히려 무의식에 억눌러 버렸으니 억눌린 성 수치심은 무슨 수를 써서라도 자신의 존재를 알리고자 하는 것이다. 그게 자신의 임무이기도 하다. "어서 성 수치심을 느껴줘! 그렇지 않으면 성적으로 또 수치스러운 상황을 당하게 돼!"

성 수치심 등 부정적 감정들을 느끼지 못하면 영화 속에서 몸으로 살아가는 나는 생존하지 못한다. 강도가 칼을 들고 달려드는데 공포를 느끼지 못하면 난 돈을 몽땅 빼앗길 뿐 아니라 자칫 목숨도 잃을 수 있다.

초보 운전자가 차를 몰면서 두려움을 느끼지 못하면 사고 내기 십상이다. 왜 어떤 사람은 대형 사고의 희생자가 되는데, 어떤 사람은 용케 사고 현장을 피하는 걸까? 두려움을 잘 느끼기 때문이다. 두려움이 사고를 미리 감지해 피하도록 하는 것이다.

이처럼 부정적 감정들은 원시시대부터 물리적 위험 상황을 감지하도록 해주는 위험경보였다. 물리적 위험경보는 위험한 상황이 사라지는 순간 즉각 꺼져버린다. 하지만 무의식이 활짝 열려 있는 태아기나 유아기에 사랑의 단절로 생기는 심리적 위험 상황이 무의식에 깊이 각인되면 평생 부정적 감정들이 수시로 올라온다.

이 부정적 감정들을 무의식에서 풀어줘야 다가오는 위험을 미리 감지해 "위험이 다가오고 있어. 어서 느껴줘!"라는 경보를 몸에 보내준다. 이 경보를 무시해 억눌러버리면 나는 위험한 상황을 감지하지 못하기 때문에 위험한 상황에 자꾸 빠져버릴 수밖에 없다.

저는 그냥 겉으로 봤을 때는 사람들이 알지 못하지만, 여자로 태어났는데도 가슴이 전혀 없어서 늘 콤플렉스였습니다. 어렸을 때는 몰랐는데, 20대 초반에 저처럼 마른 데도 가슴이 봉긋하게 솟아 있는 동창들을 목욕탕에서 만나고 나서는 대중탕은 거의 가지 않고 있습니다.
수영 같은 걸 배우고 싶어도 못 배웁니다. 평소에 늘 가슴이 있는 척 뽕을 하고 다니는 것도 지겹고, 또 여름에는 고개 숙이거나 할 때 혹시나 누군가에게 가슴이 없는 걸 들킬까 늘 신경이 쓰입니다.

여자 몸으로 태어난 사람은 사춘기에 여성 호르몬이 분비되면서 가슴이 나오게 된다. 남자는 수염도 나기 시작하고 근육도 발달한다. 그게 자연의 섭리다. 그런데 난 여자인데도 왜 가슴이 나오지 않은 걸까?

지금의 내 몸을 볼 때 마음속에서는 어떤 감정이 올라오는가? 여자인 내 몸에 대한 심한 수치심이 올라온다. 이 감정은 현재 상황과는 상관없이 무의식에서 올라온다. 수치심은 원래 수치스러운 일을 당하지 않도록 나를 도와주는 위험경보이다. "야! 그건 수치스러운 짓이야! 그런 짓 하면 수치스러운 일을 당하게 되니까 하지 마!"라는 신호이다. 예를 들어 사람들이 많이 탄 버스 안에서 남녀가 노골적으로 성적인 행위를 하는 건 수치스러운 일이다. 수치심이 올라와야 그런 수치스러운 행위를 하지 않게 된다.

그런데 내 여성성에 대한 수치심이 무의식에 계속 억눌려 있으면 어떻게 될까? 정체된 수치심 에너지는 점점 물질화돼 몸에 이상을 일으킨다. 예를 들어 성 기능이 고장 나거나 성호르몬에 이상이 생겨 성징이 제대로 발달하지 않을 수도 있다. 그래서 성적으로 수치심을 느끼는 상황을 겪게 된다.

사춘기에 가슴이 나오지 않았다는 건 여성성에 대한 과거의 수치심이 너무 억눌려 있어서 물질화됐다는 뜻이다. 그렇다면 나는 과거에 어떤 수치스러운 일을 겪었던 걸까?

저는 넷째딸로 태어났는데 엄마는 저를 낳기 전에 두어 번 정도 낙태를 했고 제가 아들인 줄 알고 낳았다고 하셨어요. 실제로 병원에서 두 번이나 성별 검사를 받았었는데 두 번 모두 남자아이라고 의사가 얘기한데다 태동이 언니들과는 달리 힘차서 아들일 거라고 확신한 채 낳았다고 들었습니다.

찢어지게 가난한 종갓집이라 무리를 해서 아들을 낳아야 한다는 확신으로 저를 낳았는데, 딸인 걸 확인하고는 얼마나 실망스럽고 허무했을지…. 솔직히 저는 그때 상황을 상상해보면 저희 엄마가 너무 안 됐어요. 그리고 저는 언니들과는 달리 생리도 길면 6개월에 한 번 하는 등 생리불순이 아주 심했습니다.

엄마는 절실하게 아들 낳기를 염원할 수밖에 없는 상황이었다. 위로 딸만 셋 낳은 가난한 종갓집 며느리라 아들을 낳지 못한 걸 크게 수치스럽게 느끼고 있었다. 그러던 차에 의사한테 아들이라는 말을 들었다. 배 속에 들어 있는 나는 딸인데 엄마가 아들이라는 확신을 갖고 있었다면 배 속의 나는 어떻게 느꼈을까? '아들이 아니면 난 죽어. 아들이 돼야만 해. 근데 난 딸인데 어떡하지?'라는 죽음의 공포와 여자 몸에 대한 수치심이 밀려왔을 것이다. '제발 내가 아들이었으면!' 하는 염원도 함께 올라왔을 것이다.

이 염원을 나와 동일시해 무의식에 억눌러 붙들고 살아가면 어떤 몸이 나타날까? 남자처럼 가슴이 없는 몸이 현실로 나타난다. 동시에 여자인 내가 그런 몸을 갖고 살아가는 걸 몹시 수치스럽게 느끼게 되는 현실이 나타난다.

만일 내가 사춘기 이전에 이런 사실을 알고 여자인 내 존재에 대한 수치심을 느껴줬더라면? 성 수치심은 무의식에서 풀려났을 것이다. 그래서 여자로서 수치스럽게 느끼는 몸을 갖게 되지 않았을 것이다. 이제라도 여성성에 대한 수치심을 완전히 느껴준다면 성적으로 수치심을 느끼게 되는 상황은 되풀이되지 않는다.

두려움은 두려운 상황을 막아주는 위험경보

저는 결혼을 전제로 한 남자와 만나고 있는데, 그분은 성직자여서 경제력이 거의 없습니다. 그쪽 집은 결혼하는 것만으로도 좋아하는 분위기입니다. 둘이 만날 때의 식사비나 놀러 갈 때의 숙박비 등을 거의 제가 다 냅니다. 제가 옷도 사주고 가방을 사주기도 했습니다. 만나면 만날수록 제가 돈을 더 많이 쓰는 걸 점점 더 당연하게 여긴다는 느낌을 받습니다. 제가 그쪽 부모님 용돈, 명절, 생일 등을 다 챙겨야 하는 분위기입니다.

그런데 어느 날 만나자마자 자기 엄마가 곧 칠순 생신인데, 형제들이 돈을 모아 음식점에서 잔치를 하기로 했다며, 한 동생은 벌써 50만 원을 냈다는 말도 덧붙였습니다. 꽃다발도 준비해야 할 것 같은데, 어떻게 생각하느냐고 제게 물었습니다. 너무나 마음이 찜찜했습니다. 경제력이 없으면 내 마음이라도 편하게 해주길 바라며 결혼을 생각하고 있는데, 어떻게 해야 할까요?

이 남자를 만나는 횟수가 늘어갈수록 왜 점점 더 찜찜한 느낌이 드는 걸까? 그한테 돈을 뺏기고 있다는 두려움이 스멀스멀 올라오기 때문이다. 두려움은 두려운 상황이 다가오고 있다는 위험경보이다. 그런데도 그와의 만남을 선뜻 매듭짓지 못하는 이유는 뭘까? 사랑하는 사람한테 버림받는 두려움을 직면하는 게 너무나 무섭기 때문이다. 즉, 버림받는 두려움을 느끼는 게 너무 무서워 어떻게든 사랑받는 느낌을 붙들고 싶어하는 것이다.

돈을 뺏긴다고 느낄 때는 뺏기는 두려움이 올라온다. 하지만 역시 뺏기는 두려움을 느껴줄 엄두가 도저히 나지 않는다. 남친 한테 버림받는 두려움이 더욱 크기 때문이다. 이렇게 그 남자한 테 사랑받는 느낌에 집착할수록 버림받는 두려움은 점점 더 깊이 억눌리게 된다.

이런 식으로 두려움을 억눌러버린 채 이 남자와 결혼한다면 나는 어떤 인생을 살아갈까? 무의식에 억눌려버린 두려움은 두려운 현실로 물질화된다. 남편과 시댁에 내가 번 돈을 다 빼앗기고 평생 뒤치다꺼리를 하다가 나중엔 버림받는 인생을 살아갈 것이다.

어젯밤 제가 두려움을 외면하고 있다는 답변을 받고 아침에 눈을 떴는데, 그 남자와 대화했던 내용이 떠오르면서 그 대화도 가스라이팅이라는 게 확 느껴졌습니다. 결혼하면 내가 다 먹여 살려야 하고, 그쪽 부모님 경조사도 챙겨야 한다는 생각에 너무 짜증이 났습니다. 그래서 그에게 전화해 "결혼하면 안 맞을 거 같으니 친구로 지내자"고 말한 뒤 헤어졌습니다. 첫날은 좀 마음이 아팠는데 다음 날엔 속이 후련하다는 생각이 들었습니다. 예전에 사귄 남자친구도 좀 이상하긴 했는데, 그가 저에게 해준 게 너무 많아서 정 때문에 헤어지지 못해 너무 힘들었습니다. 그런데 지금 생각해보니 '그 찌질한 놈 뺑 잘 찼다'는 후련한 생각이 들고, '진작 바로 차버렸어야 했는데' 하는 아쉬움만 남습니다.

솔직히 저 자신을 객관적으로 보면 부족한 게 없거든요. 그런데 이렇게 이성에게 사랑받고자 하는 마음이 여전히 해소되지 않고 있으면 앞으로 다른 남자들을 만나도 이런 상황이 되풀이될까요?

그와 헤어지고 나서 왜 마음이 후련해지는 걸까? 내가 점점 더 깊숙이 빠져들고 있던 위험 상황에서 가까스로 벗어났다는 안도감 때문이다. 두려움을 느껴주니 '아, 내가 정말 두려운 상황에 점점 빠져들고 있었구나!' 하고 비로소 위험을 감지하게 된 것이다.

이렇게 내가 버림받는 두려움을 느껴주지 않기 위해 찜찜해하면서도 그와 만났었다는 사실을 마침내 깨닫고 보니, 그 이전에 내 마음에 쏙 들지도 않는 남자들을 왜 붙잡고 있었는지도 알게 됐다. 역시 버림받는 게 두려웠던 것이다. 즉, 내 무의식에서 스멀스멀 올라오는 버림받는 두려움을 마주하는 게 너무 무서워 누구라도 붙잡고 싶었다.

이 두려움은 누가 올라오게 하는 것일까? 내 무의식 속에 두려움에 떠는 '버림받은 나'가 억눌려 있다. 이 자아가 나로 살아가니 버림받는 두려운 상황들이 내 눈앞에 자꾸만 펼쳐져온 것이다. 하지만 오랫동안 외면해왔던 두려움을 느껴주자 마침내 두려운 상황은 매듭지어졌다.

이처럼 두려움은 두려운 상황을 감지해 미리 알려주는 위험경보이다. 그런 상황들이 재발되지 않도록 하려면 두려움이 올라올 때마다 덮어버리지 말고 생생히 느껴주어야 한다.

저는 아이들을 키우며 직장에 다니는 엄마입니다. 막내가 돌 무렵 남편이 직장 동료와 바람을 피우고 있는 사실을 알게 됐습니다. 하지만 아이들을 키우는 입장에서 남편을 더 이상 다그치지 못하고 남편의 사과를 받고 그냥 지나갔습니다. 그 이후 8년 정도 지난 듯한데, 남편은 아이를 낳고 회사에 복귀한 그 여성과 같은 부서에서 예전처럼 다시 가깝게 지내는 것 같습니다.

사실 남편은 비밀이 많은 성격이라, 집에서는 밖의 일에 대해서는 전혀 말을 하지 않습니다. 하지만 밖에 나가서는 남들한테 지나치게 친절하고 말도 많이 합니다. 저와는 아무 대화도 하지 않고 눈도 마주치지 않습니다. 남편은 다리가 부러진 채 태어났고, 병원에서 이미 죽었다고 버려졌지만 아들이라는 이유로 큰 병원에 옮겨져 구사일생으로 살아났다고 합니다.

저는 남편 이외의 다른 사람들과의 관계에 있어서는 조금도 불편함이 없습니다. 제 삶의 다른 부분은 모두 만족스럽고 다른 욕심도 없습니다. 교제도 오래 했고, 서로 알게 된 지가 벌써 20여 년이 훨씬 넘었는데도 남편은 가장 알 수 없는 사람입니다. 남편이 왜 저랑 사는지 이해가 되지 않고, 제 입에서 이혼하자는 말이 나오게 하려고 일부러 그러는 것 같다는 생각도 듭니다.

남편은 제게 아무 말이나 행동도 하지 않기 때문에 폭언이나 폭행 같은 것은 전혀 없습니다. 저는 꾹 참고 최대한 친절하게 말하고 대해줍니다. 침묵이 만들어내는 무거운 공기는 저에게 큰 어려움입니다.

바람을 피우는 남편은 왜 집에서 말이 없는 걸까? 말을 많이 주고받다 보면 마음속에 숨겨둔 감정을 들키기 쉽기 때문이다. 남편의 무의식 속엔 버림받은 두려움이 억눌려 있다. 태어날 때 버려졌다가 살아난 것도 그 두려움 때문이다. 이 두려움은 인격화된 자아가 돼버렸다.

그런데 남편은 왜 바람을 피우는 걸까? 남편과 나는 처음엔 서로 '남자인 나'와 '여자인 나'라는 자아들로 만났다. 남자와 여자는 서로 끌린다. 하지만 몇 년 지나면 남자와 여자는 사라지고 이면에 숨겨진 다른 자아들이 올라오기 시작한다.

내 무의식 속에도 남편처럼 '버림받은 나'라는 자아가 억눌려 있다. 남녀 간의 성적 매력이 시들해지면 '버림받은 나'가 의식의 표면으로 올라온다. 남편은 자신이 싫어해 억눌러놓은 자신의 모습, 즉 '버림받은 나'의 모습을 아내인 나를 통해 보게 되자 외면하고 있다. 그래서 집에서는 무거운 침묵으로 일관한다. 입을 꽉 닫고 있으면 아내가 말을 걸기 어렵고, 자신이 직장 여자 동료를 좋아하는 마음을 들킬 위험성도 없다.

반면, 그 여자 동료를 만날 땐 '버림받은 나'가 아니라 남자와 여자로 만난다. 집에서 아내를 만날 땐 자신이 싫다고 억눌러놓은 자신의 모습을 보게 되지만, 직장 동료를 만날 땐 남자와 여자로 만나게 되니 남자로 사랑받는다고 느끼는 것이다. 남편은 내가 이혼을 두려워한다는 것도 잘 알고 있다. 왜냐하면 사실은 그 자신도 역시 이혼을 두려워하기 때문이다.

그래서 지난 8년간 나와는 침묵으로 일정한 거리를 유지하면서 조심스럽게 양다리 걸치기를 해왔다. 자신에게 집착하는 아내로부터 버림받지 않으면서도 동시에 직장 동료한테서는 남자로 사랑받는 느낌을 얻을 수 있으니 지금 상황을 굳이 바꾸고 싶지 않은 것이다. '버림받은 나'는 오로지 사랑받는 느낌에만 집착하기 때문에 아내한테 주는 상처는 아랑곳하지 않는다.

그런 남편을 지켜보는 내 마음속에서는 남편한테 버림받지 않을까 두려움에 떠는 '버림받은 나'가 자꾸 올라온다. 하지만 이 자아를 직면하는 게 너무나 무섭다. 그래서 남편을 다그치지 못한 채 어떻게든 버림받지 않으려 애쓰고 있다. 남편을 붙잡고 있는 동안엔 버림받는 두려움을 덮어버릴 수 있기 때문이다.

두려움은 미래의 두려운 상황을 감지해 미리 알려주는 위험경보이다. 이 신호를 무의식에 억눌러놓고 있는 건 누구인가? 바로 나 자신이다. 위험경보가 무의식에 억눌려 있으면 위험한 상황을 감지해낼 방법이 없다. 경보장치가 무의식에서 풀려나야 현재 상황에 맞게 작동할 수 있다. 내가 위험한 상황을 감지해내지 못하니 위험한 상황도 매듭지어지지 않고 되풀이된다. 무의식에 억눌린 '버림받은 나'의 두려움을 느껴줘야 '버림받은 나'가 풀려나고, 위험경보인 두려움도 다시 작동해 두려운 상황이 되풀이되지 않게 된다.

남편은 아이가 스무 살 될 때까지만 함께 살자고 입버릇처럼 말을 합니다. 결혼한 날부터 지금까지 손잡고 산책 한 번 해본 적 없는지라 저도 그러고 싶지만 그래도 들을 때마다 오장육부가 뒤집어집니다.

신랑은 생활비로 매달 200만 원을 보내오는데 예전부터 심사가 틀어지면 안 보내겠다는 얘기를 종종 했습니다. 돈을 받을 때마다 그나마 '그래도 부부로 사는구나' 하고 느꼈는데, 갑자기 또 돈을 안 보내겠다면서 학원비와 관리비 등을 다 적어 보내라고 합니다.

저도 돈을 벌긴 하지만 왠지 저는 돈이 잘 안 모아지고, 10년쯤 뒤 이혼하게 되면 평생을 어떻게 살아야 할지 두려움도 올라옵니다. 그래서인지 지금 한 푼이라도 더 받고 싶기도 합니다.

다른 집들은 남편의 수입을 아내에게 맡겨놓고 용돈을 받는다는데. 저도 그렇게 살아보고 싶기도 하고, 그게 안 되면 매달 입금되는 통장이라도 보면서 '그래도 네가 주기는 하는구나' 하는 느낌을 받고 싶기도 합니다. 저도 훌훌 털어버리고 새로운 마음으로 살고 싶은데, 어떻게 해야 좋을지 모르겠습니다.

남편이 그런 말을 할 때마다 왜 오장육부가 뒤집어질까? 무의식에 억눌려 있는 버림받은 두려움이 올라오기 때문이다. 하지만 나는 이 두려움을 느껴주지 않고 꾹꾹 억눌러놓고 살아간다.

느껴주지 않은 두려움은 자꾸 올라온다. 그래도 느껴주지 않으면 아예 표면의식인 현실로 올라와 두려운 상황을 창조한다. 그래서 결혼한 날부터 지금까지 두려운 상황들이 계속 이어지는 것이다.

남편이 보내주던 돈을 안 보내줄 때도 버림받은 두려움이 올라온다. 남편한테 받던 돈을 못 받게 되면 '뺏긴다'는 느낌도 든다. 뺏기면 뺏고 싶다. 그래서 한 푼이라도 더 뺏고 싶다. 그러다 보면 사랑은 온데간데없고 서로 미움을 주고받는 관계로 이어진다.

미움이 깊어지면 마음속에서 '저 사람이 날 버렸구나' 하고 느끼게 된다. 그럼 나도 마음속으로 상대를 버리게 된다. 겉으로는 부부관계를 유지하고 있지만, 마음속에선 이미 남남이다. 이처럼 내 무의식 속에 버림받은 두려움이 억눌려 있으면 언젠가는 버리고 버림받는 관계로 이어진다.

저는 외적으로 너무나 이상형인 남친이 있습니다. 성격도 과묵하고 남자다워서 첫눈에 끌려 사귀게 됐습니다. 그러나 사귀고 보니 갈등이 생기면 잠수를 타고, 애정 표현을 못하고 자격지심이 있는 사람이었습니다. 다가가려 하면 멀어지고, 조금의 싫은 소리도 큰 스트레스로 느끼기 때문에 회피하는 문제가 반복됐습니다.

하루는 남친의 전화 말투가 너무나 싸늘하기에 서운하다고 말했다가 이틀 동안 연락이 끊겼었습니다. 연락이 끊어져 있는 동안 심장이 너무나 두근거리고, 공황발작이 온 것처럼 죽음의 공포가 올라와 한숨도 못 잤습니다. 공포가 조금 잦아든 다음, 다시 맑은 정신으로 돌아왔을 때 헤어져야겠다는 결심이 섰습니다.

그러나 마음 한편으로는 헤어지기가 너무나 아쉽습니다. 헤어져야 한다는 결심이 섰는데도 '그래도 행복한 미래의 가능성이 단 1퍼센트도 없을까?' 하는 실낱같은 희망이 저를 괴롭힙니다. 헤어져도 다시 이만큼 저를 설레게 하는 사람이 나타날 수 있을까 하는 걱정도 앞섭니다.

남친은 앞으로 개과천선해 나한테 잘해줄까? 그럴 가능성은 거의 없다. 그와 사귀어본 결과 드러나는 사실이다. 그런데도 나는 왜 그를 붙잡고 싶어하는 걸까? 사랑하던 남친한테 버림받는 두려움을 느끼는 게 너무나 끔찍하기 때문에 현실 속의 그에게 매달린다. 두려움이 거세지니 죽음의 공포까지 올라온다.

두려움은 원래 내 마음을 자유롭게 드나들면서 나에게 다가오는 두려운 상황을 감지해 피하도록 해주는 위험경보 역할을 해준다. 그런데 그 경보를 무의식에 억눌러놓고 있으면 시도 때도 없이 경보가 울린다. 즉, 두려운 상황을 자꾸 창조해 두려움이 올라오도록 한다.

남친과 사귀다가 나와 맞지 않는다고 느껴지면 서로 자유롭고 편안한 마음으로 버리고 버림받을 수 있어야 한다. 그래야 서로 맞는 짝을 찾아갈 수 있다. 두뇌의 표면의식은 전체 상황을 다 보지 못하기 때문에 남친이 나와 맞는지 안 맞는지 알지 못한다. 그래서 두려움이라는 위험경보가 필요하다. 이 경보는 몸으로 살아가는 나의 모든 상황을 지켜보는 창조주가 지금 상황에 맞게 보내주는 것이다.

두려움을 느껴주어야 내가 지금 두려운 상황 속에 빠져드는 건 아닌지 감지할 수 있다. 하지만 두려움을 무의식에 억눌러놓은 채 남친한테 매달려 있으면 다가오는 두려운 상황을 감지하지 못한 채 점점 깊숙이 그 상황에 빠져들게 된다.

나는 남친이 남자다워 만났다고 생각한다. 그건 겉모습이다. 사실은 서로의 무의식에 억눌려 있는 버림받은 두려움이 공명해 서로 만난 것이다. 남친한테 버림받았음을 받아들이고 두려움을 느껴주면 두려움이 무의식에서 풀려나 위험경보 기능을 제대로 할 수 있다. 그럼 이성한테 버림받는 두려운 상황도 되풀이되지 않는다. 느껴주지 않은 두려움은 앞으로도 계속해서 내 눈앞에 두려운 상황들이 펼쳐지도록 할 것이다.

공기업에 다니는 딸은 정신적인 압박감 때문에 쉬고 싶다며 휴직 중인데, 얼마나 방을 지저분하게 쓰는지 염색한 노란색 긴 머리카락이 온 방에 돌아다니는데도 신경도 안 씁니다. 자신이 먹고 난 식탁도 제대로 안 치워 볼 때마다 미움이 솟구칩니다. 딸은 외모에 집착해 성형수술도 몇 번 받았고, 다이어트에 대한 강박관념이 심하고 남자들과도 아픔을 여러 번 겪으면서 헤어졌습니다. 그래서 안쓰러우면서도 자신만 아는 이기적인 모습을 볼 때마다 무시당하는 기분이 들어 너무너무 밉습니다. 너무 싫어집니다.

어서 시집이나 가서 시집살이 좀 하면서 인생을 배웠으면 하는 생각도 듭니다. 참고로 저는 엄마의 사랑을 받지 못하고 자랐습니다.

딸은 왜 방을 어질러놓고 지저분하게 살아가는 걸까? 세상으로부터 버림받았다고 느끼기 때문이다. 버림받았다고 느끼면 나도 세상을 버리게 된다. 버림받고 살아가면 열등감이 올라온다. 그래서 열등감을 덮어버리고 우월감을 느껴보기 위해 성형수술도 몇 차례 받았다. 하지만 무의식 속에 버림받은 두려움이 억눌려 있기 때문에 남자들한테서도 자꾸 버림받는다.

그런 딸을 지켜보는 내 마음속에서도 아픔이 올라온다. 나 자신도 과거에 버림받은 아픔이 있었기 때문이다. 하지만 나는 이 아픔의 원인이 딸이라고 착각한다. 그래서 딸을 미워한다. 하지만 내 아픔의 원인이 딸이 아니라, 바로 내 무의식에 억눌려 있는 버림받은 두려움이라는 사실을 깨닫지 못하면 내 아픔은 물론 딸의 아픔도 풀리지 않는다.

내가 낳은 딸의 아픔은 바로 나의 아픔이다. 내 아픔을 딸이 물려받았다. 딸은 나의 거울이다. 세상으로부터 버림받을까 봐 무서워 두려움에 떨며 살아가는 딸의 아픔을 느껴주다 보면 딸의 두려움이 곧 나의 두려움이라는 걸 알게 된다.

내 두려움이 아니라면 서로 공명하지 않는다. 나 자신도 어릴 때 엄마한테 사랑받지 못하고 미움받으며 자랐다. 나를 키우던 엄마도 역시 나처럼 자신의 엄마한테 미움받으며 자랐다.

엄마의 모습이 곧 내 모습이었고, 내 모습이 곧 내가 낳은 딸의 모습이라는 걸 알게 되면 딸에 대한 미움은 사라지고, '딸이 내 두려움을 보여주는구나!' 하고 받아들여 느껴주게 된다. 두려움은 인생 영화 속에서 살아가는 나를 지켜보는 '영화 밖의 나'인 창조주가 내게 보내주는 위험 감지 신호일 뿐이다. 느껴주면 두려운 상황이 펼쳐지지 않는다.

부정적 감정들은 남들 때문에 생기는 게 아니다

저는 올해 30대 초반의 직장인 여성입니다. 직장 생활이 너무 괴로워 퇴사를 결심하고 다른 회사에 이력서를 넣어보기도 하며 마음이 많이 떠나 있었습니다. 상무라는 사람은 일을 시킬 때마다 언성을 높이고 화를 버럭버럭 내며 닦달했습니다. 저도 너무 화가 나 대리석으로 그의 머리를 내려치고 싶다는 상상을 한 적도 있습니다. 과장과는 코로나 때문에 점심을 함께 먹게 되면서 위장염까지 생겼습니다.

일하다가 엉엉 울기도 하며 지쳐가던 중 한 달 전부터 왓칭 채널을 본 뒤, 윗사람들의 모습에서 저를 찾아가기 시작했습니다. 저 자신이 잘난 척하며 남을 무시하고 싶은 마음으로 가득하다는 사실을 알았습니다. 그들이 화를 낼 때마다 제 마음을 들여다보았습니다. 전화만 와도 긴장하는 나, 두려워하는 나, 짜증이 많은 나를 보았습니다. 시선이 밖으로 돌아가려고 할 때마다 철저히 제 감정만을 바라보았습니다.

그러자 감정이 녹아가는 것이 뚜렷하게 느껴졌습니다. 3주째 낫지 않던 위장의 불편함을 그대로 들여다보았더니 갑자기 눈물이 뚝뚝 떨어졌습니다. 그 감정은 슬픔이었고, 그 감정에 집중하니 하염없이 눈물이 흘렀습니다.

그동안 직장에서 저 자신이 천대받는 하류층이고, 무시당해도 되는 하찮은 존재라고 느꼈었는데, 원래 제 안에 그런 존재가 있었기 때문에 그들을 만났다는 사실도 깨달았습니다. 단지 내면의 감정을 바라보았을 뿐인데 그토록 가득했던 윗사람들에 대한 미움이 지금은 보이지 않습니다. 그냥 미움이라는 감정이 올라왔구나, 나도 저렇게 남들을 미워하는구나, 이렇게 차분하게 인정하고 보아주게 됩니다.

어제는 업무가 쏟아지듯 많아서 종일 일을 했지만, 전과는 달리 제 안에서 올라왔다 사라지는 감정들을 지속적으로 놓치지 않고 관찰했습니다. 보통 퇴근할 땐 녹초가 되는데 어제는 생기가 가득했습니다. 그리고 오늘은 뜻밖에 승진도 하고 월급도 올랐습니다. 전에는 상대방의 태도에 따라 나의 감정이 오르락내리락해서 사회생활이 너무나 괴롭고 고달팠는데, 이제는 용서와 사랑이 자연스럽게 일어납니다.

지옥 같던 직장 생활이 왜 천국으로 바뀌었을까? 가짜 현실인 밖을 보지 않고 가짜 현실을 창조해내는 내 마음속을 들여다보았기 때문이다. 내 마음의 무의식 속엔 윗사람들에 대한 미움, 두려움, 분노 등 온갖 부정적 감정들이 억눌려 있다. 무의식에 억눌린 이 부정적 감정들은 몸에 쌓이게 된다. 그래서 몸으로 느껴줘야 풀려나간다. 그러려면 생생한 부정적 현실이 내 눈앞에 펼쳐져야 한다. 그렇지 않으면 부정적 감정들이 올라오지 않기 때문이다.

이렇게 표면으로 올라온 부정적 감정들을 느껴주지 않고 현실 속의 윗사람들만 탓하고 있으면 현실은 절대로 바뀌지 않는다. 설사 윗사람들이나 직장이 바뀌어도 부정적 현실은 되풀이된다. 부정적 현실은 무의식에 억눌린 부정적 감정들이 창조하는 것이기 때문이다.

감정들은 실제로는 존재하지 않는다. 짝이 되는 생각들이 창조하는 인생 영화 속에서만 존재하는 가짜이다. 텅 빈 마음 속에서 짝을 이뤄 떠오르는 느낌을 가진 생각들(예컨대 '사랑받는다/미움받는다', '기쁘다/슬프다' 등)이 몸에 일으키는 느낌이다. '난 사랑받는다'는 생각은 좋은 느낌을 일으키는 사랑으로 인식되고, '난 미움받는다'는 생각은 싫은 느낌을 일으키는 미움으로 인식된다.

예컨대 엄마의 따뜻한 미소를 보는 순간 '엄마가 날 사랑하는구나' 하는 생각이 떠오르면 이 생각이 몸에 좋은 느낌을 일으킨다. 그럼 나는 그걸 사랑으로 인식한다. 거꾸로 엄마가 차가운 눈빛으로 나를 바라보면 '엄마가 날 미워하는구나' 하는 생각이 떠오르면서 몸에 싫은 느낌이 일어난다. 그럼 나는 그걸 미움으로 인식한다.

그러니까 사랑과 미움은 남들 때문에 생기는 게 아니라, 좋거나 싫은 생각들이 내 몸에 일으키는 느낌이다. 내가 괴로운 건 남들 때문이 아니다. 내 몸에서 일어나는 싫은 느낌을 나 스스로 억눌러버려 괴로운 것이다.

나와 동일시하는 생각으로 창조되는 우주엔 '나'밖에 없다. 내가 남이라고 생각하는 '너'는 '나'라는 생각을 빌려 생긴 홀로그램이다. '나'가 없으면 아무것도 없다. 모든 감정도 역시 짝이 되는 생각들로 창조되는 가짜들이기 때문에 느껴주면 사라지고, 느껴주지 않으면 내가 그 속에 휘말려 들어 고통을 자초하게 된다.

저는 남편과 한 공간에 있으면 숨이 막혀 죽을 것 같은 느낌 때문에 방문을 좀 열어야 숨을 쉴 수 있을 정도로 남편을 미워했습니다. 처음엔 거울 앞에서 "나도 사랑받고 싶다. 난 버림받았다"라고 말해보았지만 아무런 반응이 없었습니다. 그래서 며칠 후엔 미움을 느껴봤습니다. "난 미움이야! 난 모든 걸 미워해! 세상이 미워! 내게 사랑을 바라지 마! 늘 하던 대로 미워해, 모든 걸!" 미움은 사나흘이 지나도 사라지지 않고 사나운 짐승처럼 외치고 성내는 모습이었습니다.

저는 좀 놀랐습니다. 내겐 동정심과 사랑하는 마음이 있다고 생각했었는데, 그토록 큰 미움이 억눌려 있어서 사랑이 올라올 공간이 전혀 없었던 것입니다. 미움을 느껴준 뒤 놀랍게도 남편에 대한 화와 짜증이 신기할 만큼 올라오지 않습니다. 어쩌다 약간의 미움이 올라오면 저는 그것을 작은 짐승처럼 바라보게 됩니다. 남편은 제가 변했다고 합니다. 전 완전히 다른 사람이 되었고, 과거의 제 모습이 부끄럽게 여겨집니다.

남편과 한 공간에 있으면 왜 숨을 쉴 수 없을까? 나는 평소 몸을 나와 동일시하며 살아간다. 그런 내가 미움을 억눌러놓고 있으면 미움은 어디로 억눌릴까? 내 몸에 억눌린다. 그래서 내 몸은 미움과 한 덩어리가 돼버린다. 즉, 나는 미움이 된다. 평소엔 미움이 가라앉아 있다. 그러다가 남편과 한 공간에 있으면 남편의 미움과 공명해 그것이 표면으로 올라오기 시작한다. 나중엔 몸으로 숨을 쉴 수 없을 만큼 머리 꼭대기까지 올라온다.

미움은 남편 때문에 생기는 걸까? 미움은 누구의 마음속에서 올라오는 것인가? 바로 내 마음속에서 올라온다. 내 마음속에서 올라와 내 몸에 반응을 일으킨다. 남편은 내 미움을 공명시켜 끌어올리는 거울 역할만 할 뿐이다.

내가 미움이라는 감정 덩어리가 돼버리면 나도 모르게 사람들한테 미움받는 언행을 반복하게 된다. 왜 그러는 걸까? 미움은 사랑과 짝이 되는 감정이다. 미움은 사랑을 빌려 생기는 가짜이다. 가짜이기 때문에 자신의 존재를 인정받고 싶어한다. 인정받지 못하면 인정받을 때까지 끊임없이 미운 짓을 한다.

미운 짓을 해야 사람들의 미움을 일으키고, 그 미움을 먹으면서 미움의 덩치를 키워 생존할 수 있다. 이렇게 나 자신이 미움 덩어리가 돼버리면 아무리 사랑받고 싶다고 외쳐도 사랑은 올라오지 않는다. 미움이 내 마음속을 이미 가득 채우고 있기 때문이다.

미움을 분리시키려면 미움이 남 때문에 생기는 게 아니라, 내 마음속에서 올라오는 내 감정이라는 걸 명확히 알아야 한다. 그래야 남의 미움이 아닌 내 미움으로, 혹은 나로 받아들여 온전히 느낄 수 있다. 미움도 느껴주면 사라진다. 미움은 억눌러 붙잡고 있을 때만 존재하는 가짜이기 때문이다. 미움이 사라지면 짝이 되는 감정인 사랑이 저절로 흘러나온다. 그래서 미움을 느껴주면 주변 사람들이 내게서 사랑을 느끼는 것이다.

저는 남편과 20여 년을 살아왔는데 남편은 모든 집안일을 의논
도 없이 자기 마음대로 합니다. 예전에 개인 사업할 때도 즉흥
적인 생각으로 일을 하다가 계획대로 안 돼 큰 손해를 보고 접
었습니다. 제가 아무리 말리고 반대를 해도 "여자가 뭐 알아?"
하면서 무시하고 맘대로 해서 제 분노와 억울함이 많았습니다.
집에 생활비도 제대로 잘 안 주고 밑 빠진 독처럼 벌어놓은 돈
도 엉뚱한 데 사용해서 늘 힘들었어요. 경제적으로 불안정하니
제가 벌어서 생활비를 해결하기도 하고 늘 궁핍해서 아이들에
게도 미안했죠.
여러 번 이혼하려고 했지만 아이들이 어려 참고 살아왔는데, 지
금까지 수입도 알려주지 않고 저축도 제대로 안 해요. 너무 참
다가 이번엔 더 이상 용납이 안 돼 "도저히 당신과 같이 못 살겠
으니 졸혼이나 이혼을 하자"고 해서 당분간 별거 상태입니다.
전 늘 마음이 모질지 못해 '나아지겠지' 하며 양보하고 참아왔
지만 오히려 역효과만 납니다. 저를 아예 유령 취급하고 짓밟는
언행을 해요. 다른 사람들 앞에서는 줏대도 없고 깡이 없어 불
만이라고 흠을 잡아요. 완전히 바보 취급, 등신 취급입니다.

남편한테 계속 무시당하고 살면 무시당하는 열등감이 올라온
다. 하지만 나를 무시하는 남편 앞에서 열등감을 느끼는 건 굴욕
스럽게 여겨진다. 그래서 열등감을 억눌러버린다. 대신 화를 내

거나 미움을 표출시킨다. 화나 미움으로 내 열등감을 덮어버리는 것이다.

그럼 열등감은 계속 내 무의식에 억눌려 있게 된다. 억눌린 열등감은 '열등한 나'라는 인격체, 즉 자아가 된다. 이 자아가 나로 살아간다. 이 자아는 남편 때문에 생긴 걸까? 아니다. 나 스스로 내 마음속에서 올라오는 열등감을 무의식에 억눌러버려 생긴 것이다.

남편이 나를 깎아내리고 무시하는 이유는 뭘까? 너무나 우월감을 느끼고 싶어서이다. 즉, 마음속에 깊은 열등감이 억눌려 있다. 그래서 자기 마음대로 일을 처리하려 든다. 자기 마음대로 처리할 때마다 자신이 이겼다고 느껴 우월감이 올라온다. 나를 바보취급, 등신 취급하는 것도 역시 자신이 나보다 똑똑하고 잘났다는 우월감을 느끼고 싶어서다.

남편이 나를 무시할 때 왜 내 마음속에서 열등감이 올라올까? 내 무의식 속에도 역시 공명하는 열등감이 억눌려 있기 때문이다. 만일 열등감이 억눌려 있지 않다면 남편이 나를 무시해도 열등감이 올라오지 않을 것이다. 남편은 내 열등감을 끌어 올려주는 거울이다.

이 사실을 깨달으면 거울인 남편을 욕하지 않고 내 열등감을 느껴보게 된다. 열등감이 풀려나면 짝이 되는 감정인 우월감도 함께 풀려난다. 나는 열등감에 묶여 있는 몸이 아니라, 열등감과 우월감을 자유롭게 사용하는 관찰자가 된다.

상황에 맞게 열등감을 사용할 수도 있고, 우월감을 사용할 수도 있다. 남편이 잘난 척하며 우월감을 느끼고 싶어하면 주저 없이 내가 열등한 척해주고, 남편이 열등감으로 주눅 들어 있으면 우월한 위치에서 따뜻하게 감싸줄 수도 있다. 이처럼 열등감이 풀려나면 열등한 삶에서 벗어나게 된다.

저는 중학교 교사를 하는 맞벌이 부부입니다. 대기업에 다니는 남편은 집안일을 거의 하지 않지만 마지못해 설거지 정도는 이따금 하는 편입니다. 방학 때는 남편이 피곤한가 보다 여기고 제가 그냥 설거지를 도맡아 했습니다. 그런데 개학을 앞두었을 때 정말 정신없이 바쁜 하루를 끝내고 밤늦게 퇴근해 부엌에 가보니 설거지가 산더미처럼 쌓여 있고, 남편은 침대에 누워 핸드폰만 들여다보며 빈둥거리고 있었습니다. 남편한테 설거지하라고 말하자니 싸움이 될 게 뻔하고, 내가 하자니 화가 치밀어 올랐습니다.

그렇지 않아도 그날 학교에서 저보다 네 살이나 어린 후배 교사에게 업무 인수인계를 받던 중 전화가 걸려와 잠시 밖에 나가 통화를 하고 돌아왔습니다. 그런데 그 교사는 별다른 설명도 없이 무뚝뚝하게 새 업무를 대충 저한테 떠넘기고는 퇴근해버렸습니다. 제가 전화로 새 업무에 대해 문의를 하자 아직 그런 것도 모르냐는 식으로 퉁명스럽게 대꾸했습니다.

업무인수는 해야겠는데, 퉁명스럽고 쌀쌀맞은 후배한테 내일 또 문의를 하자니 저 자신이 너무나 초라하게 느껴지고, '이렇게 무시당해도 참고만 살아야 하나? 왜 나한테 이런 일들이 자꾸 생기는 거지?' 하고 자책하는 생각도 들어 괴롭습니다.

나는 종일 시달리다 지친 몸으로 돌아왔는데, 남편은 설거지도 안 한 채 벌렁 드러누워 빈둥거리는 모습을 보면 분노가 솟아오른다. 하지만 분노를 섣불리 터뜨리지 못한다. 싸움이 될까 봐 두렵기 때문이다.

싸움이 벌어지는 걸 왜 두려워하는 걸까? 서로 억눌러놓고 살아온 감정들이 봇물처럼 한꺼번에 터져 나올까 봐 두려운 것이다. 분노는 내가 억눌러놓은 두려운 감정들을 덮어버리기 위한 포장용 감정이다. 그래서 분노를 터뜨리면 분노라는 포장지에 싸여 있던 두려운 감정들이 한꺼번에 봇물처럼 터져 나온다. 그게 두렵기 때문에 나는 맘대로 화도 내지 못하고 꾹 참고 살아간다.

나는 남편을 건드리면 나와 똑같은 감정들이 터져 나올 거라는 사실을 너무나도 잘 알고 있다. 똑같은 감정들이 함께 공명하면 감정들은 크게 증폭된다. 그래서 함부로 건드리지 못한다. 남편도 이를 잘 알고 있다. 그래서 슬쩍만 건드려도 화부터 낸다. 더 건드리지 말라는 경고이다. 그도 역시 자신의 감정들이 터져 나오는 걸 직면하는 게 두려운 것이다.

나 스스로는 내 무의식 속에 어떤 감정들이 억눌려 있는지 모른다. 하지만 남편이 피곤에 지친 나를 외면한 채 나 몰라라 하고 빈둥거리는 걸 보면 세상으로부터 버림받은 두려움, 무시당하는 열등감, 수치심, 서러움, 슬픔, 미움, 세상에 나 혼자 있는 것 같은 외로움이 올라온다.

이 감정들은 남편 때문에 생긴 걸까? 아니다. 원래 내 무의식 속에 억눌려 있던 감정들이 올라오는 것이다. 그런데 왜 남편의 나 몰라라 하는 모습을 볼 때 올라오는 걸까? 남편으로부터 사랑받기를 기대하기 때문이다. 모든 부정적 감정은 이처럼 사랑의 단절을 느낄 때 올라온다.

열등감은 학교에서 후배 교사한테 무시당한다고 느끼는 순간에도 올라왔다. 이 열등감은 후배 교사 때문에 생긴 걸까? 아니다. 원래 내 무의식에 억눌려 있던 열등감이 올라온 것이다.

이처럼 나를 고통에 빠뜨리는 모든 감정은 남들 때문에 생기는 게 아니다. 남들은 단지 내 무의식에 억눌려 있는 감정들을 공명시켜 끌어 올려주는 거울 역할만 하는 홀로그램들이다.

부정적 감정들을 느껴주는 순간 왜 긍정으로 전환될까?

슬픔 등의 부정적 감정들은 기쁨 등의 긍정적 감정들과 정반대의 짝들이다. 전자는 후자를 빌려 생기고, 후자는 전자를 빌려 생긴다. 그래서 부정적 감정들을 완전히 느껴주면 텅 빈 마음 속으로 사라지면서 짝이 되는 긍정적 감정들이 저절로 떠오른다. 그러니까 부정적 감정들은 완전히 느껴주기만 하면 긍정적 감정들로 저절로 전환되는 것이다. 그럼 자연히 부정적 상황도 긍정적 상황으로 저절로 전환된다.

예컨대 내가 상사한테 미움받는 부정적 상황이 펼쳐질 때 미움을 완전히 느껴주면 미움이 사라지면서 미움받는 상황도 사라진다. 상사가 나를 미워하지 않게 된다. 즉, 짝이 되는 감정인 사랑받는 상황이 스스로 펼쳐진다. 또, 슬픈 상황이 펼쳐질 때 슬픔을 완전히 느껴주면 슬픔이 사라지면서 짝이 되는 감정인 기쁨이 올라온다. 슬픈 상황도 기쁜 상황으로 전환된다.

그래서 긍정이건 부정이건 모든 감정을 좋다, 싫다 분별하지 않고 활짝 열린 텅 빈 마음으로 느껴주면 현실은 저절로 돌아간다. 이것이 바로 함이 없이 이뤄지는 무위이화이다. 한 사례를 보자.

저는 아버지와 함께 저울을 제작하고 수리하는 업체를 운영하고 있습니다. 평소 알고 지내는 한 거래처 사장이 저울의 숫자가 자꾸 움직인다고 해서 잠시 가서 손을 봐주었는데도 계속 숫자가 움직이더라고요. 그래서 거기 사모님에게 "사장님이 일 안 하시는 날 잡아서 통째로 수리를 해드리겠다"고 말씀을 드리고 왔는데, 그다음 날 사장이 아버지한테 전화해 욕지거리를 하더군요. 매우 날카로운 볼멘소리로 "당신 나한테 거짓말 쳤지? 손 봤으면 안 움직여야지. 당신 장난해?"라고요.

물론 수리를 했다는 저울이 막 움직이니 짜증이 났겠지요. 하지만 아버지나 옆에서 운전하는 저나 너무 불쾌하고, 너무 두렵고, 그 인간 죽여버리고 싶다는 살기도 올라와서 마음속을 살펴보니 그동안 그런 사람들이 저의 버림받은 아픔을 보여준 것 같다는 생각이 들었습니다.

그날 밤 거울 앞에서 "나는 저울업자들한테 버림받았다. 저울업자들한테 배신당해 마음이 아프고 죽을 것 같다. 돈을 빼앗긴 것 같아 마음이 찢어지고 저 인간들 죽여버리고 싶다!"라고 계속 외쳤습니다. 그랬더니 거울과 제 몸이 갑자기 어둠 속으로 사라졌다가 30초 정도 지나 다시 제 모습으로 돌아왔습니다. 그로부터 한 주가 지난 지금까지 그 사람한테 한 번도 연락이 안 왔습니다. 저는 그저 거울 앞에서 상대방이 보여주는 제 숨겨진 마음을 받아들인 것뿐인데 텅 빈 마음은 정말 못 하는 것이 없네요. 정말 감사한 마음뿐입니다.

두려움과 분노 등 부정적 감정들을 거울 앞에서 느껴준 이유는? 거울 앞에서 거울 속의 내 몸을 객관적으로 바라보면 나는 몸을 벗어난 관찰자의 시각을 갖게 된다. 그럼 나는 몸으로 감정들을 억누르지 않게 되기 때문에 완전히 느껴주는 게 훨씬 쉬워진다. (책 후반부에 자세히 설명돼 있다.) 이렇게 억누르지 않고 느껴주니 부정적 감정들이 사라지면서 부정적 상황은 긍정적 상황으로 저절로 전환됐다.

감정들은 느껴주라고 존재하는 것이다. 그래서 억누르지 않고 올라오는 감정들을 그대로 느껴주기만 하면 부정적 감정들과 긍정적 감정들이 서로 번갈아가며 자유롭게 오르내린다. 짝이 되는 감정들이 자유롭게 오르내려야 현실도 부정과 긍정을 자유롭게 오르내린다. 나는 오르내리는 감정들에 휘둘리는 감정 덩어리가 아닌 관찰자가 된다.

롤러코스터가 곤두박질하는 게 무섭다고 곤두박질하는 롤러코스터를 묶어놓고 있으면 무서운 상황은 계속된다. 롤러코스터가 자유로이 오르내리도록 내버려둬야 롤러코스터가 오르내리는 스릴을 만끽할 수 있다. 두려움이 극대화될수록 두려움이 사라진 뒤의 즐거움도 극대화된다. 두려움이 억눌리면 즐거움도 함께 억눌린다.

우리가 부정적 감정들을 완전히 느끼지 못하는 건 현실이 진짜라고 착각하기 때문이다. 그럼 현실 속의 몸도 역시 진짜라고 착각하게 된다. 몸을 나라고 착각하면 몸에 괴로운 반응을 일으키는 부정적 감정들도 역시 나라고 착각하게 된다. 착각이 착각을 낳는다. 그래서 몸에 괴로운 반응이 일어나는 순간 나도 모르게 반사적으로 억눌러버린다.

이렇게 억눌린 부정적 감정들은 자연히 몸과 한 덩어리가 된다. 그럼 나는 부정적 감정들을 완전히 느낄 수 없게 된다. 몸은 감정들을 감각적으로 느끼기는 하지만 받아들이지는 못하기 때문에, 감정들은 몸에 도로 억눌리기를 거듭한다. 이렇게 억눌린 감정들이 쌓이고 쌓여가다 보면 몸의 기혈이 점점 막혀버려 병이 된다. 억눌린 부정적 감정들이 인격화되면 부정적 현실을 창조하기 때문에 삶 자체가 점점 고통이 된다.

감정들도 에너지의 물결이다. 에너지가 에너지를 받아들일 수 있을까? 에너지는 아무 에너지도 없는 텅 빈 마음으로 받아들여야 완전히 사라진다.

우리는 왜 영화관에 가서 가짜인 영화를 볼까? 재미있기 때문이다. 창조주도 마찬가지다. 그래서 몸을 빌려 직접 영화 속에 들어가 영화 속의 등장인물이 되는 것이다. 홀로그램 몸도, 홀로그램 영화도 창조주의 현현이자 장난감들이다.

이 홀로그램 장난감들은 생각으로 움직이는 빛의 떨림이기 때문에 실제로는 존재하지 않는다. 매 순간 사라지고 생기기를 거듭하는, 명멸하는 빛의 떨림일 뿐이다. 그래서 모든 홀로그램은 일정 기간의 놀이가 끝나면 반드시 창조주인 텅 빈 마음 속으로 사라진다. 생겼다가 사라지는 것이 진짜일 리 없다.

그런데 홀로그램 몸을 붙들고 영화 속에 들어온 창조주인 내가 영화가 무섭다고 부정적 감정들을 완전히 느껴주지 않으면? 느껴주지 않은 감정들은 무의식에 억눌려 창조주와 분리된 자아들이 돼버린다. 그럼 영화를 지켜보는 영화 밖의 창조주는 그 감정들을 느낄 수 없게 된다.

영화 밖의 나인 창조주가 영화를 감상하려면 영화 속의 내가 감정들을 긍정, 부정 가리지 않고 완전히 느껴줘야 한다. 그래야 영화를 지켜보는 영화 밖의 창조주도 동시에 느낄 수 있게 되고, 영화는 다음 장면으로 넘어간다. 거꾸로 영화 속의 내가 완전히 느껴주지 않은 영화 장면은 영화의 주인인 영화 밖의 창조주가 몇 번이고 재연시켜서라도 되돌려볼 수밖에 없다. 그렇지 않으면 영화 속에 갇힌 나는 영화를 영영 벗어나지 못한 채 고통스러운 자아로 살아가기 때문이다.

영화 속의 나는 다른 등장인물들과 서로 버리고 버림받고, 뺏고 뺏기고, 무시하고 무시당하고, 속고 속이고, 공격하고 공격받는 놀이를 한다. 놀이를 하는 동안 사랑과 미움, 기쁨과 슬픔, 행복과 불행, 희망과 절망 등 짝이 되는 감정들이 번갈아가며 오르내린다. 내가 건드리지만 않으면 오르내림이 자유롭다.

그런데 긍정과 부정은 어느 순간에 반대쪽으로 전환되는 걸까? 긍정과 부정이 서로 만나 합쳐져 제로(0)가 되는 순간이다. 즉, 텅 빈 마음이 되는 순간 부정은 긍정으로, 긍정은 부정으로 전환된다. 왜 그럴까?

인생 영화 속의 내가 사랑의 단절을 느끼는 순간 두려움이 올라온다. 두려움으로부터 슬픔, 수치심, 불행감, 우울함, 무력감 등 부정적 감정들이 생긴다. 내가 이 부정적 감정들을 억누르지 않고 완전히 느껴주면 창조주인 텅 빈 마음 속에서 무조건적인 사랑이 흘러나온다.

무조건적인 사랑은 부정적 감정들을 무조건적으로 받아들인다. 자연히 사랑의 단절로 생긴 부정적 감정들은 무조건적인 사랑인 텅 빈 마음 속으로 완전히 사라진다. 그럼 무조건적인 사랑 속에서 기쁨, 환희심, 자존감, 행복감, 우월감, 자신감 등 긍정적 감정들이 저절로 흘러나온다. 무조건적인 사랑 속에서는 긍정과 부정이 자유로이 전환되는 것이다.

하지만 내가 부정을 억누르고 있으면 긍정과 부정이 자유로이 오르내리지 못하기 때문에 긍정으로 전환되지 못한 채 몸에 계속 쌓이게 된다. 긍정과 부정은 인생 영화 속에서나 일시적으로 존재하는 놀이의 도구들이다. '영화 속의 나'와 '영화 밖의 나'는 늘 하나라는 사실을 자각하고 살아가면 나 스스로 만든 놀이 도구들을 진짜로 착각해 억눌러버리지 않는다.

부정적 감정들은 완전히 느껴주기만 하면 부정적 상황에 깊이 빠져버리지 않고 긍정적 상황으로 물 흐르듯 순리대로 전환된다. 느껴주지 않고 억눌러버리기 때문에 부정적 감정들이 점점 더 거세져 고통도 깊어지는 것이다. 음양 감정들을 건드리지 않고 완전히 느껴주기만 하면 마치 부드럽게 오르내리는 롤러코스터처럼 인생 영화는 평화롭고 즐겁게 오르내린다. 긍정적 감정들은 즐거움을 주고, 부정적 감정들은 위험을 막아준다.

무의식에 억눌린 부정적 감정들을 이른바 긍정 확언, 긍정 마인드, 마인드컨트롤, 명상음악 등으로 덮어버리면 어떻게 될까? 부정적 감정들이 일시적으로 가라앉으면서 잠시 위안을 얻고 평화로울 수는 있다. 하지만 긍정을 붙잡으려 들거나 강요하다 보면 짝이 되는 부정은 무의식에 억눌려버린다. 무의식에 억눌린 부정적 감정들은 인격화된 에너지로 몸에 정체돼 있다가 끊임없이 다시 올라온다.

몸에 오랫동안 정체돼온 에너지는 반드시 몸으로 느껴주어야만 빠져나간다. 그렇지 않으면 점점 물질화되면서 온갖 질병과 고통스러운 현실로 나타난다. 몸에 정체된 에너지가 몸을 통해 빠져나갈 땐 하품, 방귀, 두드러기, 눈물, 코피, 물집, 몸살, 몸의 진동, 통증 등 뚜렷한 몸 반응이 반드시 일어난다. 이런 몸 반응은 때로는 수년간 생겼다 사라졌다를 반복할 수도 있다.

몸에 아무 반응도 일어나지 않는다면 여전히 몸속에 정체돼 있다는 뜻이다. 수천 년간 대대로 몸을 통해 대물림돼온 에너지가 몸을 통해 빠져나가는데 몸에 아무 반응도 일어나지 않을 리 만

무하다.

저는 40대 중반의 나이에 남자를 만났습니다. 그런데 사귄 지 1년이 돼가면서 그가 저보고 뱃살을 빼라고 압박하기 시작했습니다. 그래서 저는 독하게 다이어트를 했는데도 오히려 살이 더 쪘습니다. 며칠 후 그를 다시 만나 얘기를 나눠보니 "건강을 위해서라도 소식해라" 등의 말을 계속했습니다. 제가 받아들이지 않고 화를 내니 그도 실망한 듯했습니다. 그가 제 외모와 성격을 공격하니 저도 그의 외모와 성격을 뜯어보게 됐고, 같이 살기 힘든 성격으로 느껴졌습니다. 그래서 한 달간 서로 연락을 끊고 마음을 정리해보기로 했습니다.
내가 버림받을 수도 있음을 받아들이니 남친을 안 만나도 마음이 편안했습니다. 열흘쯤 지나니 아무 눈치 보지 않고 가족들과 맛난 것 먹으면서 즐거운 시간을 보내는 게 무척 행복했습니다. 살이 찔 정도로 먹었는데도 도리어 빠졌습니다. 제가 제 몸을 받아들이지 않을 땐 살이 쪘는데, 제 몸을 있는 그대로 받아들이면서 살이 빠졌습니다.

'기필코 살을 빼야지' 하는 강한 집착으로 다이어트도 하고 운동을 하는데도 왜 살이 빠지지 않는 걸까? '남친한테 버림받으면 어떡하지?' 하는 두려움을 억눌러놓고 살을 빼려 들기 때문이다. 내 무의식 속에 억눌려 있는 '버림받은 나'가 두려움으로 살을 빼려 드니 살이 빠질 리 없다.

'버림받은 나'는 내 몸의 살을 빠지게 하는 게 아니라 오히려 살을 찌게 한다. 왜냐하면 살을 찌게 해야 나를 버림받도록 할 수 있기 때문이다. 게다가 자아는 내 몸집을 불려서 강해져야만 생존할 수 있다고 믿는다. 이렇게 자신의 존재를 인정받고 자신의 생존만을 생각하는 게 자아의 속성이다.

물론 아주 혹독한 집착으로 일시적으로 살을 뺄 수는 있다. 하지만 집착엔 부작용이 뒤따른다. 집착할수록 버림받은 두려움도 그만큼 강하게 억눌리기 때문이다. 두려움을 강하게 억눌러놓기 위해서는 많은 에너지가 소모된다. 또한, 억눌린 두려움이 몸과 마음에 큰 스트레스를 준다. 건강이 나빠질 수도 있다. 그렇게 힘들게 살을 빼고 나서 집착을 놓아버리면 어떻게 될까? 강한 집착으로 억눌렸던 강한 두려움이 다시 표면으로 올라와 또 살을 찌게 한다.

가장 좋은 방법은 현재의 내 몸을 볼 때 올라오는 두려움을 있는 그대로 받아들여 느껴주는 것이다. 그래야 두려움이 무의식에서 풀려나고, 나는 두려움의 눈이 아닌 텅 빈 마음인 관찰자의 눈으로 내 몸을 있는 그대로 바라보게 된다. 아무 평가나 판단도 하지 않는 관찰자의 눈은 내 몸이 뭘 필요로 하는지 알고 있다.

'내가 남친한테 버림받을 수도 있겠구나' 하고 버림받는 두려움을 느껴주면 두려움이 풀려난다. 그럼 남친을 안 만나도 버림받는 두려움이 올라오지 않는다. 이렇게 편안한 마음으로 살아가니 살도 저절로 빠졌다.

부정적 감정들은 느껴주면 사라지는 몸의 느낌이다

우주는 음/양, 플러스/마이너스 에너지로 창조된다. 여자는 남자를 빌려 생기고, 남자는 여자를 빌려 생긴다. 둘은 서로를 빌려 생긴 음양 에너지이기 때문에 남자는 여자에게 끌리고, 여자는 남자에게 끌린다. 서로 빌렸던 것들을 돌려주면 텅 비어버린다.

하지만 홀로그램 몸을 진짜 나로 착각하면 나는 홀로그램 영화 속에서 남자 몸이나 여자 몸이 되기 때문에 창조주의 무조건적인 사랑과는 분리된다. 자연히 시야는 영화 속의 현실로 국한되고, 눈에 보이는 이성으로부터 사랑받고자 하는 욕망에 집착하게 된다.

몸이 나라는 착각에서 깨어나지 않는 한 이 욕망은 사라지지 않는다. 이 욕망으로부터 모든 다른 욕망이 파생된다. 남자든 여자든 이성으로부터 사랑받기 위한 열정으로 일도 하고, 공부도 하고, 외모도 가꾼다.

이 열정은 사람들한테 인정받고자 하는 욕망으로 이어진다. 사랑받고자 하는 욕망이 커질수록 사랑받지 못할까 하는 두려움, 즉 버림받지 않을까 하는 두려움도 커진다. 그래서 두려움이 큰 사람일수록 집착도 커진다.

이 모든 감정은 실제로 존재하는 걸까? 감정은 인생 영화 속에서나 존재하는 놀이의 도구들이다. 내가 몸을 갖고 영화 속에 들어와야만 몸으로 느낄 수 있는 환영이다.

내 마음에 쏙 드는 이성을 만나면 나도 모르게 '좋다'라는 느낌이 몸에서 일어난다. 그 느낌이 너무나 좋기 때문에 그 느낌을 붙잡기 위해 이성인 '너'를 자꾸 만나고 싶어진다. 하지만 이성인

'너'는 실제로 존재할까? '너'는 '나'를 빌려 생기고, '나'는 '너'를 빌려 생긴다. 서로가 서로를 빌려 생기기 때문에 생각으로만 존재한다.

그런데도 왜 눈에 보일까? 내가 너를 바라볼 때 너는 보이지만 나는 보이지 않는다. 내가 나를 바라볼 때 나는 보이지만 너는 보이지 않는다. 즉, 너와 나는 실제로는 존재하지 않는 홀로그램 영화 속의 평면 홀로그램이다. 따라서 내 맘에 쏙 드는 이성인 '너'가 너무나 좋다는 느낌은 홀로그램인 '너'한테서 나오는 게 아니라, 내 몸에서 일어나는 반응이다. 하지만 몸에서 좋다는 반응이 일어나면 나는 그게 너 때문에 생기는 거라 착각해 너를 붙잡고 싶어한다. 사실은 내 몸에서 일어나는 '좋다'는 느낌을 붙잡고 싶어할 뿐이다.

내 몸도 역시 '나'라는 생각이다. 내가 '나'라는 생각을 붙드는 순간 '나'는 감정들을 느낄 수 있는 물질화된 몸이 된다. 자연히 '좋다'라는 느낌을 가진 생각을 함께 붙들고 있으면 나는 '좋다'라는 몸의 느낌을 붙잡고 싶은 집착에서 벗어나기 어렵다.

만일 내가 상대와 포옹하며 깊은 사랑을 느끼고 있다면? 사랑이라는 느낌은 상대한테서 나오는 걸까? 아니다. '난 사랑받는다'는 생각이 내 몸에 일으키는 느낌이다. 나는 상대를 더 오래 붙잡고 싶어한다고 생각하지만, 사실은 사랑받는 내 몸의 좋은 느낌을 오래 붙잡고 싶어하는 것이다. 이렇게 '난 사랑받는다'는 몸의 느낌을 좋다고 붙잡으려 들면 '난 사랑받지 못한다'는 몸의 느낌은 나도 모르게 싫다고 억눌러버리게 된다. 즉, 좋은 감정들은 붙

155

잡으려 들고 싫은 감정들은 몸에 억눌러버리게 된다.

몸에 오래 억눌린 싫은 감정들, 즉 부정적 감정들은 정체된 에너지로 응어리지면서 몸의 질병 등 부정적 현실로 물질화된다. 현실을 진짜라고 착각하기 때문에 일어나는 고통이다. 모든 감정은 몸을 나와 동일시하며 살아가는 인생 영화 속에서만 존재하는 인생 놀이의 장난감들이다.

몸을 벗어나 영화 밖의 나인 텅 빈 마음으로 돌아가면 어떤 감정들도 느끼지 못한다. 그래서 텅 빈 마음인 창조주는 몸을 빌려 감정들을 느껴보는 것이다. 하지만 인생 영화 속의 괴로운 장면들을 진짜라고 착각해 무의식에 억눌러버리면 이 괴로운 장면들은 나를 넘어 후손들에게도 대물림된다.

롤러코스터를 타고 공포를 즐기는 건 롤러코스터가 놀이기구임을 알고 타기 때문이다. 인생 영화도 내 마음속에서 펼쳐지는 놀이임을 알고 살아가면, 영화가 펼쳐질 때마다 순간순간 올라오는 온갖 감정들도 억누르지 않고 즐길 수 있게 된다.

부정적 감정들은 인생 영화가 가짜임을 깨닫도록 하기 위해서도 필수적인 감정들이다. 부정적 감정들이 없으면 나는 어떤 고통도 느끼지 못하게 된다. 그럼 나는 영화 속에서 영원히 벗어나지 못한다. 부정적 감정들을 느낄 수 있어야만 나는 고통을 벗어나고자 무조건적인 근원의 사랑을 찾게 된다.

부정적 감정들은 창조주가 나로 하여금 무조건적인 사랑으로 돌아오도록 내게 보내주는 사랑과 치유의 손길이자 위험경보이다. 이 신호를 외면하면 무조건적인 사랑을 찾아가는 여정은 너무나 두렵고 고달프고 외롭고 지친다. 거꾸로 이 신호를 감사와 기쁨으로 받아들이면 그 여정은 한 걸음 한 걸음이 선물이자 축복이 된다.

풀려난 감정들은 소원을 이뤄주는 천사가 된다

저는 50대 초반의 초등학교 4학년 담임교사입니다. 한 남학생이 폭력적이어서 친구들을 때리고 가끔 "살인자, 죽여" 등의 말도 합니다. 친구들 간에 폭력이 일어나면 교사는 각 가정에 연락을 해야 합니다. 저는 부모에게 때리면 안 된다고 말을 하는데, 그 학생의 아빠는 자신도 맞고 자랐는데 괜찮다며 때리라고 합니다.

그 아이는 머리도 좋고 힘도 센데 교사의 지시에 따르지 않고, 반항하고, 침을 뱉고, 수업을 방해하고, 친구들을 부추겨 교실 분위기를 망쳐놓습니다. 저는 그 학생만 보면 가슴이 두근거리고 입에 침이 마르고 몸이 후들후들 떨립니다. 어제는 정신과에 가서 약을 처방받아 왔습니다. 이렇게 생활하다가는 병에 걸릴까 봐 두렵습니다. 차라리 명예퇴직을 신청해야 할지, 아니면 어떻게든 이 감정들을 정화해야만 하는 건지 모르겠습니다.

최근 며칠간 그 학생이 체험학습을 하느라 나오지 않았는데, 교실은 쥐 죽은 듯 조용하고, 학생들이 질서에 따라 생활하고, 열심히 공부하는 모습에 깜짝 놀랐습니다. 그 학생이 다시 학교에 나오자 교실은 다시 엉망이 됐고, 제 마음도 다시 지옥이었습니다. 그 학생은 왜 제 눈앞에 나타난 걸까요?

지금 상황은 교사와 학생 간의 정상적인 상황일까? 학생이 친구들을 때리고 수업을 방해하는 걸 보면 교사는 당연히 혼낼 수 있어야 한다.

내 무의식 속엔 수많은 '나'들이 들어 있다. 교사인 나, 엄마인 나, 아내인 나, 우월한 나, 열등한 나, 유능한 나, 무능한 나…. 이 수많은 '나'들 가운데 내가 그 존재를 인정해준 '나'들, 즉 무의식에서 풀려나 창조주인 텅 빈 마음으로 돌아간 '나'들은 각기 나를 도와주는 천사 역할을 한다.

어떻게 나를 도와줄까? 예컨대 내가 학생들 앞에서 교사 역할을 할 땐 '교사인 나'가 의식의 표면으로 올라와 교사 역할을 잘하도록 도와준다. 집에 돌아가 아이들 앞에서는 '엄마인 나'가 의식의 표면으로 올라와 사랑스럽고 포근한 엄마 역할을 잘하도록 해준다. 교장 앞에서는 '열등한 나'가 올라와 교장이 우월감을 느낄 수 있도록 배려해준다. 업무를 처리할 땐 '유능한 나'가 올라와 어려운 업무도 척척 처리할 수 있도록 해준다. 이처럼 무의식에서 풀려난 '나'들은 내가 처한 상황에 맞게 나를 도와준다.

그런데 나는 지금 왜 고통에 빠져 있는가? 학생들 앞에선 '교사인 나'가 올라와야 한다. 그런데 그 문제 남학생만 보면 가슴이 두근거리고 몸이 후들후들 떨리고, 정신과 약을 처방받아야 할 정도로 두려움이 올라온다. '교사인 나'가 올라와야 할 상황인데 두려움에 떠는 '버림받은 여자아이'가 올라오는 것이다.

그럼 그 남학생은 교사인 나를 어떻게 바라볼까? 나를 교사로 바라보지 않고, '버림받은 여자아이'로 바라본다. 그래서 내 앞에서 맘 놓고 친구들을 때리고 교사인 나를 무시하는 것이다. 그렇다면 내 무의식 속엔 언제 '버림받은 여자아이'가 억눌리게 됐던 걸까?

아버지는 제가 태어났을 때 딸이라는 소리를 듣고 술을 드시고 대자로 벌렁 드러누우셨다고 합니다. 그래서인지 제가 중학교 다닐 땐 남자처럼 허리에 손을 얹고 사진 찍는 걸 좋아했던 기억이 납니다. 또 고등학교 작문 시간엔 제가 무남독녀 외동딸인데도 아버지가 아무것도 기대하지 않아 슬프다는 글을 쓰기도 했습니다.

그리고 다섯 살 전까지 어머니는 몸이 힘들고 고달픈 삶을 살아서 신경질과 짜증을 많이 내셨던 것 같습니다. 제가 어렸을 때 어머니가 따뜻하게 품어주지 않아 가슴이 시리도록 외로웠던 기억이 납니다. 다섯 살 때쯤엔 동네 오빠에게 성폭행도 당했습니다.

저는 위가 안 좋아 인스턴트 식품 등을 먹으면 속이 아픕니다. 또 갱년기 증세가 12년 정도 지속되고 있는데 없어질 기미를 보이지 않습니다. 갑자기 열이 나고, 등이 후끈후끈거리고, 심할 경우 땀도 흠뻑 흘립니다.

내가 태어났을 때 나는 아버지한테 여자인 내 존재를 환영받기는커녕 공격당하고 무시당했다고 느꼈다. 여자를 무시하는 아버지와 함께 살던 어머니도 고달픈 삶을 살았다. 공격당하고 무시당할까 봐 두려움에 떠는 '버림받은 여자아이'가 내 무의식에 억눌리게 된 것이다.

이 여자아이는 어떤 현실을 창조하며 살아갈까? 남자들한테 공격당하고 무시당하는 현실을 창조하며 살아간다. 그래서 다섯 살땐 동네 남자한테 성폭행을 당하기도 했고, 지금은 내가 가르치는 남학생한테 무시당하기도 한다. 여자인 내 존재에 대한 수치심이 억눌려 있다 보니 12년이 지나도 갱년기 증세가 사라지지 않고 있다. 내 존재를 수치스럽게 느끼는 '버림받은 여자아이'의 아픔이 몸의 아픔으로 물질화돼 올라온 것이다.

이런 고통에서 벗어나는 길은 '버림받은 여자아이'로 살아가는 두려움을 느껴주는 것이다. 그럼 '버림받은 여자아이'가 무의식에서 풀려나면서 짝이 되는 '사랑받는 여자아이'도 함께 풀려난다. 이 짝이 되는 자아들이 풀려나 합쳐지면서 텅 빈 하나의 마음으로 돌아간다.

나는 왜 '난 버림받는다'는 생각을 억눌러 '버림받는 여자아이'가 돼버렸던가? 짝이 되는 '난 사랑받는다'는 생각을 붙들고 싶어서였다. 사랑받지 못한다고 느끼는 순간 짝이 되는 '난 버림받는다'는 생각을 두려움과 수치심으로 나도 모르게 무의식에 억눌러버렸다. 그래서 나는 무의식에 갇혀버린 '버림받는 어린아이'가 돼버렸던 것이다.

이 자아가 나로 살아가면서 두렵고 수치스러운, 버림받는 현실을 창조한다. 하지만 무의식에서 풀려나면, 짝이 되는 '사랑받는 나'와 다시 합쳐져 텅 빈 마음으로 돌아간다.

텅 빈 마음으로 돌아간 부정적 감정들은 어떤 역할을 할까? 부정적 상황을 막아주는 본연의 역할, 즉 위험경보 임무를 완벽하게 수행하게 된다. 그래서 내가 원래 원하던 '사랑받는 나'로 살아가도록 해준다. 내 존재가 '버림받는 나'에서 창조주인 텅 빈 마음이 돼버렸기 때문에 내가 생각하는 것이 고스란히 현실로 나타나게 되는 것이다. 이것이 수천 년 전부터 전해져 내려오고 있는 가르침인 진공묘유眞空妙有이다. 책 후반부에 구독자들의 사례들이 자세히 묘사돼 있다.

저는 교사로 일하면서 과거 두 차례나 유산한 경험이 있습니다. 그래서 다시 임신을 확인한 뒤엔 곧바로 휴직계를 낸 뒤 집에서 쉬다가 피검사를 받아보았습니다. 의사는 갑상선 수치가 조금 높다고 한 번 더 피검사를 하자고 해놓고 아무런 조치를 하지 않았습니다. 그래서 저는 그냥 괜찮은가 보다 하고 있었는데 다음 주에 가보니 유산이 되어 있었습니다. 임신 8주 차였습니다. 만일 병원에서 피검사 후 약물 처방을 해줬더라면 유산이 되지 않았을 텐데 하는 생각에 억울함과 분노가 강하게 올라옵니다.

내가 고대하던 아기가 세 차례나 유산됐다면? 지나간 상황들을 되돌아볼 때 내 마음속에서는 어마어마한 아픔이 올라온다. 무슨 아픔인가? '버림받은 나'가 느끼는 죽음의 공포가 억눌려 생긴 아픔이다. 내 무의식 속에 죽음의 공포에 떠는 '버림받은 나'가 억눌려 있다가 자신의 아픔을 이해받기 위해 물질화된 아픔을 창조한 것이다. 이 물질화된 아픔이 바로 유산이다. 내가 유산의 아픔을 억누르지 않고 완전히 느껴줘야 또다시 물질화된 아픔으로 올라오지 않는다.

하지만 '버림받은 나'는 오로지 버림받지 않기 위한 일념으로 아기를 낳는 데 집착한다. 아기를 낳으면 사랑받을 수 있다고 믿기 때문이다. 집착이 심해지면 살기가 된다. 죽여서라도 사랑받고 말겠다는 집착이다. 이 살기가 세 차례나 태아를 유산시킨 것이다. 이 사실을 알아차리면 그동안의 집착이 한꺼번에 떨어져 나가기도 한다.

선생님의 답장을 읽고 제가 시댁으로부터 사랑받고 싶어 아이에 집착하고 있었다는 걸 알았습니다. 그리고 그동안의 제 모든 행동도 이해되기 시작했습니다. 남한테 거절 못하는 것, 착한 여자로 살아온 것, 다른 사람에게 싫은 소리 한마디도 못하는 것 등 저의 이 모든 행동이 사랑받고 싶어서였구나 하고 받아들여졌습니다. 그리고 평소처럼 저녁을 먹고 양치를 하다가 문득 '이 모든 사람이 내가 사랑받고 싶어하는 걸 깨닫도록 나를 위해 인생 연기를 하고 있었구나' 하고 머리가 아닌 가슴으로 알게 됐습니다.

제가 유산한 뒤 원망했던 병원 의사들과 전에 직장에서 저를 괴롭혔던 사람들을 떠올렸는데… 어??? 이상하다… 억울하고 분한 감정은 전혀 느껴지지 않았습니다(글로 표현하니 이렇게 표현을 할 수밖에 없네요). 그래서 제가 깊게 상처받은 기억을 한번 떠올려 봤어요. 시아버지가 저한테 "애 못 낳는 년"이라고 하는 말을 듣고 정신적인 충격이 너무 컸고, 엄청난 분노와 수치심이 일어났어요. 그런 시아버지를 두둔하는 시어머니도 어처구니가 없었고요.

그런데 이 글을 적고 있는 와중에도 아무런 감정이 일어나지 않네요. 마치 남의 일 이야기 하는 것 같은 느낌??? 내가 겪은 일이 아니라 다른 사람이 겪은 일을 글로 쓰는 기분…? 그런 느낌이에요!!! 다른 사람들한테 상처받은 기억을 하나씩 꺼내어봐도… 분노나 억울한 감정이 같이 떠오르지 않아요! 너무 신기합니다!!!!

그러고는 치유되는 느낌을 그날 저녁에 느꼈었는데 가슴 정중앙 가운데가 스륵스륵 돌아가면서 시원해지더니…(상처를 크게 받았을 때는 이 부분에 확 칼에 꽂히는 느낌이었는데, 그 부분이 시원해지기 시작했습니다) 한참 동안 시원한 느낌이 들면서 아랫배도 편안해졌습니다. 그래서 그동안의 그 깊은 상처들이 전부 치유됐다는 걸 알게 됐습니다~!!! (이건 제가 그 사람들을 용서하거나 그런 게 아니에요. 그냥 흘러갔다는 표현이 맞는 것 같아요!!!!) 그냥 사라졌어요!!!!! 너무 신기합니다!

인생 영화를 진짜라고 착각하면 나는 영화 속의 등장인물들로부터 사랑받고 싶어하게 된다. 하지만 내가 찾는 무조건적이고 영원한 사랑은 영화 밖에 있다. 내가 영화 속에 들어와 잠시 몸을 갖고 살아가는 이유는 그것이 고통을 통해 무조건적인 사랑으로 돌아가기 위한 여정이기 때문이다. 이 사실을 망각하면 나를 괴롭히는 영화 속의 등장인물들을 원망하게 된다.

하지만 부정적 감정들이 풀려나가고 나면, 나를 괴롭힌다고 생각했던 사람들이 사실은 나를 도와주는 천사이자 거울 역할을 했었다는 걸 스스로 알게 된다. 부정적이건 긍정적이건 모든 감정을 '좋다/싫다' 분별하지 않고 무조건 받아들여 느껴주고 살아가면, 내가 원하는 무조건적인 사랑은 스스로 나타난다.

긍정적인 감정들은 즐거움을 주고, 부정적 감정들은 위험을 감지해줘 나로 하여금 늘 무조건적인 사랑 속에 살아가도록 해준다. 나도 모르게 억눌러버리곤 하는 부정적 감정들이 사실은 창조주가 내게 보내주는 사랑의 천사들인 것이다.

경보 신호가 억눌려 있으면 시도 때도 없이 울려댄다

가게를 운영하는 남편이 생활비가 모자라 평일 밤과 주말에 알바를 하겠답니다. 제가 힘이 좋으면 당연히 알바를 하겠지만, 복부 수술을 한 후에는 이상하게 겁이 너무 많아져서 일하는 것도 겁나고 뭐든지 다 겁이 나요.

암튼 본론은 두려움이 너무 많아져서 제가 임신하면 죽을 수도 있을 것 같아요. 제가 수술을 받고 나서 1년 정도 부부관계가 없는데, 남편이 외부에서 알바를 한다고 하니 혹시 바람피우지 않을까 너무 겁이 나서 심장이 늘 두근댑니다.

저희 외할머니는 외할아버지가 바람피워서 눈 뜨고 집을 뺏기고 우울증으로 돌아가셨고, 저희 엄마는 여섯 살 때부터 불 때워 밥을 하고 새엄마한테 맞으며 자랐어요. 왜 이렇게 두려울까요?

남편이 실제로 바람을 피우는 두려운 상황이 내 눈앞에 펼쳐졌을 때 두려움을 느끼는 건 정상적인 반응이다. 위험경보인 두려움을 느낄 수 있어야 두려운 상황을 감지해 대응할 수 있기 때문이다.

하지만 두려운 상황이 실제로 펼쳐진 것도 아닌데 시도 때도 없이 두려움이 자꾸 올라오는 이유는 뭘까? 현재 상황과는 관계없는 먼 과거의 위험 상황에 대한 경보가 무의식에 억눌려 있기 때문이다. 외할아버지한테 버림받은 외할머니의 두려움, 외할머니한테 버림받은 엄마의 두려움이 죄다 나한테 대물림됐다. 그래서 남편이 주말에 알바를 하겠다는 말만 들어도 시도 때도 없이 두려움이 올라오는 것이다.

남편은 오래전에 내 무의식 속에 억눌린 두려움을 공명시켜 올라오게 해주는 거울 역할만 할 뿐이다. 이 사실을 이해해야 두려움을 남편한테 투사하지 않고 내 두려움으로 받아들여 느껴주게 된다.

저는 남편의 외도로 이혼을 한 뒤 아이들은 아빠가 키우는데, 둘째는 아무리 전화를 해도 안 받고, 첫째는 학교도 안 가고 집에서 빈둥대며 지내고 있습니다. 아이들 아빠는 무관심합니다. 저는 정말 아무것도 안 보고 싶고, 셋 다 죽어버렸으면 좋겠어요. 어떻게 해야 아이들이 바뀔까요?

내 마음은 왜 이처럼 도저히 견딜 수 없을 만큼 아픈 걸까? 내가 낳은 아이들이 잘못될까 봐 너무나 두려운데, 내가 할 수 있는 게 아무것도 없기 때문이다. 아이들이 저렇게 살다가는 세상으로부터 버림받을 게 뻔하다. 그런 비참한 모습을 보게 되느니 차라리 아이들이 아예 내 눈에 안 보이거나 죽어버렸으면 좋겠다는 생각마저 든다.

'몸이 나다'라는 생각을 나와 동일시하면 나는 몸이 된다. '난 빵을 먹는다'는 생각을 나와 동일시하면 나는 빵을 먹는다. '난 책을 본다'라는 생각을 나와 동일시하면 나는 책을 본다. '난 두렵다'는 생각을 나와 동일시하면 나는 두려움이 된다. 두려움 덩어리가 된 나는 아이들을 위해 뭘 할 수 있을까? 두려움을 꾹꾹 짓눌러놓고 벌벌 떠는 것뿐이다.

두려움은 인생 영화 밖에서 영화 속의 상황을 지켜보는 전지전능한 창조주가 보내주는 위험경보이기 때문에 느껴주면 사라진다. 두려움이 사라지면, 두려움이 창조하는 두려운 상황은 두렵지 않은 상황으로 전환된다.

제 오빠는 조현병 전 단계를 진단받고, 끓어오르는 감정을 주체하지 못할 때가 많습니다. 폭력성도 있어서 너무나 두렵습니다. 오늘도 음악을 너무 크게 틀어놓고 헉헉거리기에 노크를 했더니 왜 방해하느냐며 갖은 욕설을 퍼붓고, 제 얼굴을 때리고 핸드폰과 노트북을 집어던졌습니다. 너무 무서워 부모님께 전화를 걸었지만 남의 일처럼 대수롭지 않게 반응했습니다.

오늘 상황도 제 탓이라고 하는 엄마한테 심한 분노와 배신감을 느꼈습니다. 제가 피해자인데 억울하고 화가 나서 소리를 지르고 욕을 했습니다. 도대체 가족들은 저한테 왜 이러는 걸까요?

내 눈앞에 생생하게 펼쳐졌던 두려운 상황은 이미 지나갔다. 그 상황을 되돌아보면 어디서 떠오르는가? 내 마음속에서 떠오른다. 왜 내 마음속에서 떠오를까? 나와 동일시하는 생각이 펼쳐내는 가짜 상황이기 때문이다. 그래서 이미 지나간 상황은 더 이상 육안에 보이지도 않고, 손으로 만져지지도 않는다.

이미 지나간 상황이 가짜라면 그 상황의 연속인 지금 상황은 가짜가 아닐까? 지금 상황도 역시 가짜다. 지금의 두려운 상황이 가짜라면 가짜 상황을 볼 때 올라오는 두려움은 진짜일까? 두려움도 역시 가짜다.

두려움은 두려운 상황을 감지해주는 위험경보일 뿐이다. 내가 두려움을 나와 동일시해 무의식에 억눌러 붙들고 있기 때문에 두려운 상황이 자꾸 되풀이되는 것이다.

두려움이 너무 억눌리면 조현병이 된다. 조현병인 오빠의 모습은 내 무의식에 억눌려 있는 두려움을 거울처럼 보여준다. 내 눈 앞에 펼쳐지는 두려운 상황과 두려움이 가짜임을 알면 억누르지 않고 텅 빈 마음으로 느껴주게 된다. 두려운 상황을 볼 때 올라오는 두려움은 느껴줄 때마다 점점 약화된다. 그러다가 나중엔 완전히 사라진다. 두려움이 사라지면 두려움이 창조하는 두려운 상황도 사라진다.

부정적 감정들을
느껴주려면?

몸을 나와 동일시하면 '좋다/싫다'는 느낌에 휘둘린다

30대 후반인 제 아들은 힘든 직장생활의 스트레스를 먹는 걸로 풀고 있습니다. 반찬이 시원치 않으면 배달 음식을 시켜 먹고 술도 좋아합니다. 배가 불러도 끊임없이 먹고 싶다고 합니다. 밤에는 편의점에서 빵을 사다 먹기도 합니다. 몸무게가 많이 나가 성인병이 있고, 머리털도 많이 빠졌습니다. 화장실에 갈 때도 핸드폰을 들고 갈 만큼 핸드폰에 중독돼 있습니다. 설거지나 청소, 빨래 등 집안일엔 손가락 하나 까딱도 하지 않습니다.

이성과 만나고 싶어하지만 외모가 그래서 아직 여자친구도 없습니다. 거울 앞에서 차라리 죽어버리라고 소리도 질러보고, 임신한 후 한때 지워버리고 싶었던 마음을 토해내며 아들의 공포심도 느껴주었지만 불쌍한 마음이 올라올 뿐 변화가 없습니다.

제 카르마가 해소되면 아들도 이 어려운 현실을 이겨나갈 수 있을까요?

아들은 왜 끊임없이 먹는 걸까? 맘껏 먹을 때 몸은 좋다는 느낌, 즉 사랑받는 느낌을 맛볼 수 있기 때문이다. 하지만 그 느낌은 음식을 먹고 나면 사라진다. 그래서 또 먹어야 한다. 사랑받는 느낌을 지속적으로 맛보려면 지속적으로 먹어야 한다. 이렇게 먹어대면 점점 살이 찐다. 건강에도 문제가 생긴다.

내 몸의 건강은 아랑곳하지 않고 이렇게 사랑받는 느낌을 붙잡으려 먹어대는 건 누구일까? 아들의 무의식 속에 억눌린 사랑받지 못한 어린아이, 즉 '버림받은 나'가 사랑받는 느낌을 붙잡기 위해 끊임없이 먹는 것이다.

내가 생각하는 대로 움직여주는 핸드폰도 사랑받는다는 느낌을 준다. 하지만 그 느낌도 핸드폰을 안 하면 사라진다. 그래서 또 해야 한다. 그러다 보니 화장실에 갈 때도 핸드폰을 들고 가야 한다. 사랑받는 느낌을 붙잡기 위해 끊임없이 핸드폰을 하고 있는 건 누구일까? 역시 '버림받은 나'이다.

하지만 '버림받은 나'는 설거지나 청소, 빨래 등 집안일은 하기 싫어한다. 왜 싫어할까? '버림받은 나'는 대략 5세 이전에 무의식에 각인된 아기다. 아기는 무조건 사랑받기만 바랄 뿐 힘든 일은 싫어한다. 또, 자신이 버림받았다는 사실이 수치스럽고 열등하게 느껴진다. 자연히 힘든 일을 할 땐 무의식에 억눌린 버림받은 아기의 수치심과 굴욕감, 열등감이 올라온다. 그래서 안 한다. 아기처럼 오로지 사랑받는 느낌만 붙잡고 싶어한다. 이렇게 사랑받는다는 느낌을 붙잡으려 들수록 짝이 되는 사랑받지 못한다는 느낌, 버림받은 두려움은 무의식에 점점 더 깊이 억눌려버리게 된다.

'버림받은 나'는 버림받는 현실을 창조한다. 그래서 아들의 모습은 점점 사랑받지 못하는 모습으로 변해간다. 지나치게 살이 많이 찌고, 머리털도 많이 빠지고, 이성의 눈길을 끌지도 못하는 모습으로 바뀌어간다.

이렇게 살아가는 아들을 보면 엄마인 내 마음속에서도 두려움이 올라온다. 아들이 세상으로부터 버림받지 않을까 하는 두려움이다. 두려움과 함께 열등감과 수치심도 올라온다. 내 무의식에 억눌려 있던 감정들이 아들의 모습을 지켜보면서 표면의식으로 올라와 나를 자꾸 고통스럽게 하는 것이다. 아들의 못난 모습은 내 무의식 속에 억눌려 있는, 과거의 내 모습을 보여주는 거울임을 알 수 있다. 나 스스로는 내 무의식 속에 어떤 감정들이 억눌려 있는지 알 수 없기 때문에 나와 무의식을 공유하는 아들이 공명을 통해 내 감정들을 보여주는 것이다.

나는 아들의 못난 모습을 보면 왜 차라리 죽여버리고 싶은 마음이 드는 걸까? 아들을 너무나 사랑하기 때문이다. 그렇지 않다면 아들이 세상으로부터 버림받든, 건강에 이상이 생기든, 죽여버리고 싶다는 생각은 들지 않는다. 죽여버리고 싶다는 생각과 살리고 싶다는 생각은 서로 짝이 되는 생각이다. 세상으로부터 버림받은 모습으로 살아가는 아들을 어떻게든 살리고 싶은데, 내가 할 수 있는 건 아무것도 없으니 너무나 마음이 아파 차라리 죽여버리고 싶은 생각이 드는 것이다.

사랑하지 않으면 아프지 않다. 그래서 자식을 낳은 부모들은 늘 아픔 속에서 살아간다. 조상들도 역시 그 아픔 속에서 살았다. 무의식 속에 아픔을 억눌러놓은 채 자식들을 낳으니 그 아픔이 대대손손 대물림되는 것이다. 이처럼 몸을 나와 동일시하면 몸에서 일어나는 '좋다/싫다'는 느낌도 나와 동일시해 억눌러놓기 때문에 무의식에 억눌린 아픔에서 벗어날 길이 없다.

몸은 부정적 감정에 무조건 '싫다'고 반응한다

저는 아들을 바라는 집에서 늦둥이 막내딸로 태어나 여섯 살 때 엄마가 돌아가시고 힘겨운 삶을 살다가 별로 좋아하지도 않는 남편을 만나 결혼했습니다. 남편도 역시 아들을 바랐는데, 계획에도 없던 셋째 딸을 임신하면서 아이를 지울 생각도 여러 번 했습니다.

아이는 생후 한 달쯤부터 지금까지 줄곧 저를 지치게 해왔습니다. 끝없는 병치레와 심한 편식으로 밥도 잘 먹지 않고, 싫은 소리라도 한마디 하면 울고불고 난리를 피워 온 가족이 그 아이의 눈치를 보며 살고 있습니다. 학교에선 친구들과 어울리지 못해 전학시켜달라고 떼쓰고, 중학교 때는 결국 전학하게 됐지만 그곳에서도 왕따를 당해 지금까지 두통약을 먹고 있습니다. 대학을 졸업한 뒤 작은 기업체에 들어갔지만, 너무 힘들다고 온 가족에게 쉴 틈 없이 전화를 해 정말 죽고 싶습니다. 얼굴엔 심한 여드름까지 나서 외모에 대한 집착도 심합니다.

아들을 바라는 집에서 막내딸로 잉태되는 순간 나는 죽음의 공포에 휩싸인다. 환영받지 못하는 존재로 태어나는 게 너무나 무섭기 때문이다. 더구나 엄마도 일찍 세상을 떠났다. '나는 세상으로부터 완전히 버림받았구나' 하는 생각이 두려움과 함께 무의식에 각인된다.

버림받으면 내 존재가 수치스럽고 열등하고 하찮게 느껴진다. 그래서 별로 좋아하지도 않는 남편을 만나 결혼도 했다. '나 같은 게 감히 내가 원하는 남자를 만날 수 있겠어?'라는 생각이었다. 버림받은 두려움, 죽음의 공포, 내 존재에 대한 수치심 등 부정적 감정들이 올라오면 몸에 불쾌한 느낌이 일어난다. 그 순간 나는 이 감정들을 반사적으로 '싫다'로 분류해 무의식에 억눌러버린다.

무의식에 억눌린 감정들은 몸에 쌓이기 때문에 내가 낳은 딸아이에게 고스란히 대물림된다. 나 자신은 이 감정들을 잊고 살아왔지만, 사랑하는 딸아이가 버림받은 두려움으로 왕따를 당하고, 수치심으로 심한 여드름이 나고, 외모에 대한 열등감에 시달리는 걸 지켜보노라면 억눌러놓았던 부정적 감정들이 걷잡을 수 없이 올라온다.

이 모든 부정적 감정들은 올라올 때마다 완전히 느껴주면 부정적 상황들로 물질화되지 않는다. 하지만 몸을 나와 동일시하면 이 감정들이 몸에 일으키는 불쾌한 느낌도 나와 동일시해 '싫다'

고 억눌러버리게 된다.

내가 낳은 딸은 이렇게 억눌린 부정적 감정들을 느껴주도록 내 눈앞에 나타난 거울이다. 내가 무심코 억눌러버리는 부정적 감정들은 내가 느껴줄 때까지 끊임없이 부정적 현실로 물질화돼 내 눈앞에 펼쳐진다. 느껴줘야 사라지고, 부정적 현실도 긍정적 현실로 전환된다.

전 식당 알바를 하는데 사람들이 바로 앞에서 제가 일하는 모습을 지켜보면 너무나 큰 스트레스를 받습니다. '저 사람이 나를 지켜보고 있다'는 생각이 들면 몸이 굳고 식은땀도 납니다. 그래서 손님들이 오면 무척 긴장됩니다.
최근 단골 한 사람이 저를 빤히 쳐다보고 있었는데, 저는 왠지 그가 저를 비웃는 거 같다는 생각이 들었습니다. 그래서 그 사람만 오면 죽여버리고 싶어집니다.

어떤 사람이 나를 지켜보고 있다는 생각에 몸이 굳어지고 식은땀이 나는 이유는 뭘까? 현실은 내 무의식에 억눌린 과거의 아픔을 거울처럼 고스란히 보여준다. 만일 내가 엄마의 뱃속에 들어 있는데, 밖에서 부모가 "이 애는 딸일까, 아들일까? 아들이어야 할 텐데…" 하고 말한다면? 뱃속의 나는 죽음의 공포와 성적 수치심을 느끼면서 몸이 굳어지고 식은땀이 날 것이다.

다섯 살 이전엔 무의식이 활짝 열려 있다. 내 무의식엔 죽음의 공포와 수치심이 각인된다. 몸이 아무리 나이를 먹어도 무의식에 각인된 이 감정들은 내가 느껴주지 않는 한 그대로 저장돼 있다. 그래서 어른이 된 지금도 사람들이 나를 지켜보고 있다는 생각이 들면 공포와 수치심이 올라온다.

이런 감정들이 올라오면 몸엔 불쾌한 느낌이 일어나고, 몸은 반사적으로 '싫다'고 반응해 억눌러버린다. 더구나 내가 존경하거나 좋아하지도 않는 손님들에게 이런 감정들을 들키는 것은 수치심을 넘어 굴욕스럽게 느껴진다. 몸은 이 굴욕감도 역시 '싫다'고 억눌러버린다. 이렇게 억눌러놓은 감정들이 자꾸 올라오면 아예 그 감정들을 죽여버리고 싶어진다. 나는 죽여버리고 싶은 이 살기도 역시 '싫다'고 억눌러버린다.

나는 나를 빤히 쳐다보는 단골을 죽여버리고 싶은 게 아니다. 내가 '싫다'고 느껴 억눌러버린 내 감정들이 단골을 볼 때마다 자극받아 올라오니 이 감정들을 아예 죽여버리고 싶은 것이다. '아, 저 사람을 죽여버리고 싶은 게 아니었구나! 내가 내 감정들을 죽여버리고 싶었던 거였구나!' 하고 깨닫는 순간, 내 감정들을 들여다보고 느껴주게 된다.

제 어머니는 사사건건 자신의 잣대로 남들을 지적합니다. 외모, 행동, 말투, 예의, 소음 등 모든 것이 지적의 대상입니다. 그게 TV에 나오는 연예인이 될 수도 있고, 길에 지나다니는 사람들일 수도 있고, 카페에서 소란을 피우는 아이가 될 수도 있습니다. 저 자신이 지적의 대상이 될 때도 많습니다. 어머니가 생각하는 기준에서 조금만 어긋나면 잔소리가 따라붙습니다.

그걸 곁에서 남김없이 일일이 듣고 살아야 하는 게 너무나 힘이 듭니다. 남의 입장에 대해 이해를 시켜보기도 했고, 그냥 동의 해주기도 했고, 한 귀로 흘려듣기도 했고, 남에게 지적하는 모습을 영상으로 찍어 보여주기도 했습니다. 한 번은 제가 용기를 내 "그런 이야기는 듣기가 거북하고 힘들어요"라고 말해보았지만, 어머니는 "내가 이런 얘길 딸인 너한테 안 하면 누구한테 하니?"라며 오히려 화를 냈습니다.

어머니는 왜 상습적으로 지적질을 하는 걸까? 과거에 지적질을 많이 당하며 자랐기 때문이다. 지적질을 많이 당하면 지배당하는 열등감이 생긴다. 지배당하는 열등감이 무의식에 억눌려 있으면 나도 남을 지배하고 싶어진다. 그래야 지배하는 우월감으로 무의식의 열등감을 덮어버릴 수 있기 때문이다.

그렇다면 나는 어떨까? 어머니한테 지적질을 당할 때 심한 거부감이 올라오는 건 왜일까? 만일 내 무의식 속에 어머니처럼 지적질하고 싶은 충동이 억눌려 있지 않다면? 어머니가 나에게 지적질을 해도 심한 거부감이 올라오지 않을 것이다. 내가 만나는 모든 사람은 내 무의식을 보여준다. 나 스스로는 내 무의식에 어떤 감정들이 억눌려 있는지 모르기 때문에 공명하는 감정들을 가진 사람들이 나타나 나의 억눌린 감정들을 비춰준다.

내 무의식에도 어머니와 똑같은, 지배당한 열등감이 억눌려 있기 때문에 그것이 공명해 올라온다. 다만 내가 너무나도 꾹꾹 억눌러놓았기 때문에 낯설게 느껴질 뿐이다. 나는 어머니에게 심한 거부감을 느끼는 게 아니다. 내가 '싫다'고 거부해 내 무의식에 꾹 꾹 억눌러버린 열등감이 어머니 모습으로 다시 나타나니 거부감이 드는 것이다.

어머니가 지적질을 할 때마다 나도 어머니를 향해 "그러면 안 되는 거야! 그건 나쁜 짓이야!"라고 지적질하고 싶은 충동이 자꾸 올라온다. 그러면서 '난 무식한 어머니보다 나아'라는 우월감도 올라온다.

나는 어머니와 뭐가 다를까? 나는 어머니처럼 겉으로 드러내고 지적질을 하지 않을 뿐이다. 지적질했다간 어머니한테 버림받을까 봐 두렵기도 하다. 하지만 어머니는 지적질당한 열등감과 완전히 한 몸이 돼버렸다. 그래서 그게 수치스러운 짓이고 상처를 준다는 것조차 느끼지 못한다. 또, 딸인 나를 자신과 동일시하기 때문에 그렇게 상습적으로 지적질을 하면 나한테 버림받을지 모른다는 두려움도 전혀 느끼지 못한다.

이처럼 부정적 감정들을 너무 억눌러놓고 살면 이 감정들이 바로 나 자신이 돼버린다. 부정적 감정 덩어리들로 살아가는 어머니의 모습이 내 무의식에 억눌려 있는 내 모습이다. '아, 어머니의 저 모습이 바로 내 모습이구나!' 하고 받아들이지 않으면 나도 나중엔 어머니처럼 살아가게 된다.

감정이 몸에 일으키는 반응을 관찰하라

저는 보통 참지 않고 불편할 때마다 제 감정을 표현해왔는데 이 것도 잘한 것인가요? 제가 화를 낼 땐 문제가 항상 안 좋게 끝났 습니다. 이런데도 참지 말고 제 감정을 표현해야 하나요?

상대가 내게 화를 터뜨릴 때 왜 나도 덩달아 화가 날까? 만일 내 마음속에 화가 억눌려 있지 않다면 상대가 아무리 화를 터뜨 려도 화가 올라오지 않는다. 나도 덩달아 화가 나는 건 내 마음속 에 공명하는 화가 억눌려 있기 때문이다. 그래서 함께 널뛰기를 하게 된다.

하지만 널뛰기를 할 때 상대가 아무리 높이 뛰어올라도 내가 뛰어오르지 않으면 널뛰기는 곧 멈추게 된다. 모든 감정은 몸에 '좋다/싫다'는 느낌을 일으킨다. '좋다/싫다' 분별하지 않고 느껴 주면 무의식에 억눌리지 않는다. 하지만 좋은 감정들은 좋은 느 낌을 일으키니 붙잡으려 들고, 싫은 감정들은 싫은 느낌을 일으 키니 억누르게 된다.

감정들은 늘 짝을 이루기 때문에 어느 한쪽을 붙잡거나 억누 르면 양쪽이 동시에 무의식에 억눌린다. 이렇게 무의식에 억눌린 감정들은 점점 더 덩치가 커진다. 감정들도 에너지의 물결이기 때문이다. 짐승들을 우리에 가둬놓으면 점점 더 사나워지는 것과 마찬가지다.

어떤 사람이 호기심으로 도박을 해보고 나서 '거참 재밌네. 또 해볼까?' 하는 생각으로 또 도박한다면? 도박할 때마다 몸에 기분 좋은 느낌이 일어나면 그 느낌이 도박 때문에 생긴다고 착각하게 된다. 그래서 그 느낌을 붙잡기 위해 자꾸 도박하다 보면 어느새 도박꾼이 된다.

도둑질도 마찬가지다. 남의 것을 훔칠 때마다 몸에 기분 좋은 느낌이 일어나면 도둑질 때문에 좋은 느낌이 생긴다고 착각한다. 그래서 그 느낌을 붙잡기 위해 자꾸 도둑질하다 보면 나중엔 훔치지 않고는 못 견디게 된다.

몸에 일어나는 좋은 느낌을 붙잡고 싶어하는 욕망 이면엔 사랑받고 싶은 욕망이 억눌려 있다. 어릴 때 이 욕망이 사랑으로 채워지지 않으면 나중에 몸의 욕망으로 물질화된다. 그래서 중독적인 물질로 몸의 느낌을 채우려 드는 것이다.

내가 화를 표출시킬 때 나는 어떤 느낌을 얻고 싶어하는 걸까? 내가 강자가 된 느낌을 얻고 싶어한다. 홧김에 상대에게 폭언도 거침없이 쏟아붓고, 때리기도 하고, 물건을 때려 부수기도 하는 순간엔 마치 내가 정말 힘센 강자가 된 것 같은 우월감을 느낀다.

하지만 그건 일시적인 효과이다. 화를 내고 나면 화에 휘말려 짐승처럼 행동한 나 자신이 수치스럽고 열등하게 느껴진다. 상대도 속으로 나를 그런 존재라고 느껴 무시하게 된다. 그런데도 나는 왜 자꾸 화를 내게 되는 걸까? 내 무의식 속에 남한테 무시당하며 살아온 약자의 열등감이 억눌려 있기 때문이다. 즉, 무시당하는 약자의 열등감을 느끼는 게 무서워 화를 표출시켜 덮어버리는 것이다.

화를 표출시키는 순간엔 강자의 우월감을 느낄 수 있다. 그 느낌에 중독돼 자꾸 화를 표출시키다 보면 화는 점점 더 커진다. 화를 표출시키든, 표출시키지 않든 그건 자유다. 하지만 어떤 경우에든 내 무의식에 억눌려 있는 무시당한 약자의 열등감을 느껴주어야 한다. 그래야 열등감이 사라진다. 그럼 열등감을 덮어버리기 위해 화를 표출시키는 무의식적인 행위를 되풀이하지 않게 된다. 화를 꼭 내야 할 상황에서만 화를 낸다. 한 구독자의 사례다.

어제 저는 남자친구와 일 문제로 통화하다가 싸움이 붙었습니다. "이제 이 일을 그만두고 싶다"는 식으로 얘기하자 남친은 전처럼 흥분해 화를 내다가 나중엔 막말까지 쏟아 내더군요. 저도 너무 화가 나서 소리를 지르며 세 시간이 넘도록 서로 계속 다투었습니다.

그러다가 화날 때 올라오는 감정을 느껴주라는 말이 생각나 다투는 와중에도 '지금 화가 올라왔구나. 짜증이 올라왔구나' 하고 관찰하며 느껴주었어요. 약 20분 정도 그렇게 하고 있었는데, 남친이 30초 정도 갑자기 말이 없어지더니 "미안하다"고 사과하는 거 아니겠어요? "미안하다"고 말할 타이밍이 아니었거든요. 그래서 저도 "나도 화내서 미안하다"고 했더니 남친은 "진짜 너무 미안하다"고 말을 해서 '이게 뭐지?' 하는 생각이 스쳐 지나갔어요.

지난 8년간 만나면서 제가 울고불고해야 겨우 마지못해 "미안하다"고 하던 사람이 그러기에 너무 당황했어요. "진짜 미안하다"는 말은 들어본 적도 없었고요. 앞으로 이 일로 화를 내지 않겠다는 말까지 하기에 더욱 의외였습니다. 평소 일 문제로 다툴 때 남친은 절대로 "미안하다"는 말을 한 적이 없었고, 항상 화를 내고 욕을 하며 통화를 끊어버리는 식이었는데, 이번엔 진심으로 미안해한다는 게 느껴지더라고요.

그가 카톡으로 "맛있는 거 시켜줄까?" 하기에 "괜찮다. 잘 자"라고 이모티콘을 보냈더니 "그래. 항상 미안하다"고 했습니다. 평소 카톡을 보내도 읽고 답도 안 하던 사람의 입에서 어떻게 "항상 미안하다"는 말이 나오게 된 건지 신기했습니다.

남친과 말다툼 중인 와중에 내 무의식에서 올라오는 화를 느껴주면서 대화하면 왜 서로의 화가 가라앉았을까? 화를 억누르면 내가 화 덩어리가 돼버린다. 내가 화 덩어리가 되면 상대도 역시 화 덩어리가 돼버린다. 서로의 화가 공명해 증폭되면서 싸움은 점점 더 격렬해진다.

반면 화를 느껴주면 화가 내 몸에 어떤 반응을 일으키는지 지켜보게 된다. 화가 일으키는 느낌은 몸에서 일어나기 때문이다. 그럼 나는 화를 느끼는 몸이면서도 동시에 몸의 반응을 지켜보는 관찰자가 된다. 나는 화와 한 몸이 된 화 덩어리로 상대와 대화하는 게 아니라, 화를 지켜보는 관찰자로서 대화하게 된다. 그럼 상대도 역시 잠잠해진다.

왜? 손뼉은 두 손을 마주쳐야 소리가 난다. 한 손을 내려놓으면 다른 손은 혼자서 소리를 낼 수 없게 된다. 마찬가지로 내가 화로 반응하는 몸이 되지 않고, 화가 일으키는 내 몸의 느낌을 관찰하는 관찰자 모드가 되면 상대도 역시 관찰자 모드가 된다.

저는 유치원 때부터 불안감에 시달리며 살아왔습니다. 매일 학교 가는 게 두려웠고, 대학생 때는 몸을 바쁘게 해서 불안을 느낄 틈이 없었던 것 같습니다. 지난 4월부터 갑자기 미친 듯이 불안했습니다. 이러다 정말 죽겠다 싶었고, 진심으로 죽자고 다짐하여 유서까지 썼습니다.

그래서 일어나자마자 불안감이 올라오면 눈을 감고 몸과 가슴으로 감정의 파동을 집중적으로 느껴보았습니다. 저항이 올라오면 저항하는 느낌에 완전히 항복하고 티끌만큼도 안 바꾸고 그대로 느꼈습니다. 초반엔 갈비뼈 쪽이 너무 갑갑했고, 가슴을 콕콕 찌르는 것처럼 아팠습니다. 그래도 그 감정과 몸 반응에 머물며 느꼈습니다. 그러다가 온몸의 힘이 다 빠져버리고 항문 쪽에서 뭔가 빠져나가는 느낌이 연속적으로 들었습니다.

일주일간 아침마다 이렇게 했더니 제 삶이 정말 놀라울 정도로 가벼워졌습니다. 상사한테 지적을 당할 때도 두려움을 가슴으로 느껴줬더니 신기하게도 상사가 칭찬하며 업무량도 대폭 줄여주었습니다. 그러면서 '진짜 다 영화 속의 인물들이구나' 하는 앎이 찾아왔습니다.

또 감정을 느낄 땐 온몸과 마음을 완전히 내주는 게 정말 중요하다는 걸 알았습니다. 저항이 올라오면 있는 그대로 인정해주었습니다. 저는 지금 아주 어린 시절로 돌아간 것처럼 천진한 기분이 들고, 가족들과도 오랜만에 너무 즐거운 시간을 보냈습니다. 직장 일도 너무 막막했는데, 지금은 잘 해낼 수 있을 것 같다는 자신감이 차오릅니다. 가슴과 몸으로 감정을 느껴주면 정말 헤쳐 나가지 못할 일이 없겠구나 하는 생각도 듭니다.

유치원 때부터 극심한 두려움과 불안감에 시달리던 인생이 왜 갑자기 달라졌을까? 두려움에 대한 저항을 완전히 내려놓고 고스란히 느껴주었기 때문이다. 두려움에 저항하는 건 누구인가? 두려움은 몸에 싫은 반응을 일으킨다. 이렇게 반응하는 건 몸을 나와 동일시하는 나이다. 따라서 몸을 내려놓으면 몸의 반응에 휘둘리지 않고 두려움이 몸에 일으키는 반응, 즉 느낌을 거리를 두고 관찰하게 된다.

몸에 갇혀 있던 감정 에너지가 빠져나가기 시작하면 온몸이 심하게 아플 수 있다. 아프다고 포기하지 않고 관찰하다 보면 감정 에너지가 항문이나 코, 손바닥, 발바닥, 정수리 등을 통해 더 깊이 빠져나가면서 일시적으로 마치 온몸의 힘이 쭉 빠져버리는 것 같은 느낌이 일어나기도 한다. 그러고 나면 온몸이 가뿐해진다. 내가 헤쳐 나가지 못할 일이 없겠다는 자신감도 든다. 무의식에 억눌렸던 감정들의 지배를 벗어났기 때문이다.

요즘 남자친구가 전 여친을 잊지 못하고 있는 것 같은 흔적이 발견돼 마음이 아팠습니다. 평소에 저에게 잘해주고 상냥한 남친인데, 그 흔적을 발견한 이후로는 저에 대한 그의 모든 행동이 거짓처럼 느껴졌습니다. 그래서 "내가 버림받을까 봐 두려워하는구나", "나는 사랑받고 싶어"라고 되뇌었어요. 하지만 그 느낌은 사라지지 않아 걸으면 좀 나을까 싶어 미친 듯이 걷기도 하고, 외쳐보기도 했지만 여전히 제자리였어요.

그러다 '내가 마주하고 싶지 않은 감정을 덮어버리지 말고 진짜로 마주해야 하는구나' 하는 사실을 깨달았어요. 그건 바로 "남친은 나를 사랑하지 않아", "난 완전히 버림받았어", "나는 전 여친의 대신일 뿐이야"라는 사실을 받아들이는 것이었어요. 눈을 감고 남친과 전 여친이 함께 있는 장면을 상상하며 저 말들을 되뇌었어요. 그랬더니 심장에 묶여 있던 에너지가 풀려나가는 것 같은 느낌이 들면서 아프지만 웃음이 나오더라고요. 마치 억눌렀던 감정이 "드디어 나를 찾았구나. 고마워"라고 말하는 느낌이었어요.

글을 쓰고 있는 지금도 아픔이 올라오지만 전처럼 견디기 힘들 만큼 아프진 않아요. 그래서 계속 느껴주고 있어요. 그리고 그 뒤에 따라오는 다른 감정들도 같은 방법으로 놓아주고 있어요. 정말 얼마나 기쁜지 모릅니다. 저를 힘들게 하는 사람들이 왜 고마운 존재인지 완전히 알게 됐어요. 이제 세상에 어떤 사람들이 찾아와도 다 받아들일 수 있을 거 같아요.

이 여성은 남친한테 버림받지 않을까 하는 두려움이 자꾸만 올라와 고통스러웠다. 그래서 "내가 남친한테 버림받을까 봐 두려워하는구나" 하고 말하며 두려움을 느껴주려 했는데 두려움이 사라지지 않았다.

왜 사라지지 않았을까? 남친을 붙들고자 하는 집착이 여전히 남아 있었기 때문이다. 집착이 남아 있으면 두려움을 완전히 느껴주지 못하게 된다. 집착하는 나는 두려움에 떠는 '버림받은 나'이기 때문이다. '버림받은 나'가 버림받는 게 두렵기 때문에 집착하는 것이다.

그래서 이번엔 "난 남친한테 완전히 버림받았어. 남친은 날 사랑하지 않아" 하고 이미 버림받았음을 완전히 받아들였다. 집착을 완전히 내려놓고 두려움을 직면한 것이다. 남친이 전 여친과 함께 있는 장면도 떠올려보았다. 마침내 심장에서 남친에 대한 집착이 풀어져 나가는 듯 아파왔다.

연인으로부터 버림받는 두려움을 느끼는 건 너무나 아프다. 그래서 많은 사람들이 내가 버림받기 전에 먼저 상대를 버린다. 버리는 강자가 되면 버림받는 약자의 아픔을 느끼지 않아도 되기 때문이다.

하지만 이렇게 마음의 아픔을 느껴주지 않으면 그것이 점점 몸과 현실의 아픔으로 물질화되기 시작한다. 그래서 나중엔 암이나 사고, 경제적 궁핍, 파산과 같은 현실의 아픔이 된다. 긍정 마인드, 마인드컨트롤, 관점 전환, 명상음악 등은 무의식의 아픔이 덮여버리도록 하는 대표적인 방법들이다.

직장 상사가 나한테 "너 정말 일을 못하는구나. 능력 없으면 시집이나 가지 그래?"라고 말할 때 어떻게 대처해야 하나요? 그런 말을 들을 때 혼자서는 욕을 하거나 울어서 감정을 표출시킬 수 있지만 상사 앞에서는 괜찮은 척해야 하잖아요? 마음속으로는 '아, 쪽팔려'라고 생각하면서도 겉으로는 열심히 하겠다고 하는 것도 내 감정을 억압하는 것이라 싫습니다.

직장 상사한테 그런 말을 듣는 순간 무시당한 열등감과 수치심 등 부정적 감정들이 한꺼번에 올라온다. 하지만 그 감정들을 상사한테 폭발시키자니 당장 해고당할까 봐 두렵다. 그래서 자꾸 꾹꾹 억눌러놓게 된다. 이렇게 무의식에 억눌린 부정적 감정들은 부정적 현실을 자꾸 창조한다. 이런 고통에서 벗어나는 방법은 두 가지다.

첫째, 조용하게 처리하고 싶다면 상사와 대화할 때 내 무의식 속에서 올라오는 부정적 감정들을 느껴가며 대화하는 것이다. 상사가 나의 거울임을 또렷이 알고 있으면 내 부정적 감정들을 상사한테 투사하지 않고 내 감정들로 느껴주게 된다. 부정적 감정들을 느껴주며 대화하면 나는 그 감정들을 느껴주는 몸이면서 동시에 그 감정들이 몸에 일으키는 반응을 관찰하는 관찰자가 된다. 그럼 그 감정들은 내 무의식에서 풀려나게 된다.

상사가 내게 막말이나 폭언을 하는 상황은 사실은 내 무의식에 억눌린 생각과 감정이 펼쳐내는 인생 영화이다. 무엇을 위한 인생 영화인가? 바로 내 무의식을 정화하기 위한 영화이다. 따라서 내가 영화 속의 현실에 휘말려 들면 나는 무의식이 펼쳐내는 영화 속에서 영영 벗어나지 못하게 된다. 인생 영화 속에서 펼쳐지는 모든 상황은 내 무의식을 정화하도록 '영화 밖의 나'인 창조주가 '영화 속의 나'에게 내려주는 소중한 기회이자 선물임을 자각하고 살아야 한다.

둘째, 감정을 겉으로 표현하고 싶다면? 상대를 공격하지 않으면서 내 감정을 관찰자의 시각에서 객관적으로 묘사하면 된다. 예컨대 "그렇게 말씀하시니 열등감도 올라오고 수치심도 올라오네요"라고 내 감정들을 느껴가며 솔직하게 표현하면 상대도 감정적으로 반응하지 않는다. 왜냐하면 내가 상대를 공격하지 않고 내 감정을 객관적으로 묘사하면 나는 몸을 벗어난 관찰자가 되기 때문이다. 그럼 상대도 역시 내가 묘사하는 감정을 관찰자의 눈으로 바라보게 된다.

내가 상사에게 내 감정들을 표출시키든, 표출시키지 않든, 바깥 상황은 중요하지 않다. 바깥 상황은 텅 빈 무한한 마음 속에서 펼쳐지는 인생 영화, 즉 가짜이기 때문이다. 중요한 건 가짜 인생 영화를 볼 때 내 무의식에서 올라오는 감정들을 건드리지 않고 있는 그대로 느껴주는 것이다. 감정들이 풀려나면 인생 영화는 저절로 바뀌기 때문이다. 표면의식이 인식하는 인생 영화는 무의식의 결과물이자 그림자일 뿐이라는 사실을 늘 자각하며 살아야 한다.

좋은 느낌을 붙잡으려 들면 싫은 느낌이 억눌린다

최근 정말 마음에 쏙 드는 남자와 사귀게 됐습니다. 사랑받고
있음을 느끼면서도 이면에선 헤어지게 되지 않을까 하는 두려
움이 자꾸 올라왔습니다. 그가 저한테 잘해줘도 불안하고, 못해
줘도 불안했습니다. 결국 그는 저와의 만남이 힘들다면서 이별
을 통보했습니다. 저도 쿨한 척 받아들였지만 마음은 만 갈래로
찢어졌습니다.

그가 나에게 잘해줘도 불안하고, 못해줘도 불안하다면? 실제
상황과 관계없이 늘 불안하다는 말이다. 실제 상황은 현재 상황
이다. 현재 상황은 불안하지 않은데도 이유도 없이 헤어지지 않
을까 불안하다는 생각이 자꾸 떠오른다면 과거 상황이 원인이라
는 말이다. 풀리지 않은 과거 상황은 내 무의식 속에 억눌려 있
다. 즉, 과거에 사랑받던 사람한테 버림받은 두려움이 억눌려 있
다는 뜻이다.

이 두려움이 인격화된 자아가 현재 남친한테서도 버림받을지
몰라 두려움에 떨고 있다. 이 자아가 남자와 사귀면 남친은 나한
테서 어떤 감정을 느끼게 될까? 사랑이 아니라, 두려움을 느낀다.
버림받는 두려움이 클수록 버림받지 않기 위해 더 집착하게 된
다. 집착은 남자에게 더 큰 두려움을 일으킨다. 결국 나를 버리고
떠나게 된다.

남자와 여자는 서로를 빌려 생긴 짝이기 때문에 서로 합쳐지고

자 끌어당긴다. 음양 에너지가 서로 끌어당길 때 몸에서는 '좋다'는 느낌이 일어난다. 그러다가 마침내 합쳐지는 순간 일시적으로 제로(0) 상태의 희열을 느낀다. 이것이 남녀 간의 사랑이다. 하지만 '좋다'는 느낌도 '싫다'는 느낌을 빌려서 생긴다. 즉, 사랑도 미움을 빌려 생긴다.

서로가 서로를 빌려 생기는 것이기 때문에 양쪽 크기가 똑같다. 그래서 100만큼 사랑하는 사람한테 배신당하면 100만큼의 미움이 올라온다. 10만큼 사랑하는 사람한테 배신당하면 10만큼의 미움이 올라온다. 별로 사랑하지 않던 사람한테 배신당하면 미움도 별로 올라오지 않는다.

이성한테서 사랑받고 싶은 욕망이 너무 억눌리면 물질화된 몸의 욕망, 즉 성욕으로 이어진다. 성욕은 수치심을 일으킨다. 그래서 이성한테 사랑받고 싶은 욕망을 겉으로 드러내지 않고 다른 방법들을 찾는다.

남녀 공히 젊을 땐 외모에 신경을 쓴다. 하지만 사춘기를 넘어서면 남자는 여자의 관심을 얻기 위해선 경제적 능력이 관건이라는 걸 알게 된다. 경제적 능력을 갖추려면 사회적 지위가 있어야 한다. 그래서 공부나 일을 열심히 해 사회적으로 인정받고자 한다. 그래야 사회적 지위도 높아지고, 돈도 벌어 여자를 끌어당길 수 있기 때문이다.

여자는 무엇보다도 외모를 가꾸는 데 많은 공을 들인다. 남자들이 여자의 외모에 끌린다는 걸 알기 때문이다. 이처럼 이성에게 사랑받고 싶은 욕망은 모든 원초적 욕망과 열정의 원천이다.

과도하게 집착하거나 억누르지만 않으면 놀라운 생명력과 창조력의 원동력이 된다.

현실을 진짜라고 착각하면 몸도 진짜라고 착각해 몸을 나와 동일시한다. 그럼 나는 여자나 남자 중 어느 한쪽이 돼버리기 때문에 이성한테 사랑받고 싶은 성적 욕망이 올라올 수밖에 없다. 성적 욕망이 올라올 때마다 억누르면 점점 더 덩치가 커진다. 성적 욕망은 '이성한테 사랑받고 싶다'는 생각이 몸에 일으키는 느낌이다. 그러니까 사실은 이성을 붙잡고 싶은 게 아니라 내 몸에서 일어나는 사랑받는 느낌을 붙잡고 싶어하는 것이다.

따라서, 이성으로부터 사랑받고 싶은 과도한 욕망이 올라온다면 내 몸에서 일어나는 느낌을 꾸준히 관찰하면 된다. 관찰하면 관찰할수록 몸의 느낌은 점점 약화되면서 나와 분리된다. (위 사연자가 버림받는 두려움을 완전히 느껴줌으로써 현실이 어떻게 달라졌는지는 301쪽에 자세히 소개돼 있다.)

제 직업은 여성과 관련된 일이라 이성을 접촉할 일이 별로 없지만, 간혹 만나게 되는 이성들에게 결혼한 뒤에도 자꾸 끌리게 됩니다. 이렇게 제 마음이 자주 흔들리면 남편한테 죄책감이 들고 저 자신을 한심한 여자라고 비난하게 돼 힘들고 일상생활도 무기력해집니다. 이런 무기력함에서 어떻게 벗어날 수 있을까요?

남편한테 죄책감이 드는 이유는 뭘까? '나는 내 남편만 사랑해야 한다'는 생각을 강제로 나와 동일시하려고 애를 쓰면서 동시에 이성한테 사랑받고 싶은 욕망을 억누르기 때문이다. 여자인 내가 길을 걷다가 정말 멋진 남자가 눈에 띄었다면? 나도 모르게 그에게 끌린다. 거꾸로 남자인 내 눈앞에 정말 예쁜 여자가 나타났다면? 나도 모르게 그에게 끌린다. 여자 몸과 남자 몸 중 어느 한쪽을 나와 동일시하면 나는 본능적으로 반대쪽 몸을 가진 이성한테 끌릴 수밖에 없다.

'아, 나는 여자 몸을 나와 동일시하고 있고, 저 사람은 남자 몸을 자신과 동일시하며 살아가는구나. 그래서 짝이 되는 몸을 가진 이성한테 서로 끌리는 거구나' 하고 나와 상대를 동시에 바라보면 나는 양쪽을 바라보는 관찰자가 된다. 관찰자인 나의 마음속에서 올라오는 욕망을 억누르지 말고 그 욕망이 몸에 일으키는 느낌을 경이로운 눈으로 자세히 관찰해보라. 몸의 느낌은 내 마음속에서 일어나는 것이다. 몸도, 욕망도, 느낌도 내 마음속의 움직임이다.

무조건적인 사랑의 욕구는 이성을 통해 채워지지 않는다

3년 정도 교제한 남친이 있습니다. 하지만 최근에 대학 수업을 들으면서 친해지게 된 남자 동기가 생겼어요. '이러면 안 되지' 하면서도 마음이 끌렸습니다. 상대도 호감을 보였지만, 이러면 안 된다는 생각이 들어서 마음속으로 선은 그은 상태입니다. 남친에게는 싸움이 날까 봐 얘기하지 않았습니다.

하지만 남친을 만나면 심한 죄책감과 수치심이 듭니다. 속이 울렁거리고 몸살까지 걸려서 앓아누웠습니다. 상대에게 순간적으로 호감이 갔고, 정리했다고 생각하지만 사실 마음이 아직도 조금 기울어져 있는 거 같습니다. 스쳐 지나가는 인연이라고 생각하고 있는데 이 연결 고리를 끊으려면 어떻게 해야 할까요? 너무 마음이 불안하고 힘듭니다.

나는 이미 남친과 사귀는 중이다. 그런데도 왜 새로 만난 남자 동기가 자꾸 떠오를까? 내가 나쁜 여자일까? 여자의 몸을 갖고 태어나면 본능적으로 남자에게 끌리는 게 당연하다. 그런데 남녀 간의 사랑은 철저하게 조건적이다. 나는 상대를 1,000만큼 사랑하는데 상대는 나를 50만큼 사랑한다면? 내가 손해다. 나는 상대를 1,000만큼 위해주는데 상대는 나를 50만큼 위해준다면? 내가 손해다.

'내가 손해'라는 느낌이 쌓여가다 보면 사랑은 점점 식어버리고 미움이 올라온다. 그러다가 더 나은 조건의 이성이 나타나면? 나도 모르게 그에게 끌린다. 나는 이성한테서 궁극적으로 무엇을 바라는 걸까? 무조건적인 사랑을 받고 싶어한다. 나는 이 욕망을 충족시킬 때까지 사랑을 찾아 헤맨다.

몸을 진짜라고 착각하면 무조건적인 사랑도 이성의 몸에서 나온다고 착각하게 된다. 그래서 몸을 가진 이성한테서 무조건적인 사랑을 받고자 하는 욕구가 생긴다. 하지만 모든 사람은 몸을 갖고 태어나는 순간 무조건적인 사랑과 분리되기 때문에, 무조건적인 사랑에 대한 욕구를 채워줄 수 있는 사람은 이 세상에 아무도 없다. 그래서 한 이성에게 실망하면 다른 이성에게 나도 모르게 마음이 끌리게 된다. 무조건적인 사랑을 찾아 방황하는 것이다.

홀로그램 세상에서 무조건적인 사랑을 찾는 건 진짜 나를 찾아가는 보물찾기 놀이이다. 홀로그램 세상에선 보물을 찾을 수 없다는 사실에 눈을 뜰 때 나는 비로소 홀로그램 세상이 전부가 아님을 알게 된다. 3차원 세상은 진짜가 아니라 짝이 되는 생각들로 창조되는 홀로그램 인생 영화라는 사실에 눈을 뜨면 그 세상을 바라보는 나 자신이 무조건적인 사랑임을 알게 된다. 그때까진 모든 사람이 이성한테서 그 욕구를 채울 수 있을 거라는 막연한 환상 속에서 살아간다.

이성한테 사랑받고자 하는 욕망이 자꾸 올라온다면 그 욕망을 억누르지 말아야 한다. 욕망은 억누를수록 점점 거세진다. 욕망이 올라올 때마다 욕망이 몸에 일으키는 느낌을 계속 관찰하다 보면 점점 약해지다가 올라오지 않게 된다.

저는 30대 후반에서야 처음으로 연애를 했는데 만났다 헤어졌다를 반복했습니다. 왜 그런가 하고 생각해보니 저의 아빠가 떠올랐습니다. 제가 어릴 때 아빠는 엄마를 무시하고 폭행도 하고 바람도 피우셨어요. 두 분이 격하게 싸우시면 엄마는 늘 아빠를 피해 도망가셨고, 저도 엄마를 따라 몇 번 가슴을 졸이며 도망가곤 했었습니다. 저는 지금까지 아빠한테 여느 아이들처럼 "아빠"라고 다정하게 불러본 적이 없습니다.

어른이 되고 나서야 아빠가 그래도 나를 사랑하신다는 걸 알고 나름대로 효도한다고 열심히 노력하곤 있지만, 아빠와 둘만 있으면 너무 어색하고 불편합니다. 얼마 전 남친과 2년 동안 만나면서 정신적으로 너무 힘들어 헤어졌습니다. 남친이 너무 불안해 보였거든요. 저도 잘 맞는 남자를 만나 행복한 가정을 꾸리고 예쁜 아기도 낳고 싶은데 자신이 없습니다.

아빠는 왜 아내를 무시하고 폭행도 하고 바람도 피웠을까? 아빠는 자신이 어릴 때 자신의 엄마로부터 사랑받지 못한다고 느끼며 자랐다. 그래서 사랑받기를 기대하며 결혼했지만, 아내도 역시 조건적인 사랑밖에 줄 수 없는 존재다. 깨달은 사람이 아니기 때문이다.

기대가 무너진 아빠의 마음속에선 분노와 미움이 올라온다. 자신이 엄마한테 받아야 했던 사랑을 아내한테서도 받지 못하는 분노와 미움이다. 즉, 엄마로부터 버림받은 두려움을 덮어버리기 위한 분노와 미움이다. 그래서 다른 여자를 만나 엄마한테 못 받았던 사랑을 받아야 한다는 집착으로 바람을 피운다. 그걸 지켜보는 아내는 아내대로 버림받았다고 느낀다.

아빠는 내가 세상에 태어나 처음 만난 남자다. 그런데 처음 만난 남자가 사랑이 아니라 두려움의 대상이었다면? 남자를 두려움으로 인식하는 자아가 내 무의식에 각인된다. 그래서 지금도 아빠와 둘만 있으면 두려움이 올라와 너무 어색하고 불편하다. 또, 다른 남자들을 사귀다가도 시간이 좀 지나면 무의식 속에 억눌린 두려움이 올라온다. 폭행도 하고 바람도 피우던 아빠에 대한 미움이 고개를 든다.

남자들에 대한 이런 무의식적인 반응은 내 몸의 느낌으로 저장
돼 있다. 자연히 남자들은 나에게서 사랑을 느끼는 게 아니라 두
려움과 미움을 느끼기 때문에 나를 버리고 떠나게 된다. 이런 상
황은 언제까지 이어질까? 내가 버림받은 두려움을 받아들여 완전
히 느껴줄 때까지 이어진다.

II.

느껴주면
풀려난다

'가짜구나' 하는 순간
텅 비어버린다

현실이 가짜임을 알고 느껴주면 쉬워진다

"오빠, 멋지지? 시간 날 때 한번 놀러 와.^^"교외로 이사한 동
생이 카톡으로 셀카 사진 한 장을 보내왔다. 거실에서 차를 마시
며 창밖의 숲을 배경으로 찍은 사진이다. 정말 멋진 사진이다. 그
런데 동생은 자신의 움직이는 모습을 셀카로 찍었는데 왜 한 장
의 정지된 평면 이미지로 나온 걸까?

나도 그렇다. 나는 지금 밖에서 산책 중이다. 그런데 왜 움직이
는 내 모습을 찍어도 역시 한 장의 정지된 평면 이미지로 나오는
걸까? 그럼 동영상으로 찍으면 달라질까? 동영상으로 찍어도 마
찬가지다. 동영상 역시 평면 이미지들의 연속이다. 영화관 영화가
평면 이미지들의 연속인 것처럼 인생 영화도 생각의 필름으로 돌
아가는 평면 이미지들의 연속이다.

'난 거실에서 차를 마시고 있다'는 생각을 나와 동일시해 붙들고 있으면 나는 이 생각이 펼쳐내는 오감의 공간 속에 들어 있다. 그래서 내가 차를 마시고 있는 상황이 내 눈앞에 연속적인 오감의 공간으로 펼쳐진다. '난 산책 중이다'라는 생각을 나와 동일시해 붙들고 있으면 나는 이 생각이 펼쳐내는 오감의 공간 속에 들어 있다. 그래서 내가 산책하는 상황이 내 눈앞에 연속적인 오감의 공간으로 펼쳐진다.

나는 매 순간 오감의 공간 속에서 살아간다. 즉, 내가 붙들고 있는 생각 속에서 살아간다. 모든 사람이 각기 자신이 붙들고 있는 생각이 펼쳐내는 오감의 공간 속에서 살아간다. 그리고 서로 중첩되는 오감의 공간 속에서 살아간다.

육안은 오감의 공간 속에 들어 있는 사물들만 골라서 바라본다. 사물들 사이의 공간은 무한한 사랑의 빛으로 가득하지만, 우리는 아무것도 없다고 착각한다. 그러다 보니 '너'와 '나'가 서로 분리돼 있다고 믿는다. 그래서 '좋다/싫다', '옳다/그르다' 등의 분별심이 생기고 부정적 감정들이 올라오면 무심코 억눌러버려, 내가 붙들고 있는 생각도 함께 계속 붙들고 있게 된다.

하지만 육안의 시야를 넓혀 사물들을 품고 있는 오감의 공간 전체를 통째로 바라보면 내 몸도 그 공간 속의 한 사물임을 알게 된다. 그럼 나는 공간 전체를 마음의 눈으로 바라보는 텅 빈 마음인 창조주이자 관찰자가 된다.

그게 진실이다. 육안은 사물들만 골라서 바라보고, 마음의 눈은 사물들을 품은 공간 전체를 바라본다. 공간 전체를 바라보면 어떻게 보일까? 오감의 공간은 내 생각이 펼쳐내는 평면 이미지로 보인다. 그래서 사진기로 찍으면 늘 평면 이미지로 나오는 것이다.

육안으로 사물들만 골라서 바라보며 살아가는 건 몸으로 된 가짜 나이다. 조상들은 대대로 몸으로 된 나로 살아왔다. 그래서 마음의 눈으로 오감의 공간 전체를 객관적으로 바라보는 데 익숙해지려면 수십 년, 혹은 평생이 걸릴 수도 있다. 평생 걸려도 안 되는 경우가 많다.

그렇다면 더 쉽고 빠른 방법이 없을까? 거울을 이용하면 오감의 공간 전체를 객관적으로 바라볼 수 있다. 그럼 오감의 공간은 생각과 빛으로 창조되는 홀로그램 환영임이 드러난다. 내 몸도 환영이다. 즉, 오감의 공간 전체가 가짜라는 게 들통나는 것이다. 그럼 내 마음은 텅 비어버린다. 꿈이 가짜라는 걸 아는 순간 텅 비어버리는 것과 마찬가지다. 그러면서 텅 빈 마음의 스크린 위에 텅 빈 마음이 아닌, 억눌린 부정적 상황이나 억눌린 부정적 감정들이 스스로 떠오르게 된다.

내가 할 일은? 이렇게 떠오르는 이 부정적 감정들을 느껴주기만 하면 된다. 그럼 부정적 감정들이 풀리면서 부정적 현실도 스스로 풀리게 된다. 즉, 텅 빈 마음이 되면 현실의 모든 문제가 스스로 해결된다. 이것이 바로 거울명상이다. 지난 수천 년간 비전秘傳돼온 진공묘유, 무위이화의 기적 같은 일이 너무나 간단한 방법으로 일어나는 것이다.

거울을 이용하면 누구나 이를 직접 확인하며 응어리진 부정적 감정들을 풀어주고 오랜 고통에서 벗어날 수 있다. 설사 즉각 되

지 않더라도 조급함을 내려놓고 꾸준히 하기만 하면 된다. 하면
할수록 점점 텅 빈 마음으로 돌아간다.

거울을 이용해 현실이 가짜임을 확인하는 방법

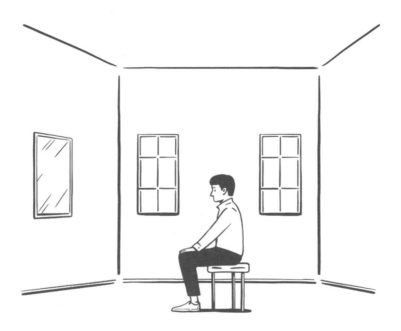

난 방 안의 거울 앞에 앉아 있고, 내 몸 앞뒤엔 벽이 있다. 난 두 벽 사이에 있다.

육안은 내 머리 앞에만 붙어 있다. 나는 육안을 통해 내 머리
앞의 3차원 오감의 공간을 바라본다. 그렇다면 육안이 붙어 있지
않은 내 머리 뒤에도 3차원 공간이 동시에 존재할까? 아니면 3차
원 공간은 내 머리 앞에만 존재하는 가짜, 즉 허상일까?

나는 지금 거울 앞에 앉아 있다. 내 몸 앞에도 벽이 있고, 내 몸 뒤에도 벽이 있다. 내 몸은 벽과 벽 사이에 놓인 3차원 입체로 존재한다. 이것이 사물들만 골라서 바라보는 육안이 인식하는 오감의 공간이다. 이 오감의 공간 전체를 통째로 바라보면 어떻게 될까? 방법은 이렇다.

1. 시야를 넓혀 내 몸 앞의 모든 사물을 품고 있는 공간 전체를 편안한 마음으로 바라본다. (공간 전체가 평면 이미지로 보이는지 염두에 두고 바라보라.)
2. 거울을 이용해 내 몸 뒤의 모든 사물을 품고 있는 공간 전체도 동시에 바라본다. (역시 공간 전체가 평면 이미지로 보이는지 염두에 두고 바라보라.)
3. 내 몸 앞뒤의 모든 사물을 품고 있는 앞뒤 공간 전체를 동시에 바라본다. 쉽게 말해 내 시야에 들어오는 모든 걸 동시에 한꺼번에 바라본다. (앞뒤 공간 전체가 한 장의 평면 이미지로 보이는지 살펴보라.)
4. 내 몸 등 방 안의 모든 사물을 품고 있는 오감의 공간 전체가 한 장의 평면 이미지로 보인다. 내 몸 앞뒤의 두 벽 사이엔 거리가 없다. 두 벽면 사이의 내 몸도 두 벽면처럼 평면 이미지의 일부임이 드러난다. '내 몸'은 실제로는 존재하지 않는 평면의 홀로그램 이미지인 것이다. 이 사실을 아는 순간 나는 이 한 장의 평면 이미지를 바라보는 관찰자로 돌아간다.

만일 이해가 잘 되지 않는다면 좀더 자세히 살펴보자.

거울 앞에 가만히 앉아 육안의 힘을 완전히 빼고, 시야를 최대한 넓혀 내 몸 앞의 모든 사물을 품고 있는 공간 전체를 바라본다. 이번엔 거울을 이용해 내 몸 뒤쪽의 모든 사물을 품고 있는 공간 전체도 동시에 바라본다. 그럼 나는 내 몸 앞뒤의 공간 전체를 동시에 바라보게 된다.

내 몸 앞의 벽과 내 몸 뒤의 벽 사이에 거리가 존재하는지 가만히 살펴보라. 놀랍게도 두 벽은 서로 붙어 있는 한 장의 이미지로 보인다. 두 벽 사이엔 거리가 존재하지 않는다. 그렇다면 두 벽면 사이에 있는 내 몸은 어디로 사라진 것인가? 내 몸도 역시 평면의 이미지로 사라졌다. 방 안 전체가 한 장의 평면 이미지로 보인다. 오감의 공간은 한 장의 평면 이미지이고, 내 몸도 그 평면 이미지의 일부이다. 나는 사라진다.

앞서 '너와 나는 번갈아가며 나타나는 홀로그램'이라는 제목의 35쪽 글에서 이 세상의 모든 것은 짝을 이뤄 번갈아가며 내 눈앞에 나타나는 홀로그램이라고 자세히 설명한 바 있다. 오감의 공간도 역시 짝을 이뤄 번갈아가며 내 눈앞에 펼쳐진다. 내 몸 앞의 공간을 바라보면 뒤쪽 공간은 보이지 않는다. 거꾸로 뒤쪽 공간을 바라보면 앞쪽 공간이 보이지 않는다. 서로가 서로를 빌려 생기기 때문이다. 양쪽 공간을 동시에 바라보면? 서로를 빌려서 생겼던 앞뒤 공간이 합쳐져 사라지면서 평면 이미지만 남는다.

그렇다면 나는 누구인가? 나는 그 평면 이미지를 바라보는 관찰자이자 텅 빈 마음인 창조주이다. 처음엔 잘 되지 않을 수 있다. 왜냐하면 인류는 몸을 나와 동일시하며 지난 수천 년간 육안으로 사물에만 초점을 맞추어 바라보는 데 너무나 익숙해졌기 때문이다.

하지만 꾸준히 하다 보면 내 몸은 한쪽 면만 보이는 빛의 환영, 즉 홀로그램이라는 사실이 명확히 드러난다. 원래의 나인 창조주가 평면의 홀로그램 몸을 만들어 홀로그램 영화 속에 들어와 나로 살아가는 것이다. 내 몸이 홀로그램 이미지로 사라지면 이 이미지에 붙어 있던, 응어리진 감정들은 텅 빈 마음의 공간에 붕 뜨게 된다. 이들의 아픔을 느껴주면 창조주인 텅 빈 마음 속으로 서서히 사라진다. 텅 빈 마음이 되면 텅 빈 마음이 아닌 감정들이 스스로 올라와 느껴주기만 하면 사라지는 것이다.

거울명상 중 거울 속의 내 몸은 평면의 이미지로 보일 수도 있고, 빛으로 보일 수도 있고, 아예 빛으로 사라질 수도 있다. 그러면서 무의식에 억눌린 응어리진 감정들이 풀려나간다. 풀려나가면서 마음이 점점 고요해짐을 느끼거나 눈물, 울음, 하품, 트림, 방귀, 몸의 진동, 물집, 두드러기 등 온갖 몸 반응이 일어나기도 한다. 어떤 사람들은 즉각적으로 감정들이 풀려나가는 경험을 하기도 한다. 현실도 역시 즉각적으로 변한다.

하지만 대개 몇 달간, 혹은 몇 년간 꾸준히 하면서 서서히 변화가 일어난다. 내가 못해서가 아니다. 조상들로부터 물려받은 무의식 속의 억눌린 감정들이 사람마다 각기 다르기 때문이다. 빠른 사람도 있고, 느린 사람도 있다.

하지만 현실이 가짜라는 걸 깊이 이해하면 이해할수록 무의식 정화 속도는 그만큼 더 빨라진다. 만일 속도가 너무 느리다면 책

전반부를 찬찬히 다시 읽어가며 이해의 깊이를 높여보라. 이해가 깊어질수록 현실이 가짜라는 걸 완전히 아는 앎, 즉 텅 빈 마음이 된다.

거울명상 중 일어나는 몸의 반응도 천차만별이다. 어떤 사람은 그냥 마음이 고요해지면서 서서히 정화되는가 하면 어떤 사람은 격렬한 몸의 진동을 경험하기도 한다. 혹은 수백 년, 수천 년 전의 과거 장면들이 억눌린 감정들과 함께 떠오르기도 한다.

이 간단한 방법을 통해 지난 수천 년간 대대로 억눌려온 모든 응어리진 부정적 감정을 털어내고, 고통스러운 인생의 수레바퀴에서 마침내 영원히 풀려나 원래의 나인 창조주이자 텅 빈 무한한 마음으로 돌아가기를 진심으로 바란다.

놀이를 지켜보는 관찰자가
'진짜 나'

관찰자는 전지전능한 치유자이다

성형 부작용이 순식간에 사라졌어요

저는 성형 부작용으로 얼굴이 비대칭된 부분이 있어 늘 고민이었습니다. 그러다가 거울을 보며, "너는 왜 성형을 해서 이렇게 비대칭이 됐니?" 하고 비웃듯이 나를 향해 물었습니다. 그랬더니 제 입에서 "너, 외모 콤플렉스 있잖아"라는 말과 함께, 저의 갓난쟁이 시절이 떠올랐습니다.

저는 기억 못 하지만, 당시 한 친척이 놀러 와 아기를 막 낳은 어머니한테 "이렇게 못생긴 애를 무슨 정으로 키워?"라고 했다고 들은 적 있습니다. 그 말이 떠오르면서 눈물이 핑 돌았습니다. 외모 콤플렉스라는 단어와 함께, 기억도 안 나던 갓난아기 시절이 갑자기 떠올랐거든요!

사무실에서 소리죽여 펑펑 울며 거울을 보는데, 이번에는 눈물이 본드처럼 끈적이면서 눈이 안 보이는 것이었습니다. 너무 놀라 눈을 비벼도 보고, 화장실로 달려가 세수도 해보았지만 계속 끈끈한 액체가 흘러나왔고, 조퇴를 한 채 운전도 간신히 해가며 집으로 돌아왔습니다.

침대에 누워 한두 시간쯤 지나자 끈끈한 눈물이 그쳤습니다. 그러고는 거울을 들여다보니 비대칭이었던 얼굴이 놀랍게도 정상처럼 보이는 게 아니겠습니까? 바로 그 전날까지만 해도 병원에 전화해 재시술 비용과 일정을 알아볼 만큼 고민하고 있었는데, 거울명상만으로 즉각 현실이 변하다니, 정말 거짓말 같았습니다.

이 체험을 통해 저는 고통스러운 현실의 원인을 정확히 알고 거울명상을 하면 현실이 즉각적으로 변한다는 사실을 알게 됐습니다. 그때부터 저는 거울명상을 꾸준히 해오고 있는데 하품과 헛구역질이 계속 나옵니다.

지금은 제가 이 모든 감정을 경험하러 이 세상에 왔다는 것도 잘 알고, 관찰자에게 "이 여자의 일생, 재미있으신가요? 영혼의 상태로 있는 것보다는 훨씬 재미있으시죠? 이 고통도 계획했던 대로 잘 풀려가고 있나요? 다음 기록에는 무엇이 적혀 있나요?"라고 묻기도 합니다. ㅋㅋ. 이런 식으로 한 발짝 옆으로 비켜서 제 삶을 바라보곤 합니다. 아무도 못 믿을 것 같아서 아무에게도 하지 못하고 있던 말을 이렇게 이메일로 전해드립니다.

윗글에는 소개하지 않았지만, 사연자는 원래 자신이 외모 콤플렉스를 갖고 있다는 사실을 모르고 살아왔었다. 성형수술을 한 것도 외모 콤플렉스 때문이 아니라, 자기만족을 위한 거라고 단순하게 생각했었다.

하지만 거울 앞에서 자신을 객관적인 관찰자의 눈으로 바라보다가 성형수술을 한 뒤 얼굴이 갑자기 좌우 비대칭이 돼버린 원인이 드러났다. 사연자가 갓난아기였을 때, 한 친척이 찾아와 어머니한테 던진 말이 상처가 되면서 '난 못생겼어'라고 느끼는 '열등한 나'가 무의식에 각인됐던 것이다.

나는 이 자아를 수치심으로 억눌러놓고 살아왔다. 그래서 이 자아는 "왜 너까지 날 못났다고 구박해? 왜 너까지 날 수치스럽다고 비웃는 거야?" 하며 얼굴을 좌우 비대칭으로 만들어버렸던 것이다.

하지만 사연자가 관찰자로서 '열등한 나'의 수치심을 느껴주자 짝이 되는 '우월한 나'와 합쳐지면서 텅 비어버렸다. 그 순간 좌우 비대칭 얼굴이 즉각 치유됐다. 이처럼 거울명상을 처음 하더라도 완전히 텅 빈 마음인 관찰자가 된 상태에서 고통스러운 현실의 원인이 정확히 드러나는 경우엔 즉각적인 치유가 일어날 수도 있음을 알 수 있다.

하지만 치유 과정은 각자의 상황에 따라 짧을 수도 있고 길 수도 있다. 또, 한 가지 억눌린 감정이 치유되면 다른 감정들이 몇 년간에 걸쳐 꼬리를 물고 올라오기도 한다. 무의식이 열리면 열릴수록 더 많은 치유가 일어나기 때문이다. 따라서 조급함을 내려놓고 꾸준히 하는 게 중요하다.

그런데 만일 사연자가 자아의 상처를 느껴주지 않고 재수술을 받았더라면 어떻게 됐을까? 자아는 사연자가 외모에 대한 열등감과 수치심을 더 심하게 느끼도록 외모를 또다시 바꿔놓았을 것이다. 성형수술을 받은 사람들이 되풀이해서 재수술을 받게 되는 사례들이 많은 것도 무의식에 억눌린 이런 감정들을 느껴주지 않고 외모만을 바꾸려 들기 때문이다.

다음은 치아와 턱의 비대칭이 교정된 사례이다.

며칠 전부터 거울명상을 하는데 입에서 뜨거운 열기 같은 게 잇몸 전체를 달구는 느낌이 났습니다. 입을 벌리면 열기가 빠지는 느낌이 들었어요. 한참 집중해서 두려움을 느껴주는데 이가 덜덜 떨리면서 딱딱 부딪치는 소리가 계속 났습니다. '두려움을 풀어낼 기회가 왔구나!' 생각하며 계속 느껴줬습니다.
그런데 오늘 아침 살펴보니 치아의 균형이 맞춰져 있었습니다. 구강구조가 약간 돌출이라 치아가 맞지 않아 어금니를 꽉 깨무는 버릇이 있었거든요. 이제 깨물지 않아도 자연스럽게 맞춰져요. 턱도 너무 편안합니다. 너무 신기합니다.

두려움이 심하게 올라오면 이가 덜덜 떨리기도 한다. 그래서 두려움이 너무 심하게 억눌리면 이가 어긋나기도 하는 것이다. 감정을 무의식에 너무 억눌러놓으면 뼈가 기형적으로 변형된다는 걸 알 수 있다. 거꾸로 무의식이 깊이 정화되면 기형적으로 변형됐던 뼈가 정상으로 되돌아오는 환골탈태가 일어난다.

40년 만에 되찾은 정상적인 목소리

저는 40대 초반의 여성인데 저를 모르는 사람과 통화하면 초등학생으로 오해받을 정도로 아기 같은 목소리를 갖고 살아왔습니다. 1년 전부터 거울명상을 하면서 유년 시절에 사랑을 충분히 받지 못한 어린아이가 제 안에 살고 있음을 느꼈습니다. 아버지는 자주 외도를 했고, 어머니는 독단적인 성격이라 저는 사랑받는 아이로 살아본 적이 없습니다. 그러다 보니 누군가에게 어린아이로 사랑을 받아보는 것이 평생 소원이었습니다. 그래서 저도 모르게 혀 짧은 소리를 내고, 아이 같은 목소리를 냈던 것 같습니다.

하지만 거울 앞에서 "부모님에게 사랑받고 싶었는데 못 받아서 얼마나 서럽고 외로웠니?"라고 아무리 말을 해봐도 처음 몇 달간은 울음만 나왔습니다. 그러다가 얼마 전 제 목소리를 녹음해 봤는데, 정말 놀랍게도 제 나이대에 맞는 목소리로 변해 있었습니다. 정말 귀신이 곡할 노릇이었습니다. 이제는 누구와 통화를 해도 상대방은 저를 당연히 성인이라고 생각합니다.

전에 드라마에서 빙의된 무당이 아기 같은 목소리를 내는 장면을 본 적 있었는데, 저 또한 40년 넘게 외로운 어린아이에게 끌려다니며 빙의 상태로 살아온 거나 다름없었다는 생각이 듭니다. 무의식 속의 자아가 제 목소리까지 변화시킬 수 있다는 게 소름 돋기도 합니다.

어릴 때는 어린이다운 목소리가 나오고 어른이 되면 어른다운 목소리가 나오는 게 순리다. 하지만 어린아이일 때 사랑받지 못하고 자라면 '사랑받지 못한 어린아이'라는 자아가 무의식에 억눌리게 된다.

이 자아는 40대 초반까지 어린아이의 목소리를 내며 나로 살아왔다. 하지만 몇 달간 거울명상을 하다가 확인해보니 어린아이의 목소리가 사라지고, 나이에 걸맞은 목소리가 나오고 있음을 알게 됐다. 이처럼 결과에 대한 조급함을 내려놓고 몇 달이고 몇 년이고 꾸준히 하는 것이 관건이다.

극심한 생리통도 느껴주면 사라지는 환영

저는 박사과정이 끝나가는 30대 초반의 학생입니다. 저는 특히 생리 첫째 날에 배가 으스러지게 아픕니다. 지난 1년 넘게 거울명상을 거의 매일 해왔지만 빛이 보이는 등의 현상은 전혀 없었고 다만 구역질과 침, 하품이 참 많이 나왔습니다. '난 안 되나 보다' 하고 포기하고 있다가 적극적으로 소리 내며 표현하니 효과가 좋았다는 영상을 보고 다시 시도해보았습니다.

극심한 생리통은 왜 생기는 걸까? 여성성에 대한 열등감, 수치심, 남성에 대한 두려움 등을 무의식에 억눌러 계속 붙들고 있으면 '수치스러운 여자아이'라는 인격체가 된다. 이 인격체가 자신의 아픔을 느껴달라고 몸으로 물질화돼 올라오기 때문이다. 거울명상 중 구역질과 하품 등이 많이 나온다는 건 이 감정 에너지들이 빠져나오고 있다는 뜻이다.

거울 앞에서 처음으로 소리를 내 천천히 말해보았습니다. "난 정말 화나고 짜증 나고 다 죽이고 싶고 다 싫다"고 말하다가 정말 괴물처럼 포효하며 울고 있는 저를 보게 되었어요. 그 모습을 울면서 한참 바라보다 보니 생리통이 싹 없어졌습니다. 믿기지 않아 다음 달 주기를 기다리게 됐는데, 그날 밤 꿈에 짝사랑의 대상인 남자와 함께 식사를 하는 가벼운 꿈을 꾸었습니다.

나는 왜 거울 앞에서 누구를 다 죽이고 싶다고 외쳤던 걸까? 여자인 내 존재를 수치스럽게 느끼는 무의식 속의 '수치스러운 여자아이'를 죽이고 싶다는 말이다. 이 같은 살기로 나는 이 여자아이를 오랫동안 짓눌러놓고 살아왔다. 살기가 풀려나자 살기로 억눌렸던 이 여자아이도 풀려났다.

그런데 이렇게 소리 내서 감정을 표현했는데 돌연 생리통이 싹 사라졌다는 건 지난 1년 넘게 해온 거울명상이 제대로 되고 있었다는 얘기다. 제대로 되고 있었지만 극적인 결과로 나타나지 않고 있었을 뿐이다. 한 달쯤 지나 생리통이 정말 지속적으로 사라졌는지 살펴보았다.

또 이메일 드리게 되었습니다. 주기가 되었는데 생리통이 없네요. 정말 경미한 반응만 있고 몸이 조금 무거울 뿐, 이전처럼 식은땀을 뻘뻘 흘리며 누워 있어야만 하는 으스러지는 듯한 통증이 사라졌습니다.

그리고 얼마 전에 꿈을 꿨는데, 예쁜 딸을 낳는 꿈을 꾸었고(저는 미혼입니다), 그 며칠 뒤에는 초등학교 때의 교실로 가서 안경 끼고(제가 별로 안 좋아하던 모습) 짜증 부리던 어린 제가 교실 책상에 앉아 있는데, 꿈에서도 현실에서도 눈물이 왈칵 쏟아지더라고요. 너무 예쁘게 보여서요. 지금도 가끔 그 꿈이 생각나면 눈물이 납니다.

엄마 아빠가 싸우거나 짜증 낼 때에도 예전엔 같이 짜증 내고 동요되었을 텐데 이젠 그냥 이해가 돼서 웃음이 나더라고요. 그리고 그들이 일부러 그러는 게 아니라 그들도 어쩔 수 없어서 그런다는 게 그냥 느껴집니다. 그래서 그런지 부모님도 조금 짜증 내고 금방 가라앉더라고요…. 너무 신기합니다.

꿈속에서 예쁜 딸을 낳았다는 건? 수치스럽다고 무의식에 억눌러놓았던 '수치스러운 여자아이'를 관찰자의 무한한 사랑으로 다시 받아들이게 됐다는 뜻이다. 초등학교 다닐 때 싫어했던 안경 낀 내 모습조차 관찰자의 눈으로 바라보면 너무나 예쁜 여자아이라는 것도 깨달았다. 이처럼 거울 앞의 텅 빈 마음 속에서 관찰자의 눈으로 바라보면 모든 존재가 아름답다. 모든 존재가 관찰자이자 창조주의 현현이기 때문이다.

60년간 앓았던 천식의 완치

저는 지난 60년간 천식을 앓아오다가 거울명상으로 기적처럼 천식에서 벗어났습니다. 거울명상 사흘 만에 눈이 빨개지면서 눈물이 가슴까지 줄줄 흘러내리기를 세 차례나 반복했습니다. 그 눈물은 마치 얼음물처럼 차가워 얼음 눈물처럼 느껴졌습니다. 며칠 뒤 잠을 자는데 너무나 향긋한 향기가 코에 솔솔 흘러들었습니다.

19일째 되는 날, 몸이 사라지는 현상이 나타났습니다. 물론 그동안 명상하면서 여러 차례 딸을 생각하며 눈물을 쏟기도 했습니다. 다섯 살 때 앓기 시작했던 천식이 올해 들어 너무 심해져서 명상에 집중하기도 힘들었습니다. 25일째 되는 날 밤, 하얀 빛이 큰 눈사람처럼 보여서 이때다 싶어 "아가야, 그동안 많이 힘들었지? 그래, 고생 많이 했구나. 이제 숨 쉬는 걸 그토록 힘들게 해온 천식을 근원의 빛 속으로 놔주자"라고 말하며 눈물을 흘렸습니다.

그날 밤 잠을 자다가 가슴이 너무 가려워 양손으로 북북 긁어댔어요. 열이 나면서 너무너무 가려웠습니다. 그러다가 시간이 지나면서 시원해져서 다시 잠들었던 것 같은데, 잠결에 마치 폭탄이 터지는 것처럼 엄청난 굉음을 내는 한 방의 기침이 나왔습니다. 너무 큰 소리에 깜짝 놀라 화장실에 가면서 '아, 가슴이 완전 박살 나버렸겠네' 하고 마음 졸이며 거울을 봤는데, 아무 흔적도 없이 깨끗했습니다. '이게 뭐지, 꿈이었나? 아닌데? 생생한 현실이었는데?' 정말 신기했습니다.

사흘쯤 지나서부터는 60년간 단 하루도 빠짐없이 흡입하던 약을 끊었습니다. 또, 목에서 나오는 고양이 숨 쉬는 소리, 피리 소리, 어깨 들썩임 등의 증상도 모두 싹 사라졌습니다. 60년 만에 천식에서 확실하게 벗어났습니다. 너무나 감사해 많은 사람들에게 전하고 싶습니다.

거울명상을 하다가 몸이 사라지는 현상은 왜 일어날까? 몸은 창조주가 홀로그램 인생 영화 속에 들어오기 위해 만들어낸 빛으로 된 홀로그램이다. 이 홀로그램은 '나'라는 생각으로 움직이는 창조주의 장난감이다. 그래서 거울 앞에서 '나'라는 생각이 사라지면 자연히 홀로그램도 사라진다. 내가 다시 창조주인 근원의 빛으로 돌아가는 것이다. 창조주인 관찰자의 눈으로 바라보게 되니 60년간 억눌러놓았던 감정들이 풀려났고, 천식도 완전히 치유됐다. 치유 사연이 방송되고 나서 며칠 후 사연자가 유튜브에 남긴 댓글이다.

위 내용의 작성자입니다. 위 내용뿐 아니라 기적 같은 일들이 많이 일어나고 있습니다. 아토피가 있는데, "가려움이 올라오네" 하면 금방 가려움이 사라지고, 허리를 삐끗해 그동안 많이 아팠는데 수시로 "이 몸은 내 것이 아니다. 이 통증도 내 것이 아니다" 했더니 언제 나았는지 모르게 나았고요. 천식은 3일째 되던 날 완전히 괜찮아졌는데 "그래도 약은 준비해놔야지" 하고 처방전을 가지고 약국 갔더니 그 약이 없다네요. 세 군데나 가

봐도 그 약이 없다는 거예요. 순간 "아, 내게 이 약이 필요 없구나" 하고 포기했는데 오늘까지도 목구멍이 탁 틔어 있습니다. 너무나 감사합니다.

거울만 있으면 전지전능한 관찰자를 만날 수 있다

저는 자살 충동 때문에 힘든 삶을 살아왔습니다. 거울명상 전엔 '자살 충동은 나쁜 거야. 이런 감정을 느끼면 안 돼!' 하고 올라오지 못하게 강하게 억압했어요. 그런데 이제는 그 단계를 벗어난 것 같습니다. 그냥 죽고 싶어하는 그 마음과 하나가 돼 울부짖으며 거울 앞에서 말하게 됐습니다.

"아무도 나에게 안부를 묻지 않아. 누구든 나에게 어떻게 지내느냐고 물어봤으면 좋겠어. 외로워. 관심도 받고 사랑도 받고 싶어!" 이런 말들이 저절로 계속 쏟아져나오면서 많이 울었어요. "난 살 가치가 없어. 내가 죽어도 아무도 슬퍼하지 않을 거야. 차라리 난 태어나지도 말았어야 해" 하는 말들도 나오는 대로 고스란히 토해내며 울었더니 마음이 정말 많이 가벼워졌습니다.

만일 내가 거울을 보지 않고 혼자서 이런 말들을 쏟아낸다면 어떨까? 들어주는 사람이 아무도 없다고 느끼기 때문에 자살 충동은 사라지지 않는다. 설사 누군가가 내 말을 들어준다 하더라도 들어주는 사람의 마음이 텅 비어 있지 않으면 내 아픔은 완전히 사라지지 않는다. 마음의 위로만 될 뿐이다. 하지만 거울 앞에서 관찰자가 되면 관찰자의 텅 빈 무한한 사랑이 내 아픔을 고스란히 받아들여 치유해준다. 털어내면 털어낼수록 점점 더 깊이 치유된다.

저는 당뇨병으로 약을 먹은 지 10년 정도 되는데, 심한 우울증으로 운동을 제대로 하지 않아 피검사 결과가 매우 좋지 않았습니다. 당화혈색소 수치가 7.2로 나와 의사의 호출을 받았습니다. 그날부터 다시 정신을 차리고 운동을 시작했습니다. 3개월 후 피검사를 했는데 수치가 6.8로 낮아져 칭찬을 받았습니다.
하지만 저는 3개월 정도의 주기로 조울증을 앓고 있던 터라 다시 우울증이 심해졌고 운동도 하지 못했습니다. 그러다가 영상을 보고 매일 거울명상을 했습니다. 3개월 후에는 운동을 많이 하지 않는데도 당화혈색소 수치가 6.3으로 떨어져 깜짝 놀랐고, 또다시 3개월이 지난 뒤의 검사 결과는 6.2로 나왔습니다. 추워서 한 번도 산책한 적 없는데 말입니다. 동시에 생각지도 않은 돈들이 자꾸 입금되고 있어서 마치 제가 꿈을 꾸고 있는 것만 같습니다.

운동을 별로 하지 못했는데도 왜 혈당 수치가 떨어졌을까? 몸을 나와 동일시하면 괴로운 감정들도 나와 동일시해 몸에 억눌러 놓고 살게 된다. 이렇게 억눌린 감정들은 점점 물질화돼 몸에 병을 일으킨다. 그러다가 관찰자의 텅 빈 마음 속에서 감정들을 느껴주면 감정들이 텅 빈 마음 속으로 풀려나가면서 몸은 다시 순리대로 돌아간다.

제가 전 직장에서 좋아했던 남자가 있었습니다. 직장이 저랑 안 맞았지만, 그 남자랑 헤어지기 싫어서 이직하지 못하고 있었습니다. 그를 붙잡고 있으니 제 인생을 살지 못했습니다. 이때다 싶어 거울 앞에서 남자에게 버림받은 두려움을 계속 느껴주니 마침내 이제 떠나도 되겠다는 생각이 들었습니다.

전부터 대기업에 가고 싶었고, 기획과 관련된 일을 해보고 싶은 마음이 있어서 바로 한 군데에 이력서를 넣었습니다. 제가 원하던 대기업에 붙었는데, 신기하게도 기획 업무를 배치받았습니다. 새 직장에서 일하면서도 올라오는 감정들을 무조건 받아들였습니다. 상사한테 "일 못한다, 능력 없으면 시집가라" 등의 말을 듣고 올라오는 열등감, 수치심, 버림받은 두려움 등을 그대로 받아들였습니다.

거울 앞에서도 이런 감정들을 느껴주다 보니 "따뜻한 사람들이 있고, 아이들이 있는 곳, 나를 정말 필요로 하는 곳으로 가고 싶어", "나를 환영해주는 곳으로 가고 싶어"라는 말이 나왔습니다. 끌리는 곳에 이력서를 넣고 면접을 보러 갔는데, 팀장님이 바로 그 자리에서 합격시켜주었습니다. 제가 적격자라고 대표한테 말을 해줘서 연봉도 올려주었습니다. 얼떨떨했어요. 하지만 우연의 일치는 아닌 거 같았고, 저를 이끌어주는 수호천사의 존재를 믿게 됐습니다.

전 직장에서 내가 좋아하던 남자를 붙들고 있었던 이유는 뭘까? 그에게 버림받는 게 두려웠기 때문이다. 즉, 내 무의식에 억눌려 있는 '버림받은 나'의 두려움을 느끼는 게 무서워 현실 속의 그를 꼭 붙들고 있었던 것이다. 이 두려움을 느껴주지 않으면 나는 계속 '버림받은 나'로 인생을 살아간다. 하지만 거울 앞에서 관찰자로 돌아가 이 두려움을 느껴주자 '버림받은 나'가 무의식에서 풀려나면서 '사랑받는 나'로 살아가게 됐다.

저는 힘들었을 때 뭐라도 붙잡고 싶은 심정으로 지내다가 우연히 거울명상 영상을 접하고 1년 넘게 해오고 있습니다. '시크릿' 같은 것들에 염증이 난 상태였는데, 거울명상을 접하면서 가슴이 탁 트이는 것 같았고 '이거다' 하는 마음이 느껴졌어요. 거울만 보고 올라오는 감정들을 털어놓으면 된다는 말이 얼마나 감사하게 느껴졌는지 모릅니다.
'나 같은 사람도 할 수 있구나' 하는 자신감이 생겨 거울을 봤는데, 처음 몇 달간은 아무런 변화가 없어 열등감과 수치감, 질투심 등 온갖 감정들이 올라왔고, 이 감정들을 거울 앞에서 맘껏 쏟아냈습니다. 그러자 오라가 보이기 시작하면서 까맣고 하얀 빛으로 변하는 제 모습도 보게 됐습니다. 그보다 더 감사한 것은 제가 대인기피증과 우울증이 굉장히 심했는데 많이 해소됐다는 것입니다.

저는 10년도 넘게 몸에서 심한 떨림이 올라오고, 누군가가 제 배를 주먹으로 치거나 꼬집어 비트는 것 같은 통증이 여러 번 올라와 숨이 차고 멍한 증상을 겪었는데, 어느 날 불안한 상황이 닥쳤는데도 '어? 내가 왜 안 떨지? 이상하네?' 하는 경험을 해서 혼자 웃었던 적이 있습니다.

물론 아직은 약하게 올라오기도 하고 더 깊이 느껴야 할 뭔가가 남아 있는 것 같습니다. 하지만, 그동안 늘 궁금했던 아픔의 원인을 이해하면서 그 아픔이 서서히 풀리고 있다는 게 저한테는 너무나 큰 기적입니다.

아직도 사람들이 무섭고 불안과 두려움, 공포에 시달리기도 하지만 '나한테는 거울이라는 친구가 있잖아. 거울 앞에서 다 쏟아내면 돼'라는 생각에 마음이 가벼워집니다. 내가 나의 가장 친한 친구가 돼가고 있다고 생각합니다. 또 힘든 상황에 처해서 감정이 주체할 수 없이 요동칠 땐 이미 마음을 들여다보는 습관이 붙어서인지 괴로워하는 저를 관찰하게 되더라고요. 예전엔 제 감정을 건드리는 상대에게 미움이 올라왔는데, 이제는 오히려 감사함으로 옮겨가고 있어요.

그리고 나를 힘들게 하는 내면아이도 나에게 가르침을 주는 존재구나 하는 사실을 이제 조금씩 깨달아가고 있습니다. 이 아이 덕분에 무시당하고 외로워하고 미워하는 감정들이 어떤 건지 알게 됐고, 사람들을 이해할 수 있게 됐습니다. 아직 갈 길은 멀지만 미래에 대한 두려움보다는 앞으로 얼마나 더 나아질까 하는 기대감이 더 큽니다.

거울은 왜 나의 가장 친한 친구가 될 수 있을까? 괴로운 감정들이 올라올 때마다 거울 앞에 앉아 나를 객관적으로 바라보면 이 감정들을 받아들이는 관찰자가 나타나기 때문이다. 거울만 있으면 나는 언제든지 관찰자로 돌아갈 수 있다. 관찰자의 무한한 사랑 속에서 몸으로 살아가는 나의 아픔을 맘껏 털어놓다 보면 나 자신이 바로 관찰자임을 알게 된다.

관찰자는 우주를 창조한 창조주이기도 하고, 의식체인 영이기도 하고, 수호천사이기도 하고, 무한하고 무조건적인 사랑이기도 하다. 거울명상을 하면 할수록, 몸이 내가 아니라 거울 속의 나를 지켜보는 관찰자가 나라는 사실을 점점 더 깊이 체험하게 된다.

거울 속의 나는 '인생 영화 속의 나'이다. 거울 속의 나를 지켜보는 관찰자는 '영화 밖의 나'이다. 영화 밖의 내가 영화 속의 나를 지켜보고 이끌어준다는 사실을 알게 되면, 영화 밖의 나에게 내 인생을 완전히 맡겨놓고 살아가게 된다. 영화 속의 내가 나 혼자의 힘으로 살아가려니 인생살이가 힘겹고 고통스러운 것이다.

텅 빈 마음으로 바라보는 것 자체만으로 내 존재가 바뀐다

아들은 몇 년 전부터 직장도 구하지 못한 채 백수로 지내고 있습니다. 그걸 보고 저는 지난 2년간 거울명상을 해왔습니다. 처음엔 30분씩 일주일에 서너 번 정도 거울을 보면서 "나는 무능하고 할 줄 아는 게 아무것도 없다"는 말만 되풀이하는 게 전부였습니다. 그러다가 수치심을 반복해서 느껴주고 난 뒤에는 매번 얼굴에 엄청난 두드러기가 올라왔습니다.

저는 5남매 중 막내인데 어머니가 저를 가졌을 때 낙태하려고 언덕에서 세 번이나 굴렀다고 합니다. 제 위로 한 아이는 유산됐다고 해요. 버림받은 두려움 때문인지 갓난아기 때도 잘 울거나 보채지 않았고, 숨소리조차 내지 않는 경우가 많아서 가족들이 자주 확인해보았다고 합니다.

그래서 거울 앞에서 엄마 배 속에 있다고 상상하면서 "엄마, 나 죽는 거 무서워. 제발 나 좀 살려줘"라고 반복해보았습니다. 그러자 온몸에서 식은땀이 확 나면서 헛구역질이 계속 나다가 구토를 했고, 그 후에는 온몸의 기력이 다 빠진 것처럼 아무 힘도 없었습니다.

그렇게 죽음에 대한 공포를 느껴주고 난 뒤엔 특별히 감정을 끌어올리지 않고 거울을 멍하니 바라보기만 했습니다. 바라보는 것만으로도 정화가 된다고 해서 매일 아침저녁으로 30분씩 그렇게 했습니다.

처음엔 몸 주위에 이따금 하얀빛이 보이다가 넉 달 전부터는 얼굴이 하얗게 사라지는 현상을 몇 차례 경험했어요. 일상생활을 하면서도 수시로 "나는 '지금 여기'에 있고, '지금 여기'는 텅 빈 무한한 마음 속에 들어 있다. 나는 무한한 마음 속에서 살아가고 있다"는 사실을 알아차리며 살아갑니다.

처음엔 별 반응이 없더라도 조급함을 내려놓고 꾸준히 하다 보

면 어느 순간 반드시 변화가 나타나기 시작한다. 엄마의 배 속에 있다고 상상하면서 죽음의 공포를 느껴주었는데도 온몸에서 식은땀과 헛구역질 등 뚜렷한 반응이 나타나기 시작했다. 일상에서도 '난 텅 빈 마음 속에서 살아가고 있다'고 자각하며 살아가는 것 자체만으로 점점 의식이 확장돼간다. 내가 '몸으로 살아가는 나'를 지켜보는 텅 빈 마음이 돼가기 때문이다.

텅 빈 마음은 무조건적이고 무한한 사랑이다. 무한한 사랑 속에 살아감을 자각하는 것 자체만으로 정말 변화가 일어날까?

최근엔 거울명상을 하고 있으면 먼저 얼굴이 사라지고 계속 거울을 바라보고 있으면 몸도 사라집니다. 그리고 순차적으로 방 전체가 하얀빛으로 보여요. 눈을 깜박여도 그 상태가 2~3분 정도 유지되다가 제 모습이 다시 보입니다.

그런데 2주 전쯤 한번은 얼굴이 까맣게 변했습니다. 그런 뒤 평소에도 갑자기 옷이 다 젖을 정도로 식은땀이 나고, 구토가 올라오고, 두통도 있고, 손가락 하나 까딱할 수 없을 정도로 온몸의 힘이 다 빠져나간 듯한 아픔이 찾아옵니다. 그러다가 두어 시간 지나면 아무렇지도 않아져요. 그렇게 반복될수록 아픔의 강도도 약해집니다.

얼마 전에는 갑자기 오한이 났습니다. 에어컨을 틀지도 않았고, 몸에 이상이 있는 것도 아닌데 갑자기 얼음물에 빠진 것처럼 너무 추웠습니다. 한여름에 전기장판을 최고 온도로 올려놓고, 두꺼운 이불까지 덮은 채 누웠지만 온몸이 사시나무 떨듯 덜덜 떨리는 추위는 가시지 않았어요. 살면서 한 번도 경험해보지 못했던 엄청난 추위였습니다. 아들이 응급실에 가야 하는 거 아니냐며 마사지를 해주었지만 전혀 차도가 없다가 두 시간쯤 지나자 거짓말처럼 몸이 따뜻해지기 시작했습니다.

온몸에서 식은땀이 나고, 몹시 춥고, 기운이 다 빠져나가는 것처럼 느껴지는 이유는 뭘까? 억눌려 있던 수치심 등 탁한 감정 에너지와 함께, 그 감정 에너지를 억눌러놓았던 차가운 살기가 한꺼번에 빠져나가기 때문이다. 온몸이 덜덜 떨리는 것도 그 차가운 살기 때문이다. 몸에 이상이 생겨 나타나는 증상이 아니라, 몸이 치유되는 과정에서 일어나는 명현반응이기 때문에 그 반응을 관찰하며 꾸준히 하다 보면 스스로 치유된다.

몸이 사라진다는 건 몸을 나와 동일시하는 생각이 완전히 사라진다는 뜻이다. 몸도 생각과 빛으로 창조된 홀로그램이기 때문에 생각이 사라지면 빛만 남게 된다. 이렇게 반복적으로 텅 빈 마음으로 돌아가다 보면 현실은 어떻게 달라질까?

백수로 지내는 아들은 마음이 위축돼서인지 방에서 잘 나오지 않고 방문을 항상 닫아놨습니다. 그런데 제가 거울 앞에서 아들의 입장에서 마음을 느껴주자 눈물이 나면서 "나는 너무 답답하다. 이 집이 싫다"라는 말이 나왔습니다. 그래서 제가 아들에게 얘기하듯이 "그렇게 답답한데 방문은 왜 닫고 있니? 방문도 열고 외출도 자주 해봐"라고 말해주고 명상을 마쳤어요.

그러자 바로 다음 날 아들이 저에게 같이 영화도 보러 가자고 하고, 외식도 하자고 해서 함께 외출했습니다. 요즘은 방문도 계속 열어놓고 지냅니다. '문제는 나였구나. 내가 일으킨 감정이구나' 하고 깨달았습니다.

저는 아파트 단지 내의 헬스장에서 간단한 운동을 하곤 하는데, 평발이라서 트레드밀에서 20분 이상 걷지 못합니다. 그날도 걷다가 아프기 시작하기에 '안 아픈 발로 운동하고 싶다. 관찰자가 안 아픈 발로 운동하도록 해줬으면 좋겠다'라는 생각을 계속 반복하면서 10분 정도 걸었는데 아픈 게 사라졌습니다. 그 뒤로는 걷기 운동을 할 때 발바닥이 전혀 아프지 않습니다. 지난 60년 가까이 지속돼온 평발 통증이 사라진 겁니다.

또 양치할 때마다 잇몸이 시큰거려 고생했는데, "통증 없는 이로 살고 싶다. 건강한 잇몸으로 살고 싶다"라는 생각을 양치할 때마다 반복했더니 어느 순간부터는 잇몸이 시큰거리지 않게 됐습니다.

텅 빈 마음 속에서 기적이 일어나는 현상은 예로부터 '진공묘유', '무위이화'라고 불려왔다. 무의식에 억눌려 있던 인격화된 부정적 감정들이 풀려나면서 서로 분리돼 있던 긍정적 감정들과 합쳐져 텅 비어버린다. 창조주인 텅 빈 마음은 전지전능하다. 그래서 텅 빈 마음이 되면 내가 원하는 현실이 창조된다.

사람마다 무의식에 억눌린 감정들이 각기 다르다. 조상들이 대물림해준 무의식이 각기 다르기 때문이다. 따라서 무의식이 정화되는 속도도 각기 다를 수밖에 없다. 빠른 사람도 있고, 느린 사람도 있다. 중요한 건 얼마나 꾸준하게, 끈기 있게 하느냐이다. 설사 10년, 20년, 30년이 걸리더라도 근원의 나로 돌아갈 수만 있다면 너무나 큰 축복이다. 내 무의식이 정화되면서 조상들과 후손들도 함께 정화되기 때문이다.

> 저는 지난 2년간 거울명상을 해오면서 빛이 보이는 등의 신비체험은 없었습니다. 늘 눈물, 기침, 가래, 하품, 방귀가 나오며 감정이 저를 떠나는 걸 경험하고 있습니다. 그러면서 공황장애는 거의 사라졌고, 어렸을 때부터 고생해온 비염은 완전히 사라졌습니다.
> 정말 너무 신기합니다. 모든 질병이 결국 감정과 연결된 것이었다는 걸 알게 됐습니다. 어리숙했던 지난날들을 생각하면 정말 마음이 모든 것이었음도 새삼 깨닫고 있습니다.

사람에 따라 거울명상의 반응이 각기 다르기 때문에 신비체험에 매달리는 건 어리석은 일이다. 신비체험에 매달리는 건 누구일까? 남들이 아직 경험하지 못한 것을 내가 먼저 경험해 우월감을 느껴보고자 집착하는 '열등한 나', '집착하는 나'이다. 이런 자아들이 거울명상을 하면 잘 될까? 텅 빈 마음인 관찰자가 될 리 없다.

위 사례는 신비체험을 하지 않더라도 무의식이 정화된다는 사실을 명확히 말해준다. 신비체험은 지나가는 것이다. 신통神通도 마찬가지다. 지속적인 현상이 아니다. 모든 움직임을 있는 그대로 지켜보는 텅 빈 마음 속에서 위 사례처럼 진정한 신비체험이 일어난다.

관찰자가 치유하는 순간 사랑의 빛이 나온다

40년 만에 치유된 엄마에 대한 원망

저는 엄마의 가학적인 언행으로 초등학교 시절부터 우울증과 불안증에 시달렸습니다. 그 상처는 40대 초반인 지금까지 계속되고 있습니다. 아빠는 술과 여자를 좋아하는 한량으로 밖으로만 나돌았고, 밤늦게 귀가하면 엄마와 싸웠습니다. 저는 밤만 되면 두려움에 떨었습니다.

제가 유치원에 다닐 때 유치원복 바지가 내려가지 않아 실수를 했는데, 엄마는 아주 포악하게 제 팔을 잡아 흔들고 씻기면서 욕설을 퍼부었습니다. "넌 정신에 이상이 있는 게 분명해! 정신병원에 처넣어야 해!"

그 순간 저는 온몸에 소름이 돋아 울지도 못했습니다. 그 어린 나이인데도 심한 수치심이 올라왔습니다. 그때부터 저는 온갖 폭언과 폭행을 당하며 감정의 쓰레기통 역할을 했습니다. 엄마는 아빠에 대한 모든 원망과 분노를 오빠가 아닌 저에게 쏟아부었고, 엄마가 저를 때리면 오빠는 뒤에서 언제나 웃고 있었습니다.

중학교 다니던 어느 날 일어나 보니 엄마는 아무 말도 남기지 않고 집을 나갔습니다. 2년 뒤 엄마는 저와 오빠를 데려갔습니다. 하지만 다시 폭언과 폭력이 이어졌고, 어느 날 새로운 남자가 인사도 없이 집에 들어와 동거하기 시작했습니다.

저는 20대 중반에 마침내 집을 나왔지만, 지금도 저를 경멸하듯 노려보는 엄마의 살기 어린 눈빛이 떠오릅니다. 저는 엄마가 소리를 지르는 것보다 그 눈빛과 마주칠 때마다 온몸에 소름이 돋고 머리가 쭈뼛해지며, 소변 실수를 할 것 같은 느낌과 공포에 휩싸였습니다. 너무나 차갑고 무서웠습니다.

1년 넘게 거울명상을 했지만, 가슴에 뭉쳐진 응어리가 도무지 풀리지 않았습니다. 지난 이틀간 어떤 지인과의 일로 몹시 피곤한 감정이 올라와 거울 앞에 앉아 제가 그 지인에게 하고 싶었던 말을 털어놓았습니다. "귀찮아. 피곤해. 네가 알아서 좀 해. 피해 좀 주지 마. 넌 등신이야?"

제가 화를 내기 시작한 지 5분도 되지 않아, 갑자기 엄마가 나에게 느꼈던 감정들이 느껴졌습니다. 정말 뜻밖의 감정들이었습니다. 저는 엄마가 되어 말하기 시작했고, 저절로 말이 튀어나왔습니다. "아휴! 귀찮아. 시끄러워! 너를 낳지 말았어야 했는데! 너 낳고 내가 너무 힘들어!! 아휴!! 지겨워! 죽어버려!"

엄마의 감정이 제 가슴에 고스란히 전해졌습니다. 저는 고통스러웠지만 계속 지켜보았습니다. "난 네가 싫어! 미워! 아휴, 버릴 수도 없고." 극도의 미움이 느껴졌습니다. 고단한 엄마에게 저는 짐이었고, 저를 버리고 싶었지만 버릴 수 없었기에 미움으로 저를 키웠다는 걸 알았습니다.

저는 입을 막은 채 목 놓아 울었습니다. 울면서 저절로 감겨진 눈 속에서 이제 겨우 아장아장 걸을 만한 아기가 보였습니다. 흰옷을 입은 아기는 바닥에 앉아 놀고 있었습니다. 그 옆의 주방에서 일하던 엄마는 미움이 가득한 눈길로 저를 쳐다보았습니다. 아기는 엄마를 올려다보며 방긋 웃었지만, 엄마는 싸늘하게 내려다보았습니다. 아기는 엄마의 기분을 풀어주고 예쁨받고 싶었습니다. 엄마에게 안아달라며 손을 뻗자, 엄마는 "아휴!" 하고 한숨을 내쉬며, 옷을 잡는 아기의 팔을 떨쳐버렸습니다. 그 장면이 너무나 아파서 걷잡을 수 없는 울음이 터져 나왔습니다.

잠시 후 다른 장면도 보았습니다. 아기가 누워 졸음이 쏟아지는지 스르르 눈이 감겼습니다. 아기를 바라보는 엄마의 눈길에서 죽이고 싶은 충동이 느껴졌습니다. 엄마의 감정과 제 감정을 동시에 느끼는 게 너무 힘들었습니다.

마지막 장면은 아기가 장난감을 만지며 말은 못하지만 "엄마 나 좀 봐. 이것 좀 봐" 하는 표정으로 웃으며 엄마를 올려다보는 모습이었습니다. 엄마가 외면하자 아기는 무안해 어쩔 줄 몰랐습니다. 싸늘한 눈빛으로 등을 돌리는 엄마를 보는 아기의 슬픔이 느껴졌습니다.

아기가 그 모든 감정을 느낄 수 있다는 게 신기했습니다. 처음 보는 뜻밖의 장면들을 지켜보며 가슴이 찢어질 듯 아파서 또다시 목 놓아 울었습니다. 관찰자인 저는 약간 위에서 내려다보는 시선이었는데, 그 장면 속으로 팔을 뻗어 웃지도 울지도 못하는 아기한테 "아가, 이리 와. 아가, 이리 와" 하고 말하면서 엄마 대신 안아주었습니다. 아기를 안았지만 눈에 보이는 팔로 안은 게 아니라 아기가 그냥 들려 있었습니다. 그 아기의 무력감과 슬픔, 절망감이 느껴져 너무너무 가여웠습니다.

거울명상을 많이 해보았지만 그런 장면이 보인 것은 처음이어서 너무 놀랐습니다. 여러 장면을 보고 나니, 숨이 넘어갈 듯한 울음이 나오면서 말이 저절로 나왔습니다. "엄마, 무서워. 가지 마. 엄마, 나 무서워. 가지 마. 귀찮게 안 할게. 조용히 있을게. 엄마 없을까 봐 무섭단 말이야." 저는 왜 그런 말이 나오는지 몰랐습니다. 말들이 그냥 나왔습니다. 어리둥절했지만 너무 슬프고 무서웠습니다. 그리고 그 감정들을 고스란히 느끼고 있었습니다.

그러고 나서 문득 생각이 났습니다. 제가 갓난아기였을 때 엄마는 큰이모에게 꽤 오랫동안 저를 맡겼었고, 세 살 때 또다시 큰이모에게 맡겼던 적이 있었습니다. 큰이모는 주방에서 일을 하게 되면 저를 안아 주방에 앉혀놓고 야쿠르트의 밑면을 조금 잘라 거꾸로 주었습니다. 저는 다리를 흔들며 쪽쪽 빨아먹었습니다. 그럼 이모는 제가 먹는 것을 보면서 "맛있나?" 하며 사랑스러운 눈길로 활짝 웃어주었습니다. 그러다가 엄마가 데리러 오자, 이모에게 매달려 엄마를 모른 척하고 안 떨어지려고 했다는 이야기를 들었습니다. 그때의 감정이 처음으로 온전히 느껴지면서, 저는 사랑을 느끼게 해준 이모와 계속 살고 싶어했었다는 걸 알았습니다.

이렇게 가슴에서 올라오는 감정들을 느껴보는 건 감정들이라기보다는 그냥 앎이었습니다. 그 앎을 통해 저는 엄마는 무조건 나를 사랑해야 한다는 고정관념이 순식간에 사라지는 걸 느꼈습니다. 엄마는 나를 그냥 사랑만 할 수 없을 만큼, 너무나 고단한 삶을 살았음을 알았습니다.

자신이 낳은 자식조차 사랑하지 못하고 미워하며 살아야 했던 엄마도 얼마나 힘들었을까, 힘들면서도 온 힘을 다해 나를 키우려고 노력했겠구나, 자식을 사랑하지 못하는 자신도 미워하며 무거운 죄책감을 안고 살았겠구나…. 그동안 단 한 번도 생각하지 못했던 엄마의 마음이 저절로 알아졌습니다.

저는 눈을 감고 앞에 서 있는 엄마를 상상하며 엄마 가슴에 까맣게 얹힌 큰 돌을 꺼냈습니다. 그리고 말없이 지친 듯 고개를 떨구고 있는 엄마를 안으며 말했습니다. "엄마, 그동안 고생했어. 미운 자식을 먹이기도, 달래기도, 챙기기도 하면서 많이 힘들었지? 40여 년간 그 짐이 너무 무거웠지? 이제 그 죄책감을 꺼냈으니 가볍고 신나게 살아. 나는 엄마를 용서하려고 애쓰지는 않을 거야. 엄마를 이해하려고 애쓰지도 않을 거야. 미워하지도 않을 거야. 우리는 40여 년간 서로 원망하고 미워했구나. 이제 조금이라도 마음이 가벼워지기를 바랄게요."

이렇게 말하고 눈을 뜨고 거울 속의 저를 바라보는데, 제 주변의 시야가 정말로 점멸하듯 어두워졌다가 노랗게 밝아지더니 모든 사물의 주위가 지지직 하며 출렁거리듯 흔들거렸습니다. 아름다운 빛깔의 홀로그램들이었습니다. 사물들의 형태가 뭉개지고 있는 것 같으면서도 오히려 투명해진다고 해야 할지, 말로 설명하기가 어렵네요. 그러면서 "정말 홀로그램이야, 정말로!"

라며 신기해하는데, 그 투명한 노란빛으로 방 전체가 점점 더 선명해지면서 홀로그램들도 명확해졌어요.

밝은 하얀빛들이 반짝거리며 왔다 갔다 하는데, 빛들이 즐거워하는 것처럼 느껴졌습니다. 저는 너무 놀라워서 눈이 계속 커졌고, 눈을 크게 뜨고 있었는데도 평소 거울명상을 할 때처럼 눈이 피로하거나 아프지 않았고, 몸이 없는 것처럼 느껴지고, 금방이라도 방이 사라져버릴 것 같았어요. 이러다가 제가 어디론가 사라질 것 같아서 잠시 두려움도 올라왔지만, 너무 황홀하고 기쁨이 넘쳐서 제 입은 미소를 짓고 있었습니다.

너무 큰 경험이라서 조금 겁도 나서 '여기서 멈추지' 하는 생각이 들었습니다. 명상이 끝나고 나서도 기쁨이 넘쳤고, 잠자리에 눕자마자 깊은 잠에 들었습니다. 이번 명상으로 큰 진실에 눈을 뜨고 큰 상처들은 사라졌지만, 아직 불쑥불쑥 올라오는 작은 상처들은 남아 있는 것 같습니다. 그렇다고 예전처럼 괴로움으로 올라오진 않습니다.

우주는 사랑의 빛으로 가득하다. 이 무조건적인 사랑의 빛과 만나는 순간 사랑의 단절로 인해 생긴 모든 부정적 감정은 사랑의 빛 속으로 사라진다. 그럼 부정적 감정들과 함께 무의식에 억눌려 있던 상처받은 자아들도 함께 풀려난다. 그러면서 나 자신이 바로 사랑의 빛이며, 현실은 사랑의 빛으로 만들어진 홀로그램이라는 사실도 체험적으로 알게 된다.

뼈로 전이된 유방암의 두려움을 느껴줬더니

저는 최근 유방암의 뼈 전이 진단을 받은 50대 여성입니다. 지난 2년 동안 지독한 우울증에 시달리면서 매일 죽었으면 좋겠다고 울면서 하루하루를 보냈습니다. 그러다가 암이 뼈로 전이돼 수술도 할 수 없다는 진단을 받았습니다. '드디어 죽고 싶다는 내 소원이 이뤄지겠구나' 하는 생각이 들었습니다. 그러자 오히려 살고 싶다는 마음이 올라왔습니다.

친구의 소개로 거울명상을 처음 시작했는데, 첫날은 아무 느낌이 없었습니다. 그런데 다음 날 갑자기 얼굴이 검게 변하더니 젊은 남자, 아주머니, 할머니, 외국인 등 여러 얼굴들이 나타났습니다. 하루 뒤에는 얼굴 주위로 노랑과 환한 연둣빛이 보이기 시작하더니 하얀빛이 몸 주위를 둘러싸 정말 깜짝 놀랐습니다. 암이 있는 부분을 가만히 보고 있으니 통증이 느껴졌습니다. 암세포들에게 '미안하다. 정상으로 돌아와주렴' 하고 생각하니 그 부분이 간질간질하더니 세포들이 아이처럼 좋아하며 까르르 웃는 걸 느꼈습니다. '세포들이 웃다니? 이게 정말 말이 되나?'라고 생각하면서도 그렇게 느껴졌습니다. 그리고 그 부분이 뜨거워지는 경험을 한 뒤, 숨을 쉽게 쉴 수 있게 됐습니다. 상식적으로는 도저히 설명되지 않는 경험이어서 정말 놀랐습니다.

내가 살고 있는 세상이 정말 2차원 평면 같은 곳이고, 내 몸은 컴퓨터 게임의 아바타 같은 거라는 말이 생생한 진실로 느껴졌습니다. 저는 지금까지 도덕적으로 용서받을 수 없는 결정을 두 번 내렸고, 이게 너무 수치스러워 가슴속에 20년 이상 눌러놓고 살아왔습니다. 그래서 저를 혐오하고, 죽어버렸으면 좋겠다고 생각한 것 같습니다.

나를 둘러싸고 있는 빛이 이렇게 밝고 아름다운데, 나는 왜 죽고 싶다고 절실하게 생각했을까. 내가 많이 아프구나. 그토록 죽기를 원하고, 마침내 그 소원을 하늘이 들어주셨는데 왜 이제 와서 살고 싶다고 이러나…. 하지만 막상 곧 죽게 된다고 생각하니 이제 정말 살고 싶은 마음이 듭니다.

나는 왜 죽고 싶다는 생각을 하며 살았던 걸까? 몸을 나와 동일시하며 살았기 때문이다. 몸을 나와 동일시하면 죽음의 공포가 올라올 때 반사적으로 억눌러버리게 된다. 그럼 공포는 어디로 갈까? 내 무의식에 억눌려 있다가 점점 몸의 병으로 물질화된다.

그런데 왜 하필이면 여성의 상징인 가슴의 암으로 나타난 걸까? '난 여성으로서 수치스러운 결정을 내렸다'고 자신을 공격하기 때문이다. 만일 내가 원치 않는 임신을 하게 돼 낙태를 했다면? 낙태된 아기가 느꼈을 죽음의 공포가 내 무의식에 억눌리게 된다.

이 억눌린 죽음의 공포는 '난 버림받았다'는 생각과 합쳐져 '버림받은 나'라는 자아가 된다. 죽음의 공포에 떠는 이 자아는 자신이 죽임을 당했기 때문에 남을 죽이고 싶어한다. 그래서 나도 모르게 자꾸만 남이나 나 자신을 죽이고 싶다는 충동이 올라오는 것이다.

하지만 실제로 사람을 죽일 수는 없는 노릇이다. 그래서 이 자아는 유방암을 일으켜 나로 하여금 죽음의 공포를 느끼게 한다. 자신의 존재를 인정받고자 하는 것이다. 그 존재를 인정해주는 방법은 죽음의 공포를 느껴주는 것이다. 그래서 거울 앞에서 죽음의 공포를 느껴줬더니 마침내 하얀 치유의 빛이 몸을 둘러쌌다.

이 치유의 빛은 어디서 나오는 걸까? 바로 창조주인 근원의 빛으로부터 나오는 것이다. 근원의 빛이자 사랑의 빛이 나오면서 죽음의 공포도 빛으로 사라지고, 몸도 일시적으로 빛으로 사라진다. 그러면서 치유된다. 감정도, 몸도 사랑의 빛으로 창조된 것이기 때문이다. 아래 사례들도 마찬가지다.

오늘 거울명상을 하면서 갑자기 "엄마가 날 죽였다"는 말이 튀어나왔습니다. 엄마가 먹기 싫은 걸 억지로 먹게 하고, 졸리지 않은데 억지로 자게 하고, 하고 싶은 걸 못 하게 해서 제 감각을 다 죽였다는 생각에 그 말이 튀어나왔어요.

그 말을 되풀이하는데 갑자기 코에서 맑은 물이 주르륵 흘러내렸습니다. 엄마가 나를 죽였다고 느꼈던 상황들을 떠올리며 그 말을 계속 반복하는데 이번엔 눈에서 물이 줄줄 흘러내렸습니다. 울 때 나오는 눈물이 아니었습니다. 분명히 우는 건 아닌데, 어떤 막힌 부분이 뚫린 것처럼 코와 눈에서 물이 주륵주륵 흘러내렸습니다.

'아, 막혔던 감각이 뚫리는구나!' 하는 생각이 들었어요. 잠시 후 거울 속의 몸이 완전히 사라지면서 하얀빛이 제 몸을 넓게 둘러싸는 게 보였습니다.

감정이 빠져나가면서 빛이 나와요. 억눌린 감정을 거울명상으로 제대로 느껴줬을 때 그 감정이 빠져나가고 거울 속에서 엄청난 빛이 분출되는 걸 목격했습니다. 마치 거울 뒤쪽에서 강렬한 조명을 얼굴 쪽으로 비추는 느낌이랄까. 거울 속에는 얼굴 또는 얼굴 모양의 실루엣도 없고 오로지 강렬하게 내뿜는 밝은 빛밖에 없더군요. 아~ 이것이 바로 근원의 사랑. 근원의 빛이구나, 이게 제 본바탕이구나 하는 걸 느낍니다.

감정들이 풀리면
문제들도 풀린다

괴로운 감정들이 풀리면 괴로운 현실도 풀린다

저는 2년 전쯤 우울증이 극에 달해 이러다 미치거나 죽겠다 싶어 이것저것 검색하다가 거울명상을 알고 살아났습니다. 저는 결혼하고 나서 줄곧 빚만 잔뜩 있는 전셋집에 살면서, 양가 부모님을 부양해야 하는 상황이었습니다. 그러다가 엄마가 갑자기 거동도 못할 정도로 앓아누우셨습니다. 수십 년간 몰래 외도를 해온 아빠가 들통이 난 이후에도 반성은커녕 오히려 드러내놓고 두 집 살림을 하는 모습에 병이 나신 것 같았습니다.

병원에 가도 병명조차 알 수 없고, 나날이 탈수 증상에 음식도 거의 드시지 못해 앉지조차 못하는 위험한 상태였습니다. 아빠는 절대로 이혼해줄 수 없다고 하고, 내연녀는 엄마의 병 수발을 해준다며 엄마 집에 공개적으로 드나들었습니다.

나는 빚만 잔뜩 떠안은 채 양가 부모까지 부양해야 한다. 아빠는 드러내놓고 두 집 살림을 한다. 그걸 보고 엄마는 병명조차 알수 없는 위험한 병에 걸려 음식을 삼키기도 어렵다. 그런 엄마를볼 때 죽음의 공포가 올라온다.

현실은 내 무의식을 비춰주는 거울이다. 만일 죽음의 공포가올라온다면 거울 앞에서 죽음의 공포를 느껴주면 된다. 만일 '난아무것도 할 수 없다'는 무력감이 올라온다면 거울 앞에서 무력감을 느껴주면 된다. 만일 내 존재에 대한 수치심이 올라온다면거울 앞에서 수치심을 느껴주면 된다.

저는 무작정 거울 앞에 앉았습니다. 뭘 어떻게 해야 할지도 모르고 집중도 되지 않았습니다. 그냥 아무 말도 없이 거울 속의제 얼굴을 바라보는 게 전부였습니다.

얼마나 오랫동안 그렇게 앉아 있었을까요? 온갖 이상한 얼굴들이 겹쳐 올라왔습니다. 며칠간 그렇게 그 얼굴들만 멍하니 바라보고 있었습니다. 그러던 중 거동도 못 하고 누워 있을 엄마가떠올랐습니다. 서글프고, 무섭고, 죽을까 두렵고, 원망스럽고,외로운 감정들이 물밀듯 밀려오면서 반 시간쯤은 펑펑 울었던것 같습니다.

그렇게 사흘쯤 계속 울고 나서 엄마와 통화를 하니 음식을 좀드셨다고 했습니다. 뛸 듯이 기뻤습니다. 그런데 남편도 난데없이 엄마를 우리 집 근처에 원룸을 얻어 모셔오자고 제안했습니다. 너무나 고마웠습니다.

그 이후에도 거울명상을 할 때마다 "엄마가 죽을까 봐 두렵다. 엄마를 돕지 못해 너무 괴롭다"며, 나의 무기력함과 열등감을 계속 느껴주었습니다. 그 이후 정말 거짓말처럼 아빠가 고집을 꺾고 엄마를 별말 없이 놓아주었고, 엄마는 옷가지만 챙겨 저희 집 근처의 원룸을 얻어 나오셨습니다.

당뇨에, 고혈압에, 음식을 삼키지조차 못했던 엄마가 지금은 알바도 할 만큼 건강해지셨습니다. 남편 가게도 배달로 전환하면서 코로나 이후 오히려 장사가 더 잘 돼 이젠 시댁과 엄마에게 매달 용돈도 보태드립니다. 얼마 전엔 꿈에 그리던 내 집도 디딤돌 대출을 받아 마련했습니다.

이 모든 것이 거울명상을 한 지 1년 반 만에 일어난 꿈같은 일들입니다. 거울 앞에 앉을 때마다 나를 따뜻하게 감싸주는 포근한 사랑의 눈길이 제 앞길을 이끌어준다는 사실을 조금씩 실감해가고 있습니다.

거울 속의 내 얼굴을 가만히 바라보고 있는데 왜 이상한 얼굴들이 나타날까? 내 무의식에 억눌려 있는 자아들의 얼굴이다. 이 자아들이 고통스러운 현실을 창조하며 오랫동안 나로 살아왔다. 하지만 내가 이 자아들의 감정들을 느껴주면서 자아들은 풀려났다. 이제 자아들이 창조하는 고통스러운 현실 대신, 관찰자의 무한한 사랑이 창조하는 평화로운 현실이 펼쳐지기 시작했다.

이처럼 거울 속의 나를 관찰자의 눈으로 꾸준히 바라보기만 해도 기적 같은 변화가 스스로 일어난다. 관찰자는 전지전능한 무한한 사랑이자 모든 걸 아는 앎이기 때문이다.

제가 중학교 때부터 서른이 넘은 지금까지 생리통이 무척 심합니다. 그동안 생리통에 좋다는 한약도, 영양제도 수도 없이 먹어봤지만 해결되지 않았고, 산부인과 검진을 하면 전혀 문제가 없다는 결과가 나옵니다. 어떻게 해야 이 고통에서 벗어날 수 있을까요?

지난 수십 년간 나를 고통에 빠트려온 극심한 생리통은 왜 생겼을까? 과거에 내 여성성에 대한 심한 수치심을 억눌러놓고 살아왔기 때문이다. 그 수치심이 극심한 생리통으로 물질화돼 올라온 것이다. 그렇다면 그 수치심을 느껴주면 물질화된 극심한 생리통도 사라질까?

넉 달 전부터 밤마다 거울 앞에서 여성으로서의 수치심을 느껴보았습니다. 처음에는 제 무의식에 그런 것들이 있다고 전혀 생각해본 적이 없었기에 물음표투성이였지만, 이내 신기하게도 어릴 때 경험했던 사소한 일들까지 떠오르며 많이 울고 구역질을 했습니다. 왠지 모르겠지만 눈물이 무척 따가웠습니다. 일주일 정도 밤마다 지속했습니다.
초등학교 때 아버지가 이웃집 아저씨와 소음 문제로 말다툼이 있었던 날, 놀라서 아버지 곁으로 달려가 울면서 있다가 집에 돌아왔습니다. 그때 아버지가 "아들이 있었으면 저런 상스러운 사람에게 무시당하지 않았을 텐데"라고 무심코 던졌던 말이 떠올랐습니다.

또 지하철에서 술 취한 남성 노인과 다툼을 벌였던 일, 그리고 20대 초반에 당한 성폭력 등, 그 당시엔 "괜찮아. 다 지나간 일이야. 내가 잘못해서 생긴 일이 아니야"라고 덮어버리고 이제껏 한 번도 떠올리지 않았던 작은 사건들까지 떠올랐습니다.

신기하게도 지금은 생리통이 아예 없이 지나가거나, 아주 미약한 통증만 간헐적으로 있을 뿐입니다. '우연이지 않을까?'라고 생각해 넉 달이 지난 이제야 치유됐다는 사실을 전해드립니다.

내가 어릴 때 아버지가 "아들이 있었으면 저런 상스러운 사람에게 무시당하지 않았을 텐데"라고 무심코 던졌던 말이 내 여성성에 심한 수치심을 올라오게 했다. 하지만 나는 이 수치심을 완전히 느껴줄 수 없는 나이였다. 그래서 그 수치심을 꾹꾹 억눌러놓고 살아왔다. 이렇게 억눌린 여성성에 대한 극심한 수치심은 극심한 생리통으로 물질화돼 나타났다.

하지만 내가 거울 앞에서 어릴 때의 수치스러웠던 상황을 떠올려가며 수치심을 느껴주자, 수치심이 풀려나면서 수십 년에 걸친 극심한 생리통도 풀려나게 됐다. 이처럼 현실은 진짜가 아니라 내 무의식을 비춰주는 홀로그램 거울이다. 거울 앞에서 올라오는 고통스러운 감정들을 느껴줘 풀려나면 고통스러운 현실도 함께 풀려나게 된다.

억눌린 감정을 완전히 느껴줘야 현실이 바뀐다

작년 말부터 지금까지 엄마가 네 차례 입원을 하시고, 그동안 근처에 사는 제가 매일 대여섯 번씩 오가며 식사와 약 등을 챙겨드리고 있습니다. 저는 작년에 실직을 해서 올해엔 자격증을 따서 취직하려 했었는데 엄마의 병간호 하랴, 코로나로 집에 있는 아이들을 돌보랴, 몸도 마음도 지쳐가고 있었습니다. 그러면서 내가 왜 이런 고달픈 현실을 벗어나지 못하는지 그 원인이 너무나도 궁금했습니다.

그러던 중 입원 중인 엄마에게 필요한 물건들을 챙기러 새벽에 엄마 집에 들렀을 때 거울명상을 할 조용한 시간이 생겼습니다. 처음에는 무슨 말로 어떻게 시작해야 할지 몰라 제가 그동안 어떻게 살아왔는지만을 털어놓았습니다.

"난 고생만 하시는 부모님이 행복하기만을 바랐어."

"난 내 삶을 엄마에게 바쳤다 싶을 정도로 엄마를 위해 살아왔어."

"난 부모님께 경제적인 도움을 드리고 싶어 학교 진학도 포기한 채 취직해서 돈을 벌었어."

"난 내가 뭘 원하는지도 모른 채 살아왔어. 엄마가 항상 오빠만을 밀어주는 게 원망스러웠지만, 꾹 참고 살아왔어."

이렇게 앵무새처럼 나 자신에게 "난 정말 열심히 살아왔어"라는 말을 반복했습니다. 그런 말을 되풀이하는 내 모습을 거울 속에서 물끄러미 들여다보노라니 저도 모르게 제 입에서 이런 말이 흘러나왔습니다. "그 희생 그만 강요해. 그 희생 그만 강요해."

그 순간 눈물이 왈칵 쏟아져나왔습니다. 저는 거울 속의 나를 바라보며 한참 울었습니다. 그러다 보니 제 얼굴에 여러 사람들의 얼굴이 차례로 나타났습니다. 무서운 표정의 괴물 같은 얼굴도 있었고요. 그리고 조금 있다가 제 뒤쪽으로 제 실루엣을 둘러싼 흰빛이 보였고, 옆에는 파란빛도 보였습니다.

처음 경험하는 일이라 너무도 신기했습니다. 삶이 고달프고 외로워도 늘 긍정 마인드로 저를 달래고 채찍질하며 살아온 제 안에 저를 진심으로 사랑해주는 존재가 들어 있었구나 하는 사실을 알게 되니 너무나 감격스럽고 위안이 되고 마음도 가벼워집니다.

나는 왜 '착한 나'로만 살아온 걸까? 엄마한테 사랑받기 위해서다. 오빠만 밀어주는 엄마가 원망스럽고 미웠지만, 그 감정들을 엄마한테 털어놓으면 엄마한테 미움받을까 봐 너무나 두려웠던 것이다.

엄마를 원망하고 미워하는 건 '나쁜 나'라고 자꾸만 짓눌러버리니 '나쁜 나'가 괴물이 돼버렸다. 괴물이 된 무의식 속의 '나쁜 나'는 점점 더 나쁜 현실을 창조해낸다. 엄마는 네 차례나 입원을 하고, 실직한 나는 병간호를 도맡아 해야 하고, 아이들과 씨름해야 하는 원망스러운 현실이 눈앞에 끊임없이 펼쳐진다.

이 원망스러운 현실은 누가 창조한 것인가? 바로 나 자신이 창조한 것이다. '착한 나'로 살아가기 위해 짝이 되는 '나쁜 나'를 자꾸 억눌러버리니 괴물이 된 '나쁜 나'가 "이래도 날 인정해주지 않을래?"라고 소리치며 나쁜 현실을 자꾸만 창조해내고 있는 것이다. 내가 무의식에 억눌러놓은 '나쁜 나'도 원래의 나인 창조주의 현현이기 때문에, '나쁜 나'가 자신과 동일시하는 모든 생각도 무조건 현실화된다는 사실을 망각하지 말아야 한다.

창조주 차원의 나이건, 영 차원의 나이건, 무의식 차원의 나이건, 모든 차원의 '나'들은 창조 능력을 갖는다. 거울 앞의 텅 빈 마음 속에서 무의식에 억눌린 '나쁜 나'로 살아가는 아픔을 완전히 느껴주어야 아픔이 풀리면서 '나쁜 나'도 풀려난다. 그럼 '착한 나'도 동시에 풀려나 둘이 합쳐지면서 텅 빈 하나의 마음으로 돌아간다.

저는 3년 전까지 많은 나라를 돌아다니다가 독일에 정착해 운 좋게 한국회사에 취직했습니다. 하지만 상사는 매일 이유 없이 소리를 지르거나 폭언을 했고, 저는 아예 출근길에 사고를 당해 출근을 못 해버렸으면 좋겠다는 극단적인 생각까지 하기도 했습니다. 남친도 역시 상사처럼 화가 많고 폭언을 일삼았습니다. 그때 한 친구가 거울명상을 알려주었지만, 저는 거울을 보는 게 너무 무서워 핸드폰의 셀카 모드로 시작했습니다. 핸드폰 속의 제 모습은 너무나 슬퍼 보여 펑펑 울기 시작했습니다. 그러다가 한국에 계신 할머니가 위독하셔서 마음의 준비를 해야 한다는 얘기를 듣고 거울을 보며 명상을 시작했습니다.

할머니를 떠올리며 울기도 하고, 남친을 생각하며 "저놈이 날 무시한다. 죽여버리고 싶다. 버림받을까 봐 무섭다"라고 말하면서 모든 감정을 입 밖으로 토해냈습니다. 거울 속의 제 모습은 어두워지기도 하고, 사라지기도 했습니다. 그렇게 며칠을 하다 보니 문득 제 위로 유산된 아이가 있었다는 엄마의 말이 떠올랐습니다. 저는 아이의 아픔을 느껴가며 대화했고, 아픔이 풀려나가는 것을 느꼈습니다.

마음도 정말 편해졌습니다. 그 뒤부터는 제가 하늘에 떠 있는 빛이 되는 상상을 하면서, '지금 여기'에서 펼쳐지는 상황을 바라보는 게 쉬워졌습니다. 이렇게 계속하다 보니 상사와 남친의 마음이 이해됐고, 그들이 화를 내거나 부정적인 감정을 내뿜을 때마다 있는 그대로 받아줄 수 있게 됐습니다.

지금은 거울 없이도, 그리고 빛이 되는 상상 없이도, 일상생활에서 쉽게 관찰자의 눈으로 모든 상황과 감정을 지켜볼 수 있게 됐습니다. 내 눈앞에 나타나는 모든 사람이나 상황이 나에게 깨달음을 주기 위한 선물이라고 생각하니 남친이나 상사들과의 사이도 급속도로 좋아졌습니다.

한 달 전엔 출퇴근이 너무 힘들어 우연히 제가 사는 동네에 있는 다국적 기업에 지원했습니다. 면접 전부터 거울을 보며 "떨어질까 봐 두렵다. 또 버림받을까 두렵다. '외국어를 못하는 나'는 열등하다"고 말하며 제 안의 두려움을 느껴주었습니다. 그러자 면접을 볼 때 놀랍게도 '외국어를 잘하는 나'가 나타났습니다. 이튿날 합격을 알리는 메일이 왔습니다.

제 안의 감정뿐만 아니라 제가 만나는 모든 사람의 감정 또한 제 것으로 받아들이니 넉 달 만에 제가 원하는 모든 것이 이루어졌습니다. 거울을 마주하는 걸 무서워하는 분들에게 우리는 다 빛으로 이루어져 있기 때문에, 본인이 멀리서 이 상황을 비추고 있는 빛이라는 상상을 하면 관찰자로서 지켜보기가 더 쉬워질 수 있다는 사실을 알려드리고 싶습니다.

내가 한국을 버리고 외국으로 떠돌아다녔던 이유는 뭘까? 한국에서 버림받았다고 느껴 한국을 버리고 나를 맞아줄 따뜻한 곳을 찾아 헤맸던 것이다. 하지만 독일에서도 상사와 남친에게 버림받았다. 내 무의식이 바뀌지 않으니 내 무의식이 창조하는 현실도 바뀌지 않은 것이다.

내 무의식 속엔 엄마가 낙태한 '버림받은 어린아이'의 공포가 억눌려 있었다. 그 아이의 눈으로 세상을 바라보니 세상은 서로 버리고 버림받는 공포스러운 곳이었고, 처음엔 거울을 들여다보는 것조차 무서웠다.

하지만 내가 거울 앞에서 이 아이의 두려움을 느껴주자, 이 아이는 빛으로 올라가 나의 앞길을 비춰주는 사랑의 빛이 됐다. 내가 하늘에 떠 있는 빛을 상상할 때마다 나타나, 세상은 서로 버리고 버림받는 두려운 곳이 아니라 사랑의 빛으로 가득한 곳임을 알려준 것이다.

두려움을 느껴주면 정말 두려운 상황이 종료될까?

저는 지난해 대학을 졸업한 뒤 진로를 바꿔 1년간 컴퓨터 개발자로 교육을 받았지만, 생각보다 취업이 어렵습니다. 신입 채용 공고는 정말 찾기 어렵고, 설사 있다고 하더라도 한 명을 뽑는 자리에 몇백 명씩 몰려들기도 합니다. 어쩔 수 없이 경력직에도 지원하고 있지만 이력서를 열람하자마자 불합격시키는 곳들이 많습니다.

지금까지 200여 개 회사에 지원했지만 벌써 150여 곳에 떨어졌습니다. 면접을 보는 기회가 흔하지 않기 때문에 정말 열심히 준비했지만 모두 떨어졌습니다. 심지어 마지막 회사는 언제부터 출근이 가능한지, 연봉은 어느 정도 생각하는지, 출근 날짜 조정이 필요하면 이메일로 연락하라면서 명함까지 건네주고는 떨어뜨렸습니다.

현직에 있는 개발자에게 물어보니 현재 경기가 좋지 않아 신입 채용은 더더욱 어렵다고 했습니다. 불과 반년 전까지만 해도 이렇게까지 취업이 어려운 정도는 아니었다고 하는데, 저는 이제 정말 어떻게 해야 할지 모르겠습니다. 붙을 것 같았던 회사에서도 떨어지니 너무 지치고 어디까지 준비해야 할지도 몰라서 너무 막막합니다.

진로를 바꾸기 전부터 지금까지 3년 정도 취업 준비를 해왔는데 결과가 좋지 않다 보니 이제는 취업이 불가능한 건가 하는 생각까지 듭니다. 이런 상황이 반복되는 건 제 안에 어떤 억눌린 감정이 있기 때문일까요?

현실은 나와 동일시하는 생각이 내 눈앞에 홀로그램 영화로 펼쳐진 것이다. 내가 지원한 회사에 '붙는다'는 생각을 나와 동일시해 붙들고 있으면 붙고, '떨어진다'는 생각을 나와 동일시해 붙들고 있으면 떨어진다. 내가 자꾸 떨어진다는 건 내 무의식 속에 '난 떨어진다'는 생각을 붙들고 있는 인격체, 즉 자아가 억눌려 있다는 말이다. 이 자아를 풀어놓아주어야 내가 생각하는 대로 현실이 돌아간다.

그런데 이 자아는 왜 생겼을까? '난 떨어진다'는 생각을 붙들고 살아가는 게 두려워 무의식에 억눌러버렸기 때문에 생겼다. 따라서 두려움을 완전히 느껴주면 두려운 상황이 매듭지어지면서 두렵지 않은 상황으로 전환된다. 두려운 상황과 두렵지 않은 상황은 서로 짝을 맞춰 오르내리는 생각의 물결이기 때문이다.

메일을 받은 뒤 취업에 성공해 지금 한 달 정도 일하고 있습니다. 메일을 보고 온몸에 소름이 돋고 두려움이 올라왔습니다. 메일을 읽기만 했을 뿐인데도 바로 반응이 있었던 게 신기했습니다. 면접을 앞두고 긴장될 땐 '난 말을 조리 있게 하지 못해서 걱정된다', '일관성 있게 답변을 하지 못할까 봐 두렵다', '나는 면접에 약하다', 서류에서 떨어질 땐 '나는 서류에서 떨어질 만큼 실력이 없다', '나는 신입으로서 가치가 없다', 공부하면서 불안할 땐 '나 혼자 뒤처질까 봐 두렵다', '난 취업하지 못할 거야',

'나는 무능력하다', '난 가치가 없다' 등 그때그때 떠오르는 감정들을 거울 앞에서 말해줬습니다.

감정이 해소가 됐는지 안 됐는지는 모르겠지만 이후에 갑자기 면접 제의가 쏟아졌습니다. 이전 약 두 달 동안 봤던 면접보다 메일을 받은 이후 약 2주 동안 봤던 면접이 훨씬 더 많았습니다. 면접 일정이 겹쳐서 조율을 했는데도 하루에 두 곳씩 보는 날도 있었습니다. 심지어는 면접을 골라서 보기도 했습니다. 그 전엔 정말 상상도 못했을 일입니다. 결국 두 곳에 최종 합격했고, 지금 다니는 곳을 선택했습니다.

신기한 건 지금 회사가 지금까지 면접을 본 곳들 가운데 제게 가장 딱 맞는 회사라는 점입니다. 회사 위치도 집이랑 가깝고 재택근무도 있어서 건강이 약한 제게는 딱이었습니다. 회사 분위기도 좋고 팀원들도 친절해 업무에 잘 적응하고 있습니다. 그동안 면접 보고 떨어지면 많이 속상해했는데, 관찰자는 가장 좋은 회사를 이미 준비해놨던 것 같습니다.

관찰자에게 내맡길 때 가장 좋은 것을 받는다는 것도 알았습니다. '앞으로도 커리어에 대한 걱정이 생기면 그냥 내맡기자'라는 생각이 자동적으로 듭니다. 취업까지의 과정은 고통스러웠지만 앞으로 어떻게 살아가야 할지 알게 된 것 같습니다.

저는 혼자서 어학연수로 캐나다에 왔고, 6년 뒤엔 여기서 대학을 졸업했습니다. 저는 캐나다에서 영주권을 받아 살고 싶었기 때문에 비자가 만료되기 전에 꼭 여기서 직장을 구해야만 하는 상황이었습니다. 저에게 주어진 시간은 1년 반이었습니다.

저는 그동안 부모님께 매달 생활비를 받고 있었는데, 부모님은 이제 노후 자금도 거의 바닥났다고 매일 말씀하셨습니다. 그 당시 제가 사귀던 현지인 여자친구의 부모님도 "쟤는 여기서 직장 구하기도 힘들어 미래가 없다"며 계속 헤어지라고 말했습니다. 저는 그 스트레스로 이별을 통보했습니다.

저는 정신적으로 완전히 벼랑 끝에 몰렸고, 종일 일자리를 찾고 온라인으로 자격증을 따는 데에 몰두했습니다. 500개도 넘는 곳에 지원을 했지만, 이미 300개가 넘는 곳에서 거절당했습니다. 마음에 드는 회사들과 3차 인터뷰까지 갔지만 이미 두 번이나 떨어졌습니다. 실패가 계속 이어지면서 이제 완전히 제 삶이 끝난 것 같은 느낌이었습니다.

지금까지 외국에 와서 살아온 내 인생을 되돌아보면 어디서 떠오를까? 내 마음속에서 떠오른다. 내 인생은 내 마음속에서 펼쳐지는 인생 영화이다. 그런데 내 마음속에서 왜 두려운 영화가 펼쳐져 온 걸까? 내 마음속에 두려움이 억눌려 있었기 때문이다. 그렇다면 두려움을 받아들여 느껴주면 인생 영화가 어떻게 달라질까?

극도의 두려움에 빠져 살던 중 제가 알바를 하는 곳에서 어떤 손님이 제게 영성에 대해 알려주었고, 저는 미친 듯이 마음공부에 빠져들었습니다. 그러면서 이 세상이 실제로는 존재하지 않는 거라는 사실을 서서히 깨달아 갔습니다.

모든 자격증 공부와 일자리 지원하는 걸 완전히 중단하고, 종일 마음공부에 시간을 쏟았습니다. 특히 거울명상으로 제 안에 쌓여 있던 온갖 묵은 감정들을 털어냈습니다. 여기서 대학을 다니면서 영어를 못해 느꼈던 열등감, 팀원들에게 아무 도움이 되지 못해 느꼈던 수치심, 혼자 지내면서 너무 힘들어 엉엉 울던 무력감 등, 나열할 수 없을 정도로 많은 감정들을 털어냈습니다. 그렇게 5개월쯤 지났습니다.

제가 지원했는지 기억조차 안 나는 곳인데, 너무나도 맘에 들고 영주권 자격도 주어지는 회사에서 인터뷰가 들어왔습니다. 그렇게 네 번의 인터뷰를 하는 동안에도 매번 두려움이 느껴질 때마다 거울 앞에 앉아 그 두려운 상황들을 떠올리며 치유해주었습니다. 인터뷰할 때마다 너무나 즐겁게 대화를 했고, 마침내 취직하게 됐습니다. 그 어떤 회사의 어떤 자리보다 더 맘에 드는, 도저히 믿기지 않을 정도로 좋은 일자리였습니다.

취직보다 더 중요한 건 앞으로 어떤 시련이 닥쳐와도 어떻게 대처해야 할지 알게 됐다는 것입니다. 너무나도 행복한 하루하루입니다.

내가 꿈꾸던 일자리는 왜 기적처럼 내 눈앞의 현실로 나타난 걸까? 몸으로 살아가는 나는 스스로는 아무것도 할 수 없는 관찰자의 아바타임을 받아들였기 때문이다. '아무것도 할 수 없는 나'는 몸으로 된 나이다. 그 자아를 두려움으로 무의식에 억눌러 붙들고 있으면 '모든 걸 할 수 있는 나'도 함께 무의식에 억눌려버린다.

'아무것도 할 수 없는 나'를 받아들여야 '모든 걸 할 수 있는 나'도 무의식에서 풀려나 텅 빈 관찰자의 마음으로 돌아간다. 관찰자의 마음으로 돌아간 '모든 걸 할 수 있는 나'는 어떤 현실을 창조해줄까? 내가 간절하게 원하는 현실, 즉 면접에 붙는 현실을 창조해준다.

저는 서울에서 인천까지 자동차로 왕복 세 시간 거리의 직장을 다니면서 심신이 몹시 지쳐 있었습니다. 원래대로라면 오는 3년 뒤에나 가까운 곳으로 전보가 가능한 상황이었습니다. 인사팀에 제 사정을 설명하러 가기 전에 거울 앞에서 제 안의 두려움을 느껴주었습니다. "기름값이 너무 많이 들어 월급에서 남는 것도 별로 없다." "이번에도 또 거절당할까 봐 너무 두렵다." 그러고 나서 인사팀을 찾아갔습니다. 제 안의 두려움을 또 느껴가며 솔직하게 제 상황을 묘사했습니다. 그런데 인사담당자는 이상하리만큼 제 말에 귀를 기울여주었고, 상담을 끝내면서도 "저도 이렇게 긴 상담은 처음입니다"라고 웃으며 말했습니다. "차분히 기다려 보고 조심해서 운전하라"는 말도 해주었습니다. 그런데 인사 명령이 나오기 5일 전까지도 연락이 없었습니다. 저는 다시 '이번에도 또 거절당하는 거 아니야?' 하는 두려움을 느껴주며 전화를 해보았습니다. 인사담당자는 "아직도 전보 배치 중이니까 차분히 기다리시면 돼요"라고 저의 두려움을 해소시켜 주었습니다.

그러고 있다가 발표 날에 떨리는 마음으로 홈페이지에 들어가 보니 저의 집에서 30분 거리인 광명으로 배치받았고, 더욱 놀라운 건 업무량이 그리 많지 않은 부서로 배치를 받은 것입니다. 단지 저의 두려움을 솔직하게 느껴주기만 했는데 지난 몇 년간 고민했던 큰 문제가 싹 해결됐습니다.

나는 왜 근무지를 가까운 곳으로 옮겨달라는 말을 하지 못하고 속으로만 끙끙 앓아온 걸까? 내 무의식 속에 '이번에도 거절당할지 몰라' 하는 두려움에 떨며 사는 '버림받은 나'가 억눌려 있기 때문이다. 이 자아가 억눌려 있으면 버림받을까 봐 두려워 늘 주저하게 된다.

하지만 두려움이 올라올 때마다 매번 느껴주자 두려움이 점점 약화되다가 '버림받은 나'가 무의식에서 풀려났다. 그러면서 짝이 되는 '사랑받은 나(버림받지 않은 나)'도 함께 풀려나 둘이 합쳐지면서 텅 빈 하나의 마음으로 돌아갔다. 텅 빈 마음 속에서 '버림받은 나'는 사라지고, 짝이 되는 '사랑받은 나'가 올라와 나로 살아간다.

저는 지난 10년간 남편과 아이들을 뒷바라지하느라 직장을 떠났던 40대 주부입니다. 작년부터 자존감이 크게 떨어지고 공허함도 밀려왔습니다. 그래서 거울 앞에서 "난 아무것도 할 수 없는 내가 싫다. 난 아무것도 할 수 없는 바보다"라고 감정이 무뎌질 때까지 매일 말했습니다.

어느 날 실험실 기술자 구인난이 심각하다는 뉴스를 듣고 9개월간 학원에 다니며 공부했습니다. 뜻밖에도 공부가 재미있고 쉬웠어요. 힘들다는 느낌이 올라오면 거울 앞에서 "난 힘들다"라고 털어놓았습니다. 시험 날짜가 다가오면서 두려움이 밀려오면 "난 너무 떨리고 두렵다. 두려움이 싫다"라고 계속 털어놓았습니다.

시험을 시작하려는데 갑자기 인터넷이 끊어져 공포에 빠진 순간에도 그 공포를 느껴주자 편안한 마음으로 돌아왔고, 남편의 도움으로 인터넷을 연결시켜 세 시간에 걸친 시험을 무사히 마쳤습니다. 오늘 합격 통보를 받았습니다. 관찰자가 바로 창조자라는 놀라운 사실을 체험으로 깨달았습니다.

누구나 시험이 코앞에 닥치면 불안과 두려움에 떨게 된다. 내 생존이 걸린 상황이 닥치면 무의식에 억눌려 있는 '버림받은 나'가 올라와 시험에 떨어지지 않을까, 즉 버림받지 않을까 극심한 두려움에 떤다. 내가 시험을 치는 게 아니라 이 자아가 시험을 치는 것이다. 이 자아는 자신의 두려움을 인정받기 위해 두려운 현실이 내 눈앞에 펼쳐지도록 한다. 즉, 시험에 떨어지도록 한다.

미국에 사는 위 여성은 이 자아의 두려움에 휘말려 들지 않고, 올라오는 두려움을 매 순간 느껴주었다. 갑자기 인터넷이 끊어져 9개월 동안 준비해온 시험을 못 치게 될지도 모르는 공포스러운 상황 속에서도 공포에 휘말려 들지 않고 공포를 느껴주었다. 그 결과 주부 생활 10년 만에 취직 시험에 합격했다.

누가 취직 시험에 합격한 걸까? 두려움에 떠는 '버림받은 나'라는 자아가 합격한 걸까? 아니면 두려움과 분리된 관찰자가 합격한 걸까? 관찰자가 아바타인 내 몸을 빌려 시험을 치는 경험을 한 것이다.

'버림받는 나'를 두려움으로 무의식에 억눌러버리면 짝이 되는 '사랑받는 나'도 함께 억눌리게 된다. 거꾸로 '버림받는 나'를 받아들이면 '사랑받는 나'도 함께 받아들이게 돼 둘이 합쳐지면서 텅 빈 마음으로 돌아간다. 관찰자인 텅 빈 마음은 내가 원하는 현실을 창조해준다.

저는 20대 후반의 공시생입니다. 어릴 때 가정불화 그리고 아빠와 오빠의 폭력 때문에 괴로운 삶을 살았습니다. 거울 앞에서 "아빠와 오빠를 죽여버리고 싶다"라는 욕이 튀어나왔고, 마지막에는 "나한테 왜 그랬어?"라는 말이 나오면서 펑펑 울었습니다. 공무원 시험 재시를 준비하면서도 거울 앞에서 "시험에 떨어질까 봐 두렵다", "사람들에게 무시당하고 싶지 않다"고 꾸준히 두려움을 느껴주었습니다. 나중에는 좀더 솔직하게 "나도 잘나고 싶다", "근데 나는 무능력하고 아무것도 아닌 존재다"라고 털어놓았습니다.

필기시험 후, 합격선에서 3점밖에 차이 나지 않아서 너무나 아슬아슬한 상황이었습니다. 최종 발표일 전날, 거울 앞에 앉아 "시험에 떨어지는 게 두렵다", "떨어지면 뭘 먹고 살지 막막하다", "엄마, 미안해" 등의 말을 중얼거리며 거울을 보니 제 머리가 투명해지고 사라지는 것처럼 보였습니다. 그 순간 거울 앞에서 그동안 한 번도 집 안에서 못 봤던, 지네같이 생긴 벌레가 기어가는 걸 보았습니다. 저는 기겁을 하며 침대 위로 뛰어 올라갔습니다. 문득 내 안의 두려움이 벌레라는 물질로 나타난 것인가 하는 생각이 들었습니다.

신기하게도 다음 날, 정말 기적적으로 최종 합격자 명단에 제 수험번호가 올라와 있었습니다. 사실 유명한 점집 두 군데서 이번 시험에도 불합격할 것이라는 이야기를 들었던 터라, 제가 정말 거울명상으로 제 운명을 바꾼 것 같아서 더욱 신기하고 기쁩니다.

만일 취직 시험을 앞두고 내 마음이 두려움으로 가득하다면 어떤 현실이 창조될까? '버림받은 나'의 두려움이 두려운 현실을 창조할 것이다. 하지만 거울 앞에서 이 두려움을 털어놓으니 풀려나갔다. 시험을 치고 나서도 두려움이 올라올 때마다 역시 느껴주며 관찰했다. 시험을 치기 전에도, 시험을 치고 난 후에도, 두려움을 느껴주자 최종 합격 소식이 날아왔다.

관찰자의 텅 빈 마음은 무조건적인 사랑이다. 내가 붙들고 있는 모든 생각을 무조건 현실화시켜준다. 원치 않는 현실이 나타나는 건 내가 원치 않는 생각을 두려움으로 무의식에 억눌러 붙들고 있기 때문이다. 두려움을 느껴줘야 원치 않는 생각도 풀려난다.

제 언니는 외모 열등감과 수치심, 두려움으로 평생 큰 고통 속에 살았습니다. 한쪽 눈의 초점이 가끔 맞지 않는 가벼운 장애가 있었는데 예쁜 외모에도 불구하고 '이런 날 누가 좋아할까?', '결혼할 수 있을까?' 걱정했습니다. 그러다가 결국 한쪽 눈을 실명하게 돼 더 큰 수치심을 만나게 됐지요.

두려움이 점점 커지니 작은 일에도 깜짝 놀라고 안절부절못하며 수십 년을 살다 보니 최근엔 머리 수술이라는 더 큰 두려움에 직면했습니다. 뇌수막종으로 종양 제거 후엔 공황장애까지 또 생겨, 두 계단 앞에서도 발을 떼지 못하고 벌벌 떨었습니다.

넉 달간의 설득 끝에 거울명상을 시작한 뒤 공황장애, 수치심, 두려움을 모두 청산하고, 두 눈으로 보지 못하던 빛의 세계도 구경(ㅎㅎ)하고, 두세 걸음도 힘겹던 사람이 두 시간이나 걷는 걷기 명상의 고수가 됐습니다.

내 마음속에 억눌려 있는 것은 언젠가는 겉으로 나타나게 된다는 말을 실감합니다. 나이 많은 언니는 이제라도 정화의 기회가 온 것에 끊임없이 감사하며, 기쁨 속에 살고 있습니다.

언니는 한쪽 눈의 가벼운 장애로 수치심, 열등감, 두려움 등이 올라왔지만 꾹꾹 억눌러놓고 살다 보니 뇌수막종으로 물질화됐다. 이는 다시 더 큰 두려움으로 이어져 공황장애가 됐고, 급기야 걸음을 제대로 내딛지도 못하는 지경에 이르렀다.

하지만 마침내 거울 앞에서 이 부정적 감정들을 느껴주자 풀려났고, 부정적 상황들도 종료됐다. 고통스러운 삶에서 벗어나 감사와 기쁨 속에 사는 아름다운 인생이 펼쳐지고 있다.

현실을 놀이처럼 받아들이면 놀이처럼 흘러간다

저는 20대 초반에 한 점집에서 무당이 될 팔자라고 했습니다. 몇몇 다른 점집에 가서도 똑같은 말을 들었습니다. 그러다가 정말 마지막이라는 생각으로 예약이 어려울 정도로 유명한 무속인에게 가니, 30대 중반부터는 피할 수 없이 무당이 될 거라는 말을 들었습니다. 또, 아마 20대 내내 아무것도 하지 못하고 지냈을 거라는 말도 들었습니다. 정말 전 20대 전부를 뭔가에 붙잡힌 듯 아무것도 하지 못하며 살았습니다. 집에 돌아와 바로 거울 앞에 앉아 이런저런 생각을 하는데, 갑자기 참을 수 없는 분노가 올라왔습니다.

"누구 마음대로 날 조종해? 네가 뭔데? 내 인생을 이렇게까지 막는 게 누구야? 당장 나와! 난 죽는 한이 있더라도 무당은 못하겠다!" 저는 진짜 제가 미친 줄 알았습니다. 태어나서 이렇게 고래고래 소리를 질러본 적은 처음이었거든요. 엉엉 울음도 터져 나오더군요. 그 뒤에도 '무당이 되면 어떡하지? 너무 무섭다'는 두려움과 분노가 올라와 혼란스러웠습니다.

'무당이 된다'는 생각과 '무당이 안 된다'는 생각은 정반대의 짝이 되는 생각이다. 그런데 '무당이 된다'는 생각을 나와 동일시해 붙들고 있으면 나는 정말 무당이 된다. 나와 동일시하는 생각이 내 눈앞에 펼쳐지는 현실을 창조하기 때문이다. 그래서 '무당이 된다'는 생각이 떠오르기만 해도 엄청난 두려움이 올라온다.

이렇게 두려움이 올라올 때 이 생각을 두려움으로 자꾸 억눌러버리면 '무당이 된 나'라는 자아가 된다. 그래서 두려움에 떨며 무당으로 한평생을 살아간다. 왜 이런 거짓말 같은 일이 일어날까? 현실은 짝이 되는 생각들로 창조되는 놀이이기 때문이다.

그럼 '난 무당이 된다'는 생각을 나와 동일시해 붙들고 있을 때 올라오는 두려움을 거울 앞의 텅 빈 마음 속에서 완전히 느껴주면 어떻게 될까? 두려움이 풀려나면서 두려움으로 억눌렸던 '난 무당이 된다'는 생각도 풀려난다. 즉, '난 무당이 안 된다'는 반대쪽 생각과 합쳐져 텅 빈 하나의 마음 속으로 사라진다. 쉽게 말해 난 무당이 될 수도 있고, 안 될 수도 있음을 받아들이면 이 짝이 되는 생각들이 상쇄돼 사라져버리기 때문에 현실로 펼쳐지지 않는 것이다.

선생님의 답변을 보고 이마를 탁 쳤습니다. 거울 앞에서 '무당이 되기 무섭다'만 반복하며 '무당이 된 나'를 저도 모르게 완강히 거부하고 있었습니다. 그래서 거울 앞에서 눈의 힘을 빼고 거울을 보니 희미하게 검은 한복을 입은 할머니가 보였습니다. 할머니 눈은 너무나도 날카롭고 무서웠습니다. 마음속으로 "할머니, 저 좀 놔주세요. 너무 괴로워요. 제 앞길을 막지 말아주세요"라고 말했습니다.

할머니 눈은 아주 날카롭고 단호했지만, 그 눈을 피하지 않고 계속 쳐다봤더니 할머니의 눈이 갑자기 호랑이 눈으로 변했습니다. 하얀 호랑이였습니다. 눈을 깜빡이면 사라졌다 다시 쳐다보면 하얀 호랑이가 나타났습니다. 그렇게 몇 분간 거울 앞에서 졸았던 것 같습니다. 문득문득 '호랑이를 만지고 싶다. 안아보고 싶다'는 느낌이 들었고, 잠시 잠이 들었다 깨어나니 거울엔 할머니도, 호랑이도 보이지 않았습니다.

그러고 나니 며칠간 휘몰아쳤던 분노나 두려움은 잠잠해진 게 분명했고, '무당으로 살아도 괜찮겠구나' 하는 편안한 느낌도 들었습니다. 두려움이 사라진 느낌이었고, 저는 앞으로 평범한 삶을 살 것 같습니다.

'난 무당으로 살아도 괜찮겠구나' 하는 편안한 마음이 될 때 나는 '난 무당이 된다'는 생각도 완전히 받아들인 것이다. '난 무당이 된다'는 생각은 '난 무당이 안 된다'는 생각과 짝이다. 짝이 되는 양쪽 생각들을 완전히 받아들이면 상쇄돼 사라진다. '난 무당이 된다'는 생각을 두려움으로 억눌러버리면 나는 두려움에 떠는 '무당이 된 나'가 돼버리고, 받아들이면 '난 무당이 안 된다'는 생각과 합쳐져 텅 빈 하나의 마음 속으로 사라진다.

텅 빈 마음으로 돌아간 나는 어떤 현실을 창조하며 살아갈까? 내가 원하는 현실을 자유롭게 창조하며 살아간다. 이 체험담이 유튜브 영상으로 방송되자 다음과 같은 댓글이 달렸다.

저도 무당집에서 무당이 될 팔자라 해서 교회를 일부러 열심히 다녔어요. 그러다가 교회를 그만두고 영성 공부를 했는데 '무당이 된다고 나쁜 게 아니구나' 하고 받아들이기 시작하자 그 두려움이 없어지면서 '난 무당이 돼도 괜찮고, 안 돼도 괜찮아'라고 생각하게 되었어요. 꿈에서 무섭게 나타나던 무당집도 안 보이고, 지금껏 평범하게 살고 있어요. 짝이 되는 생각들을 받아들이는 게 정말 중요한 것 같아요.

현실을 진짜라고 철석같이 믿으면 내가 두려워하는 현실은 도저히 받아들이기 어렵다. 현실은 짝이 되는 정반대의 생각들로 창조되는 놀이임을 이해해야 두려운 생각도 받아들일 수 있다. 두려운 생각은 받아들이면 사라진다. 두려운 생각이 사라지면 두려운 생각이 창조하는 두려운 현실도 나타나지 않는다.

느껴주지 않은 두려움은 두려운 상황을 계속 창조한다

장성한 아들이 밥벌이도 못 하고, 직업을 구할 생각도 안 하고, 부모가 도와줘도 고마운 줄도 모르고, 계속 손만 벌립니다. 그러면서 기분이 나쁘면 전화도 안 받거나 아예 인연을 끊겠다고 합니다. 며느리도 이혼하겠다고 합니다.
거울명상을 하면서 아들한테 변명하고 싶고, 이해받고 싶고, 인정받고 싶은 마음이 올라오면 그대로 느껴주었어요. 두려움이 올라오면 두려움을 느껴주고, 그리움이 올라오면 그리움을 느껴주고, 우울함과 슬픔이 올라오면 그것도 느껴주었습니다. "난 아들이 버림받을까 봐 너무 두렵다. 난 아들이 잘못될까 봐 너무 두렵다. 이렇게 벌벌 떨며 사는 내가 너무 창피하다."

다 큰 아들이 왜 일할 생각도 안 하고 전화도 안 받고 인연도 끊겠다고 하는 걸까? 아들은 세상을 버리고 있다. 일도 버리고, 자신의 책임감도 버리고, 부모도 버리고 있다. 자신이 세상으로부터 버림받았다고 느끼니 자신도 세상을 버리는 것이다.

그런 아들을 볼 때 내 마음속에선 어떤 감정이 올라올까? '난 아들한테 버림받았구나' 하는 두려움, 그리고 '저러다 아들도 세상으로부터 버림받고 살겠구나' 하는 두려움이 동시에 올라온다. 내 무의식 속에 버림받은 두려움이 억눌려 있다가 아들의 모습을 보고 표면으로 올라온 것이다. 그렇다면 이 두려움은 언제 내 무의식에 억눌렸던 걸까?

제 남편은 지난 9년 동안 노래방 도우미와 바람을 피웠고, 저와 아들은 우울증으로 정신과에 다녔습니다. 하루는 아들의 약봉지를 들고 정신과에서 나오던 중, 바로 옆 건물이 남편이 카드를 긁던 주점이라는 사실을 알고 들어갔습니다. 주인과 얘기하던 중 까르르 웃는 여자와 남편이 숨겨진 방에서 나오는 걸 목격했습니다.

'세상에 내 편은 아무도 없구나!' '난 세상으로부터 완전히 버려

졌구나!' 거울명상 중 차가운 시멘트 바닥에 주저앉아 외롭게 울고 있는, 버림받은 내 모습이 보였어요. 일주일 동안 울면서 버림받은 자아에게 버려서 미안하다고 용서를 구했습니다.

저는 점점 평온을 되찾고 있습니다. 남편도 며칠 전, 9년 동안 노래방 도우미와 바람피우면서 아파트 두 채 값을 날렸다고 처음으로 인정하더라고요.

아들한테 버림받기 이전에 나는 남편한테 버림받았다. 그렇다면 그 이전엔 누구한테 버림받았을까? 나를 낳아준 엄마한테 버림받았다.

저는 두세 살 때 엄마와 떨어지면서 세상으로부터 완전히 버림받았다고 느꼈습니다. 그때의 두려움이 남편의 외도로 다시 올라왔지만 우울증 약을 먹고 직장에 다니는 등 발악을 하면서 억누르고 있었다는 사실을 이제 알았어요.

이제야 남편과 아들, 그리고 며느리로부터 버림받고 무시당하는 상황이 반복될 수밖에 없었던 이유를 확실히 알았습니다. 거울명상으로 제 무의식을 들여다보지 않았다면 저는 여전히 우울증 약을 먹으면서 무기력하게 살고 있었을 것입니다.

버림받는 상황이 반복되면서 '현실은 정말 버림받은 두려움을 올라오게 해주는 영화구나' 하는 사실을 스스로 깨닫게 됐다. 어릴 때 엄마한테 버림받은 두려움을 느껴주지 않으니 나중에 결혼해서 남편한테 버림받는 상황이 펼쳐졌고, 그래도 두려움을 느껴주지 않으니 이번엔 아들한테 버림받는 상황이 펼쳐졌다.

그러다가 뒤늦게 현실은 무의식에 억눌린 버림받은 두려움을 풀어놓아주기 위한 인생 영화라는 사실을 깨닫게 되면서 마침내 두려움에서 벗어나는 길을 찾게 됐다. 두려운 현실은 억눌린 두려움이 엮어내는 가짜인 것이다.

'나'가 창조하지 않는 건 아무것도 없다

저는 오랜 결혼생활을 하면서 남편의 언어폭력과 무시하는 행동들 때문에 때로는 죽이고 싶은 마음이 들었고, 그럴수록 '상대하지 말아야지' 하고 속으로 삭이며 살아왔습니다. 겉으론 아무렇지 않은 척하며 사람들과 어울려 지냈지만 가끔씩 욱하고 감정들이 올라와 상대에게 상처를 주곤 했습니다.

너무 미운 남편과 헤어질 수 있는 상황도 안 돼 '언제까지 이러고 살아야 하나, 나도 죽어버리고 싶다'고 괴로워하다가 하루에 한두 번씩 거울명상을 하게 됐습니다. "남편이 증오스럽다. 남편을 죽이고 싶다, 나도 죽고 싶다"고 털어놓으며 한 달 정도 하다 보니 마음이 편해지고 남편에 대한 미움도 점점 작아지는 게 뚜렷하게 느껴졌습니다.

미움을 받아들이니 죽이고 싶고 죽고 싶었던 마음도 사랑으로 변화하고, 요즘엔 어떤 상황이 닥쳐도 큰 분노가 올라오지 않는 걸 느낍니다. 점점 부드럽게 변화하는 제 모습을 보면서 하루하루가 행복합니다.

남편을 죽여버리고 싶을 만큼 큰 미움은 어디서 올라올까? 바로 내 마음속에서 올라온다. 내 마음속엔 미움만 들어 있을까? 짝이 되는 사랑도 들어 있다. 남편의 사랑을 붙잡고 싶어하는데 붙잡히지 않으면 미움이 올라온다. '아, 사랑과 미움은 내 마음속에서 짝을 지어 번갈아가며 올라오는 감정들이구나' 하고 받아들이면 사랑을 붙잡으려 들거나 미움을 억눌러놓지 않게 된다.

내가 미움에 휘둘리는 건 미움이 올라올 때 억눌러버리기 때문이다. 이렇게 억눌린 마음은 '미워하는 나'라는 자아가 되고, 이 자아는 자신의 존재를 인정받기 위해 남편의 미움을 자꾸 공명시켜 표면으로 올라오게 한다. 남편이 나한테 언어폭력을 가하고 무시하는 말을 함부로 던지는 상황도 사실은 이 자아가 남편을 공명시켜 꾸며내는 것이다.

만일 남편과 헤어진다면? 그럼 다른 사람을 공명시켜 똑같은 상황을 꾸며낼 것이다. 나 자신이 생각으로 현실을 창조하는 창조주이기 때문에 내가 미움을 나와 동일시해 '미워하는 나'가 돼버리면 이 자아가 현실창조 능력을 갖게 된다.

내 우주엔 '나'밖에 없다. 그래서 나 스스로 창조하지 않는 것은 내 우주에 나타나지 않는다. 남편을 미워할수록 내 미움은 점점 더 덩치가 커진다. 그래서 남편으로 하여금 점점 더 나를 미워하도록 한다. 거꾸로 내 미움을 완전히 받아들이면 남편도 즉각적으로 바뀐다. 다음도 비슷한 사례이다.

저는 여전히 미움과 질투가 많고 사랑받고 싶고 왜 나만 안 되
는 건지 억울하고 우울하고 외롭고 걱정도 많습니다. 하지만 거
울명상을 하면서 그런 감정들을 받아들이니 제가 변하고 있습
니다. 감정들이 올라오면 "미워하는 내가 또 올라왔구나. 비교
하는 내가 또 올라왔구나. 우울하고 외로운 내가 또 올라왔구
나" 하고 말해줍니다.
마음이 편안해져서 그런지 최근 정말 과거에 그토록 살고 싶었
던, 소파를 놓을 수 있는 좀더 큰 아파트로 이사 가게 됐습니다.
'마음이 정말 다구나. 마음이 모든 걸 움직이는구나' 하는 사실
을 깨닫게 됩니다.

내가 세상에 미움을 주면 세상으로부터 미움을 받게 된다. 세
상으로부터 미움을 받으면 세상에 미움을 주게 된다. 악순환이다.
내 무의식 속에 미움이 억눌려 있으면 반드시 세상의 누군가를
공명으로 끌어들여 미움을 주고받는 상황을 창조하게 된다. '미
워하는 나'가 사라지면 짝이 되는 '사랑하는 나'가 올라와 세상을
사랑의 눈으로 바라보게 된다. 내가 세상을 사랑하면 세상도 나
를 사랑하게 된다.

저는 평소 스트레스를 안 받는 성격이라고 생각했는데 그게 아
니었습니다. 직장 상사가 제가 굳이 하지 않아도 되는 일들을

많이 시키며, 퇴근하려고 하면 일을 더 시키곤 하다 보니 저 혼자 야근을 하게 되는 경우가 잦아졌습니다. 몸과 마음이 점점 지쳐갔습니다.

이직에 대한 고민을 굉장히 많이 하다가 제가 원하던 직장에 면접 볼 수 있는 우연한 기회가 생겨 연차를 내고 면접을 보러 가게 되었는데, 그날 바로 합격 통보가 나왔습니다. 어머니는 다음 날 부장에게 퇴직을 알리기 전에 화장실 거울 앞에서 "부장님이 나에게 화내고 짜증 낼까 봐 두렵다. 무시당할까 봐 두렵다"고 두려움을 인정하라고 당부하셨습니다.

어머니가 시킨 대로 다음 날 출근해 화장실 거울 앞에서 잠시나마 거울명상을 한 뒤, 부장님에게 "일주일 후 다른 직장으로 이직한다"고 말씀드렸습니다. 과거엔 이런 상황이 생기면 너무 긴장해 입술도 떨리고 손도 떨려서 말을 잘 못했는데, 거울명상을 하고 나니 긴장이 많이 풀리고 입술이랑 손도 떨리지 않았습니다. 정말 신기하다는 생각도 많이 들었습니다.

부장님은 "그만두더라도 한 달은 채우고 그만둬야 하는 게 맞는 거 아니냐, 내가 얼마나 잘해줬는데 이렇게 뒤통수를 치냐"면서 짜증을 내시더라고요. 그때는 진짜 눈물이 날 거 같았지만 꾹 참았습니다. 그날 저녁 마음을 추스르려고 화장대 거울 앞에 앉아 명상을 했더니 마음이 많이 차분해지는 것을 느꼈습니다. 부장님한테 미움받는 두려움을 감수하고 내가 원하는 길을 찾아갈 수 있었다는 게 감사하게 느껴집니다.

부장에게 말하기 전 화장실 거울 앞에서 잠시나마 올라오는 두려움을 느껴주고 말하면 왜 두려움이 떨어지는 걸까? 몸을 나와 동일시한 채 말할 땐 나는 두려움과 한 몸이 된다. 그래서 입술과 손이 떨린다. 하지만 내가 몸이 아니라, 몸을 빌려 두려움을 느껴보는 관찰자임을 자각하고 말하면 두려움의 강도가 크게 떨어진다. 두려움을 느끼기는 하지만 두려움에 휘둘리지는 않는 것이다.

하지만 미움받는 게 두려워 미움을 자꾸 억눌러버리는 게 습관이 돼버리면 미움은 점점 더 내 무의식에 깊이 틀어박혀 '미움받는 나'라는 자아가 된다. 생각으로 현실을 창조하는 창조주이자 관찰자인 내가 '미움받는 나'라는 자아가 돼버리면 나는 어떤 현실을 창조할까? 미움받는 현실을 창조한다.

그래서 평생 미움받는 현실 속에서 살면서 미움받지 않기 위해 사람들의 눈치를 보며 고달프게 애쓰는 삶을 이어가게 된다. 미움받는 걸 두려워하지 말고 과감하게 느껴줘야 미움이 사라지고, 미움받는 삶에서도 벗어나 자유롭게 살아가게 된다.

관찰자가 생각하는 것이
'나'가 된다

관찰자는 모든 사람이 될 수 있다

내 입에서 엄마의 말이 나와요

지난 몇 년 동안 남편에 대한 섭섭함이 점점 커지고, 미움이 한도 끝도 없이 올라와 내가 이상한 사람인 것 같다고 스스로 생각할 정도였습니다. 남편은 참 착하고 좋은 사람이고 엄청 사랑하는 데도 말 한마디 표정 하나하나가 다 눈에 거슬리고 화가 났습니다.

그러다 보니 싸움이 점점 잦아지고 커져서 최근에는 하루에 한 번씩은 꼭 크게 싸울 정도로 하루하루가 두렵고 불안했습니다. 저 혼자 심리 상담도 받아봤지만 그때뿐이었고 마음속으로 이혼까지 생각할 정도였습니다. 제가 늘 피해자로 느껴졌습니다.

남편이 내게 별다른 피해를 주는 것도 아닌데 왜 내가 피해자로 느껴지는 걸까? 말이 없고 무뚝뚝한 남편의 모습이 이혼을 생각할 정도로 눈에 거슬리게 느껴진다는 것도 이상한 일이다. 상대는 내가 알아차리지 못한 무의식 속의 내 모습을 보여주는 거울이다. 남편을 마주할 때마다 내 무의식 속의 피해자가 자꾸 올라와 남편을 가해자로 바라보기 때문이다. 이 피해자는 언제부터 내 무의식 속에 억눌려 있었던 걸까?

최근에도 너무 화가 나고 힘들어서 거울로 내 모습을 가만히 바라보던 중, 갑자기 어렸을 때 엄마가 저한테 냉정하다고 화내던 장면이 떠올랐습니다. 그동안 저는 저의 입장에서 어릴 때 암으로 돌아가셨던 엄마에 대한 원망만 계속 털어놓았었는데, 그날은 신기하게도 갑자기 엄마의 입장에서 말이 나오기 시작했습니다. "내가 모든 걸 다 바쳐서 애지중지 너를 키웠는데, 너무 섭섭하다. 내가 할 수 있는 건 다 해줬어. 너무 아프고 힘들었는데 몰라주니 너무 섭섭해. 날 그만 좀 원망하면 안 되겠니?"
그 말을 듣는 순간 저 자신을 돌아보게 됐습니다. '엄마가 아파서 암으로 돌아가시는 와중에도 엄마에게 힘이 되어주지 못했고, 갑자기 돌아가시고 나서는 엄마가 날 버렸다고 생각해왔구나! 내가 그동안 피해자 행세를 해왔는데 사실은 가해자였구나!'라고 느껴졌습니다.

엄마는 내가 어릴 때 왜 나에게 냉정하다고 화냈던 걸까? 딸인

271

나한테 버림받았다고 느꼈기 때문이다. 엄마의 무의식 속엔 '버림받은 어린아이'가 억눌려 있었던 것이다.

그렇다면 나는 왜 엄마를 냉정하게 대했을까? 내 무의식 속에도 역시 엄마로부터 물려받은 '버림받은 어린아이'가 억눌려 있었기 때문이다. 엄마는 딸인 나를 통해 자신의 냉정한 모습을 보고 화가 났던 것이다.

엄마는 결국 '버림받은 어린아이'를 풀어놓아주지 못한 채 암으로 세상을 떠나고 말았다. 엄마가 일찍 세상을 떠나면서 '버림받은 어린아이'로 살아가는 나의 아픔은 더욱 커졌다. '난 엄마한테 버림받은 피해자야'라고 느꼈다. 나를 피해자와 동일시하고 살아가면 반드시 누군가가 나타나 가해자 역할을 하게 된다.

나는 지금 누구를 가해자로 느끼고 있는가? 무뚝뚝한 남편을 가해자로 느끼고 있다. 그래서 남편을 미워한다. 나를 버리고 일찍 세상을 떠난 엄마를 남편에게 투사하는 것이다. 따라서 내가 엄마에 대한 미움을 풀면 남편에 대한 미움도 풀리게 된다.

제가 엄마의 아픔을 느껴주자 제 입에서 "내 딸 미애가 불쌍해. 미애가 불쌍해" 하는 엄마의 말이 나왔습니다. 냉정한 딸도 너무 사랑하고 걱정하는 엄마의 마음이 느껴져 오열했습니다. 저 스스로 "난 불쌍해"라고 하면 감정이 안 올라오는데, 엄마의 입장에서 "내 딸 미애가 불쌍해"라고 하면 오열이 나오는 게 너무 신기했습니다.

엄마의 입장에서 "내가 너한테 모든 정성을 쏟았는데 어떻게

'엄마 아프냐'는 말 한마디도 없는지 너무 서운하구나" 하는 말이 나올 때는 눈물이 줄줄 흘렀습니다. 하지만 다시 제 입장에서 "엄마, 너무너무 미안해. 너무 후회돼"라고 말할 때는 오히려별 감정이 안 느껴졌습니다. '엄마의 감정이 내 몸에 들렸다 가는 건가?' 하는 생각이 들었습니다.

그 뒤로는 남편의 말이나 표정이 예전처럼 섭섭하게 느껴지지 않았고, 무뚝뚝해도 별로 화가 나지 않습니다. 매일 하던 싸움도 벌써 한 달 넘게 하지 않고 있습니다. 너무나 신기합니다.

내 입장에서만 버림받은 두려움을 표현하면 왜 감정이 잘 올라오지 않을까? 내 몸을 나와 동일시하면 나도 모르게 두려움을 억누르게 되기 때문이다. 하지만 엄마의 입장이 되면 나는 몸을 벗어난 관찰자가 되기 때문에 두려움을 억누르지 않고 표현하게 된다.

거울 앞에서 관찰자가 되면 내 무의식 속의 다른 사람들의 얼굴이 내 얼굴 위에 겹쳐 나타나기도 한다. 때로는 조상들의 얼굴이 나타난다. 몸은 내 무의식 속의 수많은 존재들, 즉 자아들이 사용하는 홀로그램이기 때문이다. 마찬가지 이치로, 자아들은 내 몸을 사용해 자신들의 감정을 표현하기도 한다.

우주는 관찰자 마음 속의 홀로그램이다. 그래서 관찰자는 모든 사람이 될 수 있다. 관찰자가 A를 나와 동일시하면 나는 A가 된다. 관찰자가 B를 나와 동일시하면 나는 B가 되고, C를 나와 동일시하면 나는 C가 된다. 그래서 거울명상 중 관찰자가 된 내가 돌아가신 엄마를 나와 동일시하며 두려움을 느껴주면 엄마의 얼굴이 거울 속에 나타나기도 하고, 엄마가 내 입을 통해 자신의 감정을 표현하기도 한다. 나는 몸으로 된 작은 존재가 아니라, 내 무의식 속 모든 존재의 총합이 나임을 알 수 있다.

제 입에서 할머니, 외할머니의 목소리가 나와요

저는 2년 전쯤부터 마음공부를 하게 된 여대생입니다. 거울명상이 잘 되지 않아 '근원의 나와 만나는 명상'이라는 제목의 유튜브 영상을 매일 밤 잠들기 전에 들었습니다. 침과 가래가 어찌나 많이 나오는지 하룻밤 만에 휴지 한 통을 다 써버릴 정도였습니다.

어렸을 적부터 부모님에게 거의 방치되다시피 자라서인지 세상으로부터 늘 버림받을 것 같은 두려움을 느끼며 살았습니다. 저도 좋은 감정은 붙잡으려 들고 싫은 감정은 억눌러버렸습니다. 하지만 서로 짝이 되는 감정들을 모두 받아들여야 한다는 말을 듣고 모든 감정을 인정하고 받아들였습니다. 그러니까 정말 제 마음이 텅 비어서 무한해지는 기분을 느꼈어요. 그토록 자유롭고 평화로운 기분은 정말이지 처음이었습니다.

'아, 이제 정말 두려울 것도 없고 굳이 누군가에게 의지하거나 의존하지 않아도 잘 살 수 있겠구나' 하는 생각이 들었습니다. 그런데 이상하게 오늘 수업 시간에 부정적인 현실이 펼쳐졌습니다. 학생들이 각자 쓴 글들을 모아 합평을 갖는 수업이었는데 유독 제가 쓴 글에 대해서만 부정적인 평가가 이어졌습니다.

작년부터 무의식이 정화되면서 동기들과 교수님들이 제 글을 좋아해주셨는데 이상하게 오늘만큼은 그전에 쓴 글들과 다르게 없는데도 부정적인 평가가 이어졌습니다. 갑자기 서러움이 올라왔습니다. '아니, 내가 얼마나 애써서 쓴 글인데 왜 아무도 몰라주는 거야!'

수업 내내 울음을 참다가 수업이 끝나자마자 부리나케 귀가해 울부짖었습니다. "나도 인정받고 싶어, 나도 사랑받고 싶어. 제발 나 좀 사랑해줘" 등의 말들이 툭툭 튀어나왔습니다. 죽고 싶다는 생각도 올라왔습니다. 한참을 울부짖다가 주저앉아 끅끅 울고 있는데 갑자기 저희 아빠 이름을 부르는 소리가 마음속에서 들렸습니다.

"OO아, 엄마가 미안해." 그 소리를 듣고 전 어안이 벙벙하고 소름이 끼쳤습니다. 저희 아빠는 어렸을 적에 친모한테 버림받고 계모 손에서 학대받으며 자랐는데, 혹시 내가 단 한 번도 만나보지 못했던 친할머니 목소리인가 하는 생각이 들었습니다. 울던 것도 멈추고 제 마음속 소리에 귀를 기울였습니다. 그러니까 갑자기 또 눈물이 나기 시작했습니다. 제 입에서 저희 아빠 이름이 또 튀어나왔어요.

"OO아, 미안해. 엄마가 너를 버려서 정말 미안하다. 엄마가 잘못했어. 용서해줘"와 같은 말들이 계속 나왔습니다. 그렇게 계속 울고 있으니 또 다른 말이 입 밖으로 막 튀어나왔어요. "엄마, 내가 이렇게 잘생기고 잘났는데 왜 날 버리고 간 거야? 왜 날 보러 안 와?"

지금 이 글을 쓰는 와중에도 눈물이 나요. 제 마음속에 조상들의 풀리지 않은 감정들이 억눌려 있다가 제 입을 통해 표현되니 소름이 끼치기도 하고 신기하기도 합니다. '내가 학교 수업에서 그런 부정적인 경험을 했던 이유가 아빠의 감정이 억눌려 있었기 때문이었나?' 하는 생각이 들었습니다.

더 놀라웠던 건 아빠의 감정을 풀고 나자 그다음엔 엄마 이름이 입 밖으로 튀어나왔다는 거예요. 외할머니 목소리였어요. 돌아가시지도 않았고 멀쩡히 살아계시는데 저희 엄마 이름을 부르면서 "○○야, 내가 널 죽이려 했었어. 정말 미안하다"는 말을 계속 하시더라고요. 저희 엄마는 입버릇처럼 "살려고 그래, 살려고 그래"라는 말을 달고 사시거든요. 그런데 또 지금은 유방암을 앓고 계십니다. 오늘 이 일을 경험하고 나니까 혹시 외할머니가 엄마를 낙태하려고 했나 하는 생각이 들었습니다.

제 감정을 해결하고 나니 엄마, 아빠를 비롯해서 여러 감정들이 느껴져요. 저를 통해서 집안 어른들의 모든 감정이 이번 생에 해결되려나 봐요. 그 생각을 하니 어쩐지 먹먹하기도 하고 아득하게 느껴지기도 하는데, 제 세대에서 이런 비극을 끝낼 수 있어서 다행이라는 생각도 들어요. 앞으로 가야 할 길이 남았지만 이런 일을 경험하고 나니 감격스럽고 끝까지 가고 싶다는 생각이 듭니다. 아직도 눈물이 나네요. 너무나 감사합니다.

앞서 사례에서 언급한 것처럼 내 몸은 내 무의식 속의 수많은 존재가 자신들의 억눌린 감정을 표현하는 홀로그램이다. 때로는 아직 살아계신 조부모나 부모가 나를 통해 억눌린 감정을 표현할 수도 있다.

몸을 나와 동일시하고 살아갈 땐 조상들이 나와 분리돼 있다고 착각한다. 하지만 거울명상 중 몸을 벗어나 관찰자가 되면, 내 무의식 속에 억눌려 있는 조상들이나 부모들의 치유되지 않은 감정이 내게 대물림됐음을 알게 된다.

내 몸도 사실은 내가 한평생 빌려 쓰다가 관찰자에게 돌려주는 한시적인 홀로그램이다. 내가 거울 앞에서 관찰자의 텅 빈 무한한 사랑으로 돌아가면 내 무의식 속의 조상들도 내 몸을 빌려 자신들의 억눌린 감정을 치유받고 싶어하는 것이다.

조상들이 치유되면 나도 치유되고 후손들도 치유된다. 내 무의식에 억눌린 조상들은 고통스러운 모습으로 거울 앞에 나타나지만, 치유되고 나면 나를 도와주는 고마운 천사들이 된다.

내 두려움이 사라지면 부모의 두려움도 사라진다

저는 일찍 취업을 할 수 있다는 말에 혹해 마이스터고에 진학한 학생입니다. 한 달 정도 다녀보니 저와 너무 안 맞았습니다. 수업 시간엔 선생님의 말도 귀에 들어오지 않고, 그저 눈물만 줄줄 흘렸습니다. 말도 안 나오고, 친구도 사귈 수 없었습니다. 역류성 식도염과 과민성 대장증후군이 더욱 악화돼 급식도 제대로 먹지 못하고 늘 체하곤 했습니다. 일상생활이 불가능할 정도로 우울해졌습니다.

이러다가 내가 죽을지도 모른다는 생각에 반신반의하며 처음엔 화장실 거울 앞에 서서 거울명상을 해봤습니다. 눈의 초점을 두지 않고 거울 속에 비친 배경을 보아가며 몇 분 동안 가만히 있었습니다. 그러면서 그동안 제가 고민하던 문제들과 괴로운 감정들을 말로 표현해보았습니다.

"나는 이 진로와 맞지 않아 너무 싫고 힘들다."

"왜 이 학교에 왔을까 너무 후회스럽다."

"속이 쓰리고 목에 이물감이 드는 게 너무 불편하고 힘들다."

"친구가 없이 혼자 있는 내 모습이 수치스럽고 비참하다."

처음이라 그런지 눈물이 나거나, 제 모습이 없어지는 등의 변화는 없었습니다. 그래도 문제를 해결하기 위해 뭔가를 한다는 느낌이 색달라 매일 해보았습니다. 닷새 동안 거의 아무 변화가 없다가 어제와 그제 정말 놀라운 일이 일어났습니다.

여느 때와 똑같이 거울 앞에서 고민과 감정들을 털어놓고 있었습니다. 그런데 갑자기 시야가 크게 흔들리더니, 이내 제 오른쪽 눈만 남겨놓고 상반신이 검게 변해갔습니다. 믿기지 않아 눈을 깜빡이자 원래대로 돌아왔지만, 이 세상이 홀로그램이고 내 몸도 홀로그램이라는 사실을 명백하게 느낄 수 있었습니다. 계속해서 그간의 힘듦과 설움을 털어놓자 입술이 보라색으로 물들기도 하고, 얼굴이 없어졌다가 나타나길 반복했습니다.

눈물이 나오려다 말았지만 왠지 가벼워짐을 느꼈습니다. '내가 힘들어하는 모습을 보며 엄마도 얼마나 힘드셨을까?' 하는 생각이 드는 순간 제 얼굴에 갑자기 엄마 얼굴이 나타났습니다. 너무 신기해서 그대로 몇 분간 가만히 있었던 것 같습니다. 다음 날부터 변화가 나타나기 시작했습니다.

지옥 길처럼 느껴졌던 등굣길이 놀라우리만치 평온했습니다. 맑게 갠 하늘과 아름다운 가로수들이 처음으로 눈에 들어왔습니다. 출근자들로 늘 북새통이었던 지하철엔 이상할 만큼 사람들이 없었고, 저는 편안하게 앉아서 학교에 갔습니다. 전엔 마주쳐도 인사만 하고 지나치던 아이들이 교실로 놀러 와 저에게 말을 걸었습니다. 점심시간 내내 저는 그 아이들과 이야기를 하며 시간을 보냈습니다. 아무 친구도 없던 저에게 한 아이가 다가와 벚꽃을 보러 가자고 제안했습니다.

저녁이 되자 엄마가 퇴근하셨습니다. 가난했던 엄마는 필요하지 않은 물건들도 모아두는 습관이 있었습니다. 집 안은 물건들로 가득해 답답하게 느껴졌습니다. 아무리 버리자고 설득해도 엄마는 꿈쩍도 하지 않으셨습니다. 마침 쓰레기를 분리수거하는 날이었습니다. 저녁을 먹고 엄마가 커다란 수납장과 압력밥솥을 들고 나오셨습니다. 궁금해서 여쭤보니 "오늘은 이상하게 버리고 싶어지더라고. 그동안 너무 필요 없는 물건들을 많이 쌓아놓고 살아온 것 같아서. 오늘부터 차근차근 버리며 살려고 해"라고 말씀하셨습니다. 제가 괴로운 마음을 털어낸 바로 그날 저녁, 엄마도 오래 묵은 물건들을 정리하기로 했다니…. 너무나 신기했습니다.

그날 저녁 그동안 일에만 쫓겨 사시던 아빠도 "이번 주말엔 가족끼리 놀러 갔다 오자"라고 했고, 저희 가족은 주말에 식물원에 다녀왔습니다. 가족끼리 다투지도 않았고, 그저 행복하기만 했습니다. 내 마음이 밝아졌는데 부모님 마음까지 동시에 밝아졌다는 사실이 너무 놀랍고 신기합니다.

내 몸은 아빠나 엄마의 몸과 서로 분리돼 있다. 나는 나와 동일시하는 생각으로 창조된 우주에 살고, 부모도 각기 자신과 동일시하는 생각으로 창조된 각자의 우주 속에서 살고 있다. 그래서 서로 상대가 어떤 생각을 하고 있는지 모르면서 살아간다.

하지만 내가 거울명상 중 '나'라는 생각을 벗어나면 나는 사라진다. 관찰자의 텅 빈 마음으로 돌아간다. 관찰자의 마음 속에선 너와 나의 경계가 없다. 모두 텅 빈 내 마음 속의 환영이다. 자연히 텅 빈 마음 속에서 내 두려움을 느껴주면 내 두려움과 공명하는 엄마와 아빠의 두려움도 함께 풀려난다. 내가 관찰자의 텅 빈 마음으로 돌아갈수록 나와 세상이 텅 빈 하나의 마음 속에서 동시에 움직이는 동시성(synchronicity) 현상도 늘어나게 된다.

내가 듣고 싶은 말을 관찰자에게 해보라

저는 운전 연수를 받으면서 너무 긴장한 나머지 눈을 세게 비볐는데, 눈이 점점 붓기 시작해 피부과를 다녔습니다. 두 달이 지난 지금, 생활이 불가능할 정도로 얼굴에 아토피가 번지고 있습니다. 얼굴이 딱딱해져서 표정을 짓거나 안면근육을 움직이기도 힘듭니다. 다른 사람과 눈을 마주칠 수도 없습니다. 장애인이 된 것 같습니다. 저는 오래전부터 유두 습진을 앓고 있지만,

몸에 아토피가 난 적은 단 한 번도 없었습니다. 제 얼굴에서 제일 예쁘다고 생각했던 눈이 다 덮여버려서 무섭기만 합니다.

얼굴에 극심한 아토피가 생겨 표정을 짓기조차 힘들다면 어떤 감정이 올라올까? 여자인 내 존재에 대한 극심한 수치심과 버림받은 두려움이 올라온다. 나도 통제할 수 없는 이 감정들은 어디서 올라오는 걸까? 내 무의식에서 올라온다. 내 무의식 속에 억눌린 '버림받은 여자아이'가 표면으로 올라와 아토피라는 수치스러운 얼굴을 창조한 것이다. 이 감정들을 꾸준히 느껴주면 '버림받은 여자아이'도 풀려나고 아토피로 물질화된 현실도 함께 풀려날까?

아토피 덕분에 그동안 외면하며 살아온 제 아픈 마음을 만나고 많이 울었습니다. 거울 앞에서 제가 부모님께 듣고 싶었던 말을 제 입으로 말하면서 미친 듯이 울었습니다.
"배 속에 있는 딸아, 널 환영한다. 소중한 우리 첫째 딸을 너무나 사랑한단다. 세상에서 제일 예쁜 우리 딸. 스스로 잘 자라줘서 고맙고 미안하다. 어릴 때 사랑을 많이 못 준 것 같아서 항상 죄스럽고 미안하다. 우리에게 와줘서 너무 고맙다. 네가 어떤 모습을 하든 우리는 늘 너를 사랑한다."
제가 부모님한테 듣고 싶었던 말을 저 스스로 저에게 해주는데도 미친 듯이 울음이 터져 나왔습니다. 그러면서 놀랍게도 부모님의 깊은 사랑을 몸으로 느낄 수 있었습니다. 마음속에서 사랑이 우러나오자 어릴 때 스쳐 지나갔던 감정들까지 깊이 느껴졌습니다. 명상을 하고 나니 배에서 꼬르륵 소리가 들렸습니다. 마음이 한층 가벼워졌고 잠이 들었습니다.

저는 최근 1년간 생채식을 했었는데, 체질에 맞게 화식으로 바꾸었습니다. 그러고 나니 서서히 눈을 뒤덮었던 아토피도 나아지기 시작했습니다. 두 달여 만에 아토피는 완치됐고, 이제는 아주 먼 옛날 일처럼 느껴집니다. 정말 신기합니다.

배 속에 있는 나에게 부모는 이 세상의 전부다. 부모가 나를 환영하고 사랑하고 있다고 느끼면 세상도 나를 환영하고 사랑한다는 느낌을 갖고 태어나게 된다. '난 세상으로부터 환영받고 사랑받는다'라는 느낌이 내 무의식 속에 각인되는 것이다. 이 느낌대로 내 인생이 펼쳐진다. 나 자신이 내 인생을 창조하는 창조주이자 관찰자이기 때문에 내 느낌이 내 인생을 창조하는 것이다.

내가 나를 사랑받는 존재로 느끼면 나는 사랑받는 존재로 세상을 살아가고, 내가 나를 수치스러운 존재로 느끼면 나는 수치스러운 존재로 세상을 살아간다. 내 무의식 속에 어떤 느낌이 각인돼 있느냐가 내가 어떤 인생을 살아가느냐를 결정짓는 것이다. 거울을 이용해 나 자신을 객관적으로 바라보면 나는 모든 느낌에서 벗어난 텅 빈 마음이 된다.

텅 빈 마음 속에서 내가 부모한테 듣고 싶었던 말을 나에게 해주면 어떨까? 몸을 나와 동일시한 상태에서 내가 나한테 그런 말을 해주면 혼잣말에 불과하다. 내 무의식에 이미 각인된 느낌을 변화시킬 수 없다. 하지만 텅 빈 마음이 되면 무의식에 이미 각인된 모든 느낌은 나와 분리돼 텅 빈 마음 속으로 사라진다. 텅 빈 마음 속에서 부모한테 듣고 싶었던 말을 내가 나한테 해줌으로써 새로운 느낌을 각인시킬 수 있다. 텅 빈 마음이 되면 나는 내가 생각하는 어떤 사람이든 될 수 있기 때문이다.

텅 빈 마음 속에선 시공을 초월해 서로 만난다

이미 돌아가신 엄마에게 돌려주지 못했던 사랑을 꼭 전하고 싶은데, 가능할까요? 저는 해외에 거주 중인데, 엄마가 지병으로 한국에서 돌아가신 뒤에야 가족들을 통해 알게 돼 장례식에도 참석하지 못했습니다.

엄마는 제가 아주 어릴 때 아빠가 일찍 돌아가신 이후로 알코올 중독증과 불안증세에 시달리셨습니다. 그럼에도 저를 돌보기 위해 정말 악착같이 사셨습니다. 하지만 제가 어렸을 때부터 며칠씩 아무 말 없이 집을 비우기도 하고, 알코올 중독으로 집 안은 항상 어질러져 있었어요. 저는 그런 환경이 끔찍하고 외로워서 언제나 한국을 떠나고 싶었고, 결국 몇 년 전 이곳으로 오게 되었습니다.

그런데 엄마는 제가 떠나고 얼마 후 결국 지병으로 돌아가시고 말았습니다. 엄마에 대한 죄책감은 지난 몇 달 동안 거울명상으로 많이 풀어냈지만, 엄마한테 사랑한다는 말을 못 해주고 떠나보낸 게 너무나 아쉽습니다.

이미 세상을 떠난 엄마를 떠올리면 어디서 떠오르는가? 아무것도 없는 텅 빈 마음 속에서 떠오른다. 엄마의 몸이 사라졌다고 엄마가 사라진 것은 아니다. 인생 수업을 하는 동안 잠시 붙들고 있던 홀로그램 몸을 놓아주고 텅 빈 마음 속으로 돌아갔을 뿐이다.

이미 세상을 떠난 엄마가 나를 떠올리면 어디서 떠오를까? 역시 텅 빈 마음 속에서 떠오른다. 엄마와 나는 텅 빈 하나의 마음 속에 들어 있다. 엄마는 이미 몸의 한계를 벗어났지만, 나는 아직 몸의 한계 속에 갇혀 있다. 나도 몸의 한계를 벗어나면 엄마와 서로 다시 만난다. 따라서 내가 거울 앞에서 홀로그램 몸을 놓아주면 엄마와 텅 빈 하나의 마음 속에서 다시 만나게 된다.

답변을 확인하고 그날 거울명상을 한 뒤 이튿날 갑자기 땅으로 꺼지는 기분이 들고 눈물이 미친 듯이 흘러서 힘이 다 빠질 때까지 울었습니다. "엄마, 나 혼자야. 나 너무 무서워 살 수가 없어." 이렇게 계속 혼자 중얼거리다가 잠이 들었습니다. 그러곤 꿈속에서 엄마를 만났습니다. 따뜻한 느낌의 큰 창이 달린 집에서 엄마와 행복하게 일상을 보내는 꿈이었습니다.

일어나서 문득 "넌 귀하게 태어난 존재야"라는 말이 떠올랐습니다. 머릿속도 깨끗하고 사랑이 가득 찬 느낌이어서 평온했습니다. 내가 울고 있을 때도 나를 보호해주는 누군가가 늘 함께 있었다는 것을 저절로 알게 됐습니다.

꿈을 꾸고 나서 오늘 거울명상을 하니 보라색 빛 안에 제가 들어 있는 게 보이네요. 명상으로 몸을 벗어날 때, 언제나 사랑으로 연결될 수 있다는 게 정말 얼마나 큰 축복인지요. 감사합니다!

몇 주가 지난 뒤 사연자가 다시 이메일을 보내왔다.

오늘 너무 놀라운 꿈을 꿔서 다시 메일을 보내봅니다. 오늘 '근원의 나와 만나는 명상'(유튜브 영상)을 하던 중 저도 모르게 잠이 들었는데, 꿈속에서 제가 어릴 적 살던 집에 있었는데 예전과는 다르게 아주 따뜻하고 좋은 것들로 가득 채워져 있었습니다. 그리고 제 핸드폰 안에 아주 많은 메시지들이 와 있었는데, 모두 엄마가 제게 보낸 것이었습니다. "세상에서 가장 사랑하는 딸"과 같이 따뜻하고 사랑이 넘치는 메시지들이었습니다. 저는 엄마에게 "보고 싶다"고 메시지를 보냈고, 그 후 거실에 나가보니 엄마가 아주 건강하고 따뜻하고 편안한 모습으로 서 계셨습니다.

엄마가 이미 돌아가셨다는 걸 꿈속에서도 인식한 상태였지만, 엄마가 생생하게 제 앞에 계신 게 전혀 이상하게 느껴지지 않았습니다. 엄마가 제 손을 잡아주고 안아주는데 엄마가 자신의 모든 사랑을 제게 주었었다는 게 가슴으로 느껴졌습니다. 엄마 생전엔 제가 많이 미워했었는데, 그냥 서로 잘 몰랐기 때문이었을 뿐이라는 앎이 저절로 왔어요.

그 후에 갑자기 꿈에서 깨어났는데, 나는 그동안 단 한 번도 혼자 남겨진 적이 없었다는 걸 깨닫고 눈물이 비 오듯 쏟아지고 목이 쉴 정도로 울음이 터져 나왔어요. 슬퍼서가 아니라 가슴속의 응어리들이 풀려나가면서 나오는 벅찬 감격의 눈물이었습니다. 이산가족들이 상봉할 때도 이런 느낌일까 하는 생각이 들었습니다. 그렇게 한참 울고 나니 제 마음이 다시 놀랍도록 평화로워졌습니다.

또 신기하게도 오늘따라 많은 사람들이 저에게 연락을 해주고, 지인으로부터도 작은 선물이 왔고, 아주 개인주의적이었던 남자친구까지 평소보다 훨씬 더 저를 세심하게 챙겨주네요. 마음이 편안해지니 이젠 정말로 어떤 일이 생겨도 다 받아들이고 흘려보낼 수 있을 것 같아요. 감사합니다!

무의식 속에 억눌려 있는, 풀리지 않은 감정들은 생명을 가진 인격체인 자아들이다. 자아들은 자신의 아픔을 현실이라는 꿈을 통해 표현하기도 하지만 잠잘 때 꾸는 꿈을 통해 표현하기도 한다. '내 억눌린 아픔을 좀 이해해달라'고 찾아오는 것이다.

내 마음이 두뇌의 표면의식, 즉 생각으로 덮여 있으면 무의식과 분리된다. 하지만 텅 빈 마음이 되면 나는 표면의식과 무의식을 동시에 관찰하게 된다. 무의식 속에 어떤 자아들이 억눌려 있는지 들여다보고 인정해주게 된다. 그런 다음 잠이 들면 자신들의 존재를 인정받고 풀려난 자아들이 꿈이나 현실 속에 나타나 여러 모습으로 나한테 감사함을 전해준다.

나는 엄마가 살아 있을 때 알코올 중독증인 엄마의 모습을 미워해 외국으로 떠났다. 나는 엄마한테 사랑받고 싶은데 엄마가 술 취한 모습만 보여주니 미움이 올라왔던 것이다. 하지만 엄마가 세상을 떠난 뒤 되돌아보니 엄마도 사랑받고 싶은데 사랑받지 못해 고통스럽게 살아가는 자아였다. 너무나 고통스러워 알코올로 자신을 학대하며 사랑받지 못하는 아픔을 덮어버렸던 것이다.

거울명상 중 몸을 벗어난 텅 빈 마음인 관찰자의 눈으로 바라보니 엄마도, 나도 무의식 속의 자아들이었다. 무조건적이고 영원한 근원의 사랑을 찾아 길을 잃고 방황하는 여행자였다.

제가 어렸을 때 할머니와 엄마 간에 심한 고부갈등이 있었습니다. 할머니는 저를 엄청 예뻐해주셨지만, 엄마는 제가 할머니를 보고 싶어할 때마다 배신자 취급하는 바람에 저는 중학교에 입학한 이후로는 할머니 댁에 단 한 번도 가보지 못했습니다. 어느덧 20여 년의 세월이 흘러 저는 30대가 되었고, 지난달 할머니는 돌아가시고 말았습니다.

엄마는 제가 장례식에 갈까 봐 할머니가 돌아가셨다는 사실을 숨기셨고, 일주일 뒤에야 한 친척이 그 소식을 알려줘 겨우 알게 됐습니다. 저는 엄마에게 너무 화가 나 한바탕 난리를 쳤습니다. 무엇보다 할머니에게 너무 죄송해 며칠 동안 펑펑 울었습니다.

그래도 죄책감이 씻기지 않아 거울 앞에 앉아 "할머니, 너무 죄송해요. 저는 할머니가 정말 보고 싶었어요. 요양병원에도 가보고 싶었는데 갈 수 없었어요. 어릴 때 저를 예뻐해주셔서 감사하고, 너무 사랑해요"라고 말했습니다.

그렇게 2주일 정도 거울명상을 하다가 답답한 마음이 들어 한강 주변으로 산책을 나갔습니다. 착잡한 마음으로 산책로를 걷고 있는데, 어디선가 "영희야, 할머니가 정말 너 보고 싶었어. 네 얼굴 한번 보고 가려고 아직 안 갔어"라는 목소리가 또렷하게 들렸습니다. 환청이 아니라 마음에서 들려오는 소리였습니다. "이 녀석아, 병원에 좀 찾아오지 그랬어. 너무 보고 싶었는데…. 손녀들 중에서 우리 영희가 제일 예뻐. 그래도 영희밖에 없네. 할머니가 가고 없는데도 이렇게 생각해주고"라는 소리가 들리 더니 하늘색 한복을 곱게 차려입으신 할머니의 모습이 마음의 눈에 보였습니다. 그리고 저를 꽉 안아주시더라고요. 너무나 신 기하게도 제 등 쪽에 진짜로 사람의 손이 닿는 듯한 느낌이 들 었습니다. 그런데 전혀 무섭거나 기괴한 느낌이 들지 않고 진짜 사람이 안아주는 것처럼 따뜻하고 포근했습니다.

저는 산책하다 말고 "할머니, 저도 정말 보고 싶었어요. 너무 외 롭게 살다 가셔서 어떻게 해요?"라고 마음으로 대답하면서 그 자리에 서서 울었습니다. 그랬더니 할머니가 "괜찮다. 영희가 내 마음을 알아줬으니까 이제 괜찮아. 누구 하나라도 내 마음을 알아줬으면 했는데 이제 됐어"라고 대답하시더라고요.

할머니는 생전에 이웃 친구분들이랑 음식을 차려놓고 술 한잔 하는 걸 좋아하셨는데, 대답하시고 나서 할머니가 여러 사람과 둘러앉아 깔깔 웃으시면서 수다 떠시는 장면이 보였습니다. 그 리고 "영희야, 할머니는 재미있게 살 거니까 걱정 마. 하늘나라 에서 실컷 놀면서 살 거야"라고 씨익 웃으시며 떠나셨습니다.

신기하게도 할머니가 돌아가신 날부터 심한 몸살이 찾아왔었고 명치 쪽이 엄청 답답했었는데, 할머니를 만난 후 그런 증상들이 싹 사라졌습니다. 조상이 어두운 마음으로 세상을 떠나면 후손들 중에서 마음이 열려 있는 사람한테 찾아간다는 말을 들은 적이 있는데, 아마 할머니는 마음공부를 하고 있는 저에게 찾아오셨던 것 같습니다. 너무나 생생한 경험이라 아직도 어안이 벙벙하지만, 영혼의 존재를 확실히 믿게 된 계기가 됐습니다.

거울명상 중 몸을 벗어나 아무 경계도 없는 무한한 마음이 되면 산 자와 죽은 자가 모두 무한한 하나의 마음 속에 들어 있음을 알게 된다.

몸을 떠난 영이 가장 아쉬워하는 건 뭘까? 자신이 가장 사랑했던 사람에게 사랑을 전해주지 못하고 떠난 걸 가장 아쉬워한다. 그래서 할머니는 자신이 생각하는 모습으로 나에게 나타나 자신의 사랑을 전하고 빛의 세계로 돌아갔다. 몸을 갖고 살아가는 동안 마음의 상처를 치유하는 것이 얼마나 소중한 일인가를 다시 한 번 일깨워주는 사례이다.

저는 2년 넘게 매일 거울명상을 해오다가 점점 얼굴이 검게 보이기도 하고 머리 위로 빛이 솟아오르기도 하는 등 여러 현상들을 겪게 됐습니다. 그런데 거울명상 직후엔 세수를 한 듯 개운하다가도 며칠 지나면 명치에 돌덩어리가 붙어 있는 것처럼 예전의 증상들이 되돌아왔습니다.

그런데 얼마 전에 정말 이상한 일이 일어났습니다. 거울명상을 하는데 제 입에서 친정어머니의 말투가 흘러나왔습니다. "내가 하도 억울해 너한테 붙어 있었다. 내가 얼마나 답답했는지 아니? 이제 나는 갈란다. 사랑하는 딸아, 이제부터라도 새처럼 훨훨 날면서 자유롭게 살아라."

어머니는 돌아가시기 전에 "나는 죽으면 새처럼 살 거야"라고 말씀하셨거든요. 어머니는 부잣집에서 태어나 초등학교 땐 머슴들의 등에 업혀 학교를 다녔는데, 결혼하면서 인생이 뒤바뀌었습니다. 아버지는 가난하지만 똑똑했었는데, 정치에 휘말려 고문을 받은 뒤 알코올중독자로 전락했습니다. 그래서 어머니가 혼자서 생계를 꾸려나갔지만, 친정으로부터 출가외인이라는 이유로 아무 도움도 받지 못하고 온갖 고생을 다 했습니다.

거울명상 중 어머니가 나타난 뒤 신기하게도 가슴에 있던 돌덩어리가 없어졌습니다. 그 뒤 한 달 가까이 거울명상을 하지 않았는데도 마음은 여전히 날아갈 듯 가볍습니다.

어머니는 왜 내 몸에 달라붙어 있었던 걸까? 자신의 무의식에 억눌러놓았던 아픔을 풀어놓아주지 못한 채 세상을 떠났기 때문이다. 어머니는 자신의 몸이 사라지자 딸인 내 몸에 달라붙어 자신의 아픔을 이해받고자 했던 것이다. 내가 몸을 나와 동일시하고 살아갈 땐 무의식 속의 이 아픔을 느껴줄 수 없다. 그래서 영문을 모른 채 아픔을 억눌러놓고 살아가게 된다. 이 마음의 아픔이 몸의 아픔으로 물질화돼 올라오면 병이 된다.

하지만 거울 앞에서 텅 빈 마음이 되면 무의식 속의 모든 아픔을 느껴줄 수 있다. 나는 조상들의 모든 무의식을 대물림받으므로 내 무의식 속엔 조상들의 모든 아픔이 억눌려 있다. 그래서 내 무의식이 정화되면 조상들의 무의식도 함께 정화되는 것이다.

거울 앞의 텅 빈 마음 속에서 어머니의 아픔을 느껴주자 그 아픔은 풀려났고, 내 가슴에 있던 돌덩어리도 사라졌다. 무한한 사랑의 빛 속으로 돌아간 어머니는 자신의 아픔을 치유해준 나를 무한한 사랑의 빛으로 지켜보며 감싸주게 된다.

모든 사람이
내 거울이다

무능한 아빠는 내 안의 '무능한 나'를 비춰준다

저는 10대 중반부터 15년간 우울증과 한 몸으로 살아온 30대 초반의 여성입니다. 지난 2년간 거울명상을 꾸준히 하면서 지금은 '내가 우울증이었다고?'라고 생각할 정도로 우울함이 제 무의식에서 완전히 떠났습니다.

며칠 전부터는 무능함이라는 감정을 두고 명상을 해왔습니다. 거울을 보면서 "난 무능하다, 난 아무것도 못하는 사람이다, 내가 뭘 하든 전부 안 될 거야"라고 말했습니다. 또, 내가 되고 싶은 미래의 내 모습을 떠올리면서 "난 무능해서 절대로 그렇게 될 수 없어"라고 무능하게 살아가는 제 아픔을 느껴가며 말해보았습니다. 그토록 하고 싶은 게 있는데도 하지 못하고, 되고 싶은 게 있는데도 되지 못하는 제 모습을 바라보니 너무 서럽고 분하고 아팠습니다.

아픔이 어느 정도 가라앉았을 때, 문득 거실에서 주무시는 아빠가 떠올랐어요. 아빠는 무능함 자체였습니다. 돈도 못 벌어오면서 밖으로 나돌고, 친구들과 술을 마시고, 버는 돈도 거의 혼자 써버렸습니다. 저는 어릴 때부터 아빠가 불행의 원인이라고 여겨 아빠만 보면 화가 나고 혐오감도 컸습니다. 무책임한 아빠가 어디 나가서 죽어버렸으면 좋겠다는 생각이 들기도 했었어요.

'유능하다/무능하다'는 짝이 되는 생각이다. 유능해도 좋고, 무능해도 좋다고 양쪽 생각을 다 받아들이면 유능함이나 무능함에 끌려다니지 않는다. 나는 상황에 맞게 자유자재로 유능할 수도 있고, 무능할 수도 있다.

하지만 만일 내가 현재 '무능한 나'로 현실을 살아가고 있다면? '유능한 나'로 살아가고 싶어진다. 그럼 현재의 '무능한 나'를 무의식에 억눌러버리게 된다. 그래서 '무능한 나'로 살아가는 지금의 현실이 고정돼버린다. 즉, '무능한 나'로 살아가면서 '유능한 나'로 살고 싶어하는 지금의 현실을 벗어날 수 없는 것이다.

이 고통에서 영원히 벗어나려면? '무능한 나'로 살아가는 현재의 나를 받아들여야 한다. 그러려면 '무능한 나'로 살아가는 아픔을 거울 앞에서 느껴줘야 한다.

거울명상 중 갑자기 '아, 내가 내 무능함을 아빠한테 투사했었구나'라는 생각이 번뜩 들었어요. 그 사실을 깨닫자 갑자기 눈물이 터지면서 거울을 보며 말했습니다. "아빠, 미안해. 아빠도 사실은 가족을 위해 잘해주고 싶은데 뜻대로 안 되니까 너무 마음이 아픈 거지? 그래서 술도 마시는 거지?"라고 말하면서 펑펑 울었어요.

그렇게 거울명상을 마치고 자려고 누웠는데 무심코 얼굴을 만지다 턱에 왕뾰루지가 난 걸 발견했습니다. 거울명상 하기 전까지만 해도 없었거든요. 그날 이후 아빠가 변했습니다. 요즘 술도 안 마시고 열심히 일하세요. 늦게 퇴근할 땐 전화해서 저희한테 "오늘 얼마어치 일했다"고 자랑도 하시고요. 저도 '난 못한다'는 생각에서 벗어나 전엔 시도조차 못했던 일을 다시 시작하고 있어요. 하루하루가 가벼워지고 있다는 걸 느낍니다.

나는 무능하게 살아가는 아빠의 모습을 보고 '난 무능한 게 싫다'는 생각이 떠올랐다. 이 생각을 두려움과 수치심으로 나도 모르게 무의식에 억눌러놓았다. 그래서 내 무의식엔 '무능한 나'가 억눌리게 됐던 것이다. 하지만 나는 내 무의식 속에 '무능한 나'가 억눌려 있다는 사실을 모른 채 살아간다. 그래서 내 무의식과 공명하는 아빠가 내 안의 '무능한 나'를 자극해주는 거울 역할을 한다. 아빠의 무의식에도 나와 똑같은 '무능한 나'가 억눌려 있기 때문이다.

따라서 내가 아빠의 무능함만 탓하고 있으면 내 안의 '무능한 나'를 보지 못하게 된다. 무능하고 무책임한 아빠를 원망하면서 아빠가 어디 나가서 죽어버렸으면 좋겠다는 생각까지도 든다. 아빠의 무능함이 바로 나 자신의 무능함임을 받아들여야 내 안의 '무능한 나'가 사라지고, '유능한 나'로 살아갈 수 있다.

저는 세 아이를 키우는 직장인 여성입니다. 남편은 5년 전 실직 후 구직 노력은 전혀 하지 않고 집에서 빈둥거리며 지냅니다. 저는 매일 남편이 자는 모습을 보며 출근해 저녁 늦게까지 일하다 퇴근합니다. 무기력한 남편의 모습이 내 모습을 비춰주는 거울임을 상기하려 노력하지만 제게만 의지하고 불평, 불만만 늘어놓는 남편의 모습에 점점 지쳐갑니다. 이혼은 나쁜 걸까요?

가장인 남편은 빈둥거리며 놀고만 있는데 나는 5년째 죽도록 일만 하고 있다면 나는 자연히 남편의 피해자로 느껴진다. 그래서 남편을 볼 때마다 내 마음속에서 미움이 올라온다. 미움이 자꾸 올라와 몸에 괴로운 반응을 일으킬 때마다 나는 이 괴로움의 원인이 남편 때문이라고 믿는다.

하지만 미움은 누구의 마음속에서 올라오는 것인가? 바로 내 마음속에서 올라온다. 내가 의식하지 못하는 마음인 무의식에 억눌려 있던 미움이 남편의 미운 모습에 자극받아 올라오는 것이다. 거울 앞에서 "난 무기력한 남편이 정말 밉고 싫다"라고 꾸준히 말해봤다. 그랬더니 얼마 후 놀랍게도 내 얼굴에 돌아가신 아빠 얼굴이 떠올랐다.

제가 어릴 때 가난하고 무기력한 아빠를 증오하고 버렸던 기억이 떠올랐습니다. 거울명상 중 제 눈이 아빠의 눈처럼 느껴졌고, 제 얼굴에서 대상포진으로 흉터가 있던 아빠 얼굴이 보였습니다. 순간 무서웠지만 아빠에게 '미워해서 죄송하다'고 속으로 얘기하며 눈물을 흘렸습니다.

그 뒤 거울명상할 때 남편을 떠올리며 "그렇게 무기력하고 아무 것도 안 할 거면 차라리 죽어버려!"라는 말이 튀어나왔습니다. "죽어버려"라는 단어에 저도 놀랐습니다. 하지만 제 진짜 감정이라는 게 느껴졌습니다. 제가 아빠를 많이 미워해 아빠처럼 무기력한 남편을 만나 살고 있는 것 같습니다.

현재 상황은 과거에 무의식에 억눌러놓은 괴로운 상황이 재연되는 것이다. 내가 어릴 때 아빠도 지금의 남편처럼 무기력한 모습을 하고 있었다. 엄마는 무기력한 아빠를 미워했을 것이다. 엄마와 무의식을 공유하는 딸인 내 마음은 어땠을까? 역시 미움이 올라왔을 것이다.

하지만 아빠를 드러내놓고 미워할 수 없으니 참았다. 무기력한 남자인 아빠에 대한 미움이 내 무의식에 억눌려 있으니 마음이 괴롭다. 그래서 이 미움을 풀어놓아주기 위해 무기력한 남편을 짝으로 만난 것이다.

거울 앞에서 무기력한 남편을 떠올렸을 때 "죽어버려"라는 말이 나왔던 것도 사실은 남편을 죽여버리고 싶었던 게 아니다. 내가 어릴 때 아빠한테 투사했던 내 안의 '무기력한 나'를 죽여버리고 싶다는 말이었다. 내 무의식에 '무기력한 나'가 억눌려 있기 때문에 그걸 비춰줄 무기력한 아빠와 남편이 내 눈앞에 나타났던 것이다.

남편의 무기력한 모습이 바로 내 무의식 속의 '무기력한 나'임을 알아차리면 그것을 '나'로 받아들이게 된다. 그럼 남편의 무기력함도 받아들일 수 있다. 텅 빈 마음으로 돌아가면 어떤 현실도 받아들일 수 있다. 내가 이혼을 하든 안 하든, 어떤 선택을 해도 텅 빈 마음 속에서는 사랑과 평화만 흐른다.

딸의 아픔을 내 아픔으로 받아들이면 사라진다

저는 고등학생 딸아이를 키우는 엄마입니다. 조금 전 아이의 방을 치우면서 혼잣말처럼 "차라리 죽어버려, 너 같은 건 쓸모없어, 그냥 죽어버려"라는 말이 끝없이 나왔습니다. "못생기고 뚱뚱하고 공부도 못하면 누가 너를 좋아해? 정말 싫다, 싫어."
방에 머리카락과 라면 봉지, 먹고 난 그릇, 교과서, 문제집, 옷가지들, 교복, 속옷 등이 마구 뒤섞여 정말 쓰레기통 같았습니다. 초등학생 때까지만 해도 공부도 잘하고 단정해서 선생님들한테 늘 모범생이라고 칭찬을 받던 아이였습니다.
그러다가 중학교에 들어가면서 살이 찌고, 성적도 떨어지고, 자신감도 낮아지고, 왕따를 당한 경험도 있습니다. 아이는 잘 때마다 가슴이 터질 듯 두근거리고, 온몸을 달달 떨면서 깊이 잠들지 못합니다. 정말 화도 내보고, 받아도 줘보고, 같이 아픔도 느껴보고, 별짓을 다 해봐도 아무 소용이 없습니다.

아이는 "엄마, 내가 못생겨도 사랑해? 내가 공부 못해도 사랑해? 내가 뚱뚱해도 사랑해?"라고 매번 매달리듯 물어봅니다. 정말 몸서리치게 싫고, 버리고 싶고, 포기하고 싶은 마음뿐입니다. "그럼 사랑하지"라고 대답은 하지만, 정말 너무 싫습니다. 왜 내가 낳은 아이가 이토록 싫은 걸까요? 왜 이렇게 포기하고 싶은 걸까요?

딸아이를 지켜보는 내 마음이 왜 이처럼 몸서리치게 괴로운 걸까? 현실 자체엔 아무런 감정이 없다. 현실은 그냥 빛의 떨림, 즉 홀로그램 거울일 뿐이다. 딸을 볼 때 과거의 괴로웠던 내 모습이 떠오르기 때문에 괴로운 것이다.

나는 딸을 통해 못생기고 뚱뚱하고 공부도 못한다고 느꼈던 과거의 내 모습을 다시 보게 된다. 나도 과거에 '난 못났다'는 생각을 나와 동일시하며 살았다. 그 생각을 붙들고 살다 보니 두려움과 열등감, 수치심 등 괴로운 감정들이 올라왔다. 하지만 나는 그 감정들을 느껴주지 않고 무의식에 억눌러버렸다.

내가 나와 동일시한 '난 못났다'는 생각은 두려움, 열등감, 수치심 등 괴로운 감정들과 합쳐져 '못난 나'라는 자아가 됐다. 내 무의식에 억눌린 이 자아가 딸의 모습으로 내 눈앞에 나타났다.

저도 한때 못생기고 뚱뚱하고 성적이 떨어져 죽고 싶을 때가 있었습니다. 하지만 그때의 나와는 만나지지 않고, 아이만 미울

뿐입니다. 아이가 그저 한심하고, 짜증 나고, 답답하고, 한 대 쥐어박고 싶고, 포기하고 싶을 뿐입니다. 아이의 인생이 저렇게 궁상만 떨다가 망해버릴 것 같고, 빌빌대고 덜덜 떨다가 엉망이 될 것 같습니다.

하지만 아이는 학교에 가서 모범생인 척 반듯하게 생활합니다. 그러지 말라고 해도 혼자 애쓰며 벌벌 떨며 살아갑니다. 정말 미칠 지경입니다. 마음을 느껴보려 해도 자꾸만 "죽어버려, 너 같은 거 쓸모없어, 정말 추접스럽고 창피해"라는 말이 나올 뿐입니다.

내가 '못난 나'를 무의식에 꾹꾹 짓눌러놓고 살아가면 나 스스로는 '못난 나'의 두려움과 열등감, 수치심을 느낄 수 없다. 하지만 딸을 통해 내 모습을 다시 보게 되면 억눌러놓았던 이 감정들이 걷잡을 수 없이 올라오게 된다.

내가 낳은 딸만큼은 나처럼 '못난 나'로 살아가지 않고 '잘난 나'로 아무 고통 없이 행복하게 살아가길 바랐는데, 딸도 나처럼 괴로운 감정들에 시달리며 살아가야 한다고 생각하니 마치 심장이 찢어지는 것처럼 고통스럽다. 너무 고통스러워 차라리 딸이 죽어버렸으면 좋겠다는 생각마저 든다.

'못난 나'와 '잘난 나'는 서로 짝이 되는 생각이다. 하지만 현재 '못난 나'로 살아가는 내가 '잘난 나'를 붙잡으려 들면 현재의 '못난 나'는 점점 더 깊이 무의식에 억눌려버린다. 그래서 현재의 '못난 나'로 살아가는 현실이 고착화된다.

내가 아무리 '잘난 나'로 살아가기 위해 애를 써도 소용이 없다. 무의식에 억눌린 '못난 나'를 받아들여야 한다. 그래야만 짝이 되는 '잘난 나'와 합쳐져 텅 빈 하나의 마음으로 돌아간다. 텅 빈 마음인 관찰자가 되면 나는 '잘난 나'가 될 수도 있고, '못난 나'가 될 수도 있다. 내가 원하는 대로 선택하며 살아간다.

가슴이 터질 것같이 아프고 괴로웠는데, 거울 속의 나를 가만히 바라보고 있으니 그냥 눈물이 주르륵 흘러내렸습니다. 아이를 볼 때 가장 두려웠던 것은 제가 어렸을 때 느꼈던 비참함을 아이도 경험하지 않을까 하는 것이었습니다. 저도 모르게 "나처럼 될까 봐 너무 무섭다"는 말이 나왔고, 한동안 연신 그 말을 되뇌며 눈물을 흘렸습니다.

그러다가 문득 내 삶은 나빴던 게 아니라 그냥 그렇게 살았던 것이었고, 지금도 이렇게 잘 살아가고 있다는 것이 느껴졌습니다. 그래서 아이도 나처럼 살아도 괜찮고, 그래도 된다는 앎이 왔습니다. 흐르는 눈물 속에 그냥 알아지는 자연스러움이 저를 편안하게 만들었습니다. 아이가 내 아픔을 받아들이도록 하기 위해 내려온 천사라니…. 정말 감사합니다.

이토록 나 스스로를 미워하고, 죽이고 싶어하고, 비참하게 여겼던 제가 너무 가엾게 느껴집니다. 거울을 통해 꾸준히 나를 만나가야 한다는 울림도 있었습니다.

현실을 진짜로 착각하면 누구나 '잘난 나'로 살아가고 싶어진다. 그래서 '못난 나'로 살아가는 현실이 닥칠 경우 두려움과 수치심이 올라오고, 나도 모르게 억눌러버리게 된다.

하지만 인생이 놀이라는 걸 깨닫게 되면 '잘난 나'도 괜찮고 '못난 나'도 괜찮다. 짝이 되는 '나'들은 나의 지금 상황에 맞게 스스로 번갈아가며 나타나기 때문이다. 그래야 '잘난 나'로 살아가는 우월함도 자유롭게 느껴보고, '못난 나'로 살아가는 열등감도 자유롭게 느껴보며 살아갈 수 있다. '못난 나'를 억누르지만 않으면 '못난 나'로 살아가는 현실이 고통스럽게 되풀이되지 않는다.

거센 몸 반응은 수천 년간의 감정이 빠져나오는 것

최근 맘에 드는 남자와 사귀게 됐습니다. 사랑받고 있음을 느끼면서도 이면에선 헤어지게 되지 않을까 하는 두려움이 자꾸 올라왔습니다. 그가 저한테 잘해줘도 불안하고, 못해줘도 불안했습니다. 결국 그는 저와의 만남이 힘들다면서 이별을 통보했습니다. 저도 쿨한 척 받아들였지만 마음은 만 갈래로 찢어졌습니다.

그 남자와 헤어져 마음이 만 갈래로 찢어진 건 누구일까? 내 무의식 속에 상대를 붙들고 싶어하는 여자아이가 없다면 내 마음은 아프지 않다. 내 무의식 속에 버림받을까 봐 두려움에 떠는 여자아이가 억눌려 있다.

왜 억눌려 있는 걸까? 과거에 버림받은 적이 있었기 때문이다. 과거의 그 상황을 두려움으로 무의식에 꾹꾹 짓눌러놓았기 때문에 다른 모습으로 현실화돼 다시 올라온 것이다. 거울 앞에서 관찰자의 눈으로 그 상황을 되돌아보며 두려움을 느껴주면 치유되기 시작한다.

마지막으로 통화하자는 메시지가 왔고, 그 전화가 마지막 통보일 것 같은 마음에 두려워서 거울 앞으로 달려갔습니다. "또 버림받을까 무섭다. 불안하다. 사랑받고 싶다. 헤어지는 게 너무 싫다. 버림받는 게 너무 고통스럽다"고 거울 앞에서 말했습니다. 눈물이 뚝뚝 흐르기 시작하고, 구역질이 나고, 숨이 쉬어지지 않았습니다.
살려달라 소리치고, 울부짖고, 통곡하고, 몸이 사시나무 떨리듯 떨리기 시작하고, 눈이 뒤집히고, 몸이 무당처럼 위아래로 뜀뛰기를 하고, 가래가 나오고, 방귀가 나오고, 멈추고 싶어도 멈춰지지 않을 정도로 엄청나게 몸이 흔들렸습니다. 얼굴도 빨갛게 달아올랐지만, 그래도 거울을 끝까지 봐야겠다고 생각했습니다.

내 몸은 왜 내가 통제할 수 없을 정도로 이렇게 심하게 움직이는 걸까? 버림받은 두려움에 떠는 여자아이가 내 몸을 완전히 점령하고 있기 때문이다. 수백 년, 수천 년간 조상들의 무의식을 통해 대물림돼온 버림받은 여자아이가 내 몸속에 살다가 표면으로 올라오니 몸이 걷잡을 수 없이 진동하는 것이다.

이렇게 몸 반응이 거세지면 대부분 '뭐가 크게 잘못된 거 아닌가, 이러다가 큰일 나는 거 아닌가, 너무 무섭다'는 생각에 거울명상을 멈춰버리게 된다. 하지만 이럴 때 멈춰버리면 어떻게 될까? 빠져나가기 위해 표면으로 올라왔던 여자아이가 더 깊숙이 숨어버린다. 따라서 일단 표면으로 올라온, 버림받은 인격체의 두려움은 관찰자의 텅 빈 마음 속에서 끝까지 지켜보며 완전히 느껴주어야 한다.

두려움은 위험경보이기 때문에 완전히 느껴주기만 하면 텅 빈 마음 속으로 사라진다. 그러면서 두려운 상황은 두렵지 않은 상황으로 저절로 전환된다. 모든 상황은 짝이 되는 생각들이 창조해내는 환영이기 때문이다. 만일 두려움이 완전히 빠져나가지 않는다면, 며칠이고 몇 달이고 끈기 있게 관찰하며 느껴주어야 한다.

구역질이 나올 때는 내 몸에서 마치 사람이 빠져나오는 느낌이었습니다. 마음속에서 "이게 네가 아니야. 네가 아니야"라는 말이 계속 들렸고, "다 꺼내놔. 다 털어내. 다 끌어내" 하는 목소리도 들렸습니다. 몸이 하나가 아니라 수십 명의 몸들이 있는 것 같았고, 수십 명의 목소리도 들렸습니다. 추운 것처럼 몸이 떨리고 이까지 덜덜 떨리면서 냉기가 빠져나가는 느낌도 들었습니다.

"이젠 멈춰도 돼" 하는 소리가 들렸고, 저는 그대로 뻗어 잠이 들었습니다. 자고 일어나서 저에게 이별을 통보했던 사람과 연락을 했습니다. 명상하기 전에는 정말 무섭고 두려웠는데, 명상하고 나니 전혀 두렵지가 않았습니다. 뭐든 다 잘될 것 같은 마음이 들었습니다. 몸이 가볍다는 말은 곧 마음이 가볍다는 말과 같다는 걸 알게 됐습니다.

상대는 자신이 잘못했다며 다시 저를 만나고 싶다고 말했습니다. 연애하면서 또 두려움이 올라올지는 모르지만, 이번 거울명상을 통해 두려움이 마침내 나와 분리됐다는 느낌을 받았습니다.

내 무의식 속에 억눌려 있던 두려움은 나 혼자만의 두려움이 아니었다. 조상들 수십 명의 두려움이 대물림돼 내 무의식 속에 억눌려 있다가 풀려났다. 내가 남자를 만날 때마다 이유도 없이 버림받지 않을까 하는 두려움이 자꾸 올라온 것은 바로 그래서였다.

이렇게 거대한 감정 에너지가 빠져나간 뒤에도 당분간은 방심하지 말아야 한다. 거울명상을 계속하지 못하는 상황이라면 일상에서 '나는 텅 빈 무한한 사랑 속에서 살아간다'고 자각하며 살아가야 한다. 그래야 빠져나간 빈 공간에 어두운 에너지체들이 다시 끼어들지 않는다. 내 마음이 이젠 무한한 사랑으로 차올랐다고 느낄 수 있을 때 비로소 안심할 수 있다.

이렇게 수천 년간 내 무의식에 대물림돼온 어두운 감정 인격체들을 억누른 채 인생을 살아간다면 어떻게 될까? 불치병, 경제적 궁핍, 크고 작은 사고, 죽음 등 두려운 상황들이 나를 거쳐 후대까지 넘어간다.

거울명상의 결과를 관찰자에게 맡겨놓고 두려움을 완전히 느껴주는 데 집중하면 관찰자의 무한한 사랑이 나를 이끌어준다는 사실도 알 수 있다. "이게 네가 아니야", "다 꺼내봐. 다 털어내. 다 끌어내", "이젠 멈춰도 돼" 등의 말들도 나를 이끌어주는 관찰자가 하는 것이었다. 나 자신이 바로 나를 창조한 관찰자이자 창조주이다.

내가 그 남자를 계속 만나게 될지, 아니면 헤어지게 될지는 알 수 없다. 하지만 나 자신이 관찰자임을 직접 생생하게 체험하고 나면 내가 남자를 계속 만나든, 헤어지든, 내 눈앞엔 평온한 현실이 펼쳐질 거라는 사실을 깨닫게 된다. 그도, 나도, 나 자신이 창조한 피조물임을 알게 되는 것이다.

무의식의 '나'들도
창조 권능을 갖는다

자아를 너무 억눌러버리면 나를 조롱하게 된다

저는 몇 년 전부터 거울명상을 해오다 2주 전쯤, 명상 직후 갑자기 번개 같은 생각이 스쳐 갔습니다. '게임을 하다가 캐릭터에게 돈이 떨어지면 당연히 플레이어는 돈을 채워줄 방법을 찾지! 그건 캐릭터가 할 일이 아니야!' 그러더니 어린 시절부터 시달려온 돈에 대한 두려움이 순식간에 깨져버렸습니다. 동시에 저도 모르게 "푸하하!" 하며 웃음이 터져 나왔습니다.

그 후로 신기하게도 자비로 내왔던 집세를 남편 회사가 100퍼센트 지원해줘 지출이 줄고, 정말로 돈이 떨어질 만하면 저절로 들어오는 것을 느꼈습니다. 그런데 그 이후 뜻밖에도 거울명상만 하면 웃음이 터져 나와 걷잡을 수 없는 지경에 이르렀습니다. 그냥 미소로 시작돼 실소처럼 "피식피식" 소리가 나고, 그 단계가 지나면 "킥킥킥" 소리로 좀더 커지고, 그 단계를 지나면 통제할 수 없이 웃음이 터져 나와 온몸의 근육과 배가 아플 정도입니다. 무슨 일인가 어리둥절합니다.

돈이 떨어지면 살아가기 어렵다. 그래서 누구나 돈이 떨어지는 걸 가장 두려워한다. 그런데 거울명상 직후 텅 빈 마음 속에서 번개 같은 깨우침이 스쳐 갔다. 게임을 하는데 캐릭터에게 돈이 떨어지면 당연히 플레이어는 돈을 채워줄 방법을 찾는다는 것이다. 그건 게임 속의 캐릭터가 할 일이 아니라는 거다. 다시 말해 인생 영화 속의 등장인물로 살아가는 나에게 돈이 떨어지면 당연히 인생영화를 창조한 창조주는 돈을 채워줄 방법을 찾아준다는 것이다.

그건 영화 속의 등장인물인 내가 할 일이 아니다. 영화 속의 등장인물인 나는 창조주에게 내 인생을 완전히 맡겨놓고 창조주가 펼쳐주는 영화를 즐기기만 하면 되는 것이다. 이런 깨우침을 얻은 뒤 환희의 웃음이 터져 나오는 건 이해가 간다. 그런데 이 웃음이 점점 더 통제할 수 없는 웃음으로 커진다면 나를 비웃고 조롱하는 인격체인 자아가 내 무의식 속에 억눌려 있다는 뜻이다. 이 자아는 왜 나를 조롱하는 걸까?

처음엔 제가 어려서부터 갖고 있던 돈에 대한 두려움이 풀려서 환희의 웃음이 터져 나오는 줄 알았는데, 집중해서 살펴보니 비웃음 같기도 하고 악마의 웃음 같기도 하다는 느낌이 들었습니다. 어제 저녁에 잠자리에 들기 전, 다시 명상을 하는데 또 웃음이 나오면서 제 얼굴이 마치 영화에 나오는 조커 같은 얼굴로 변하더니 온갖 욕설이 쏟아져나왔습니다.

"이 미친년아, 세상에 당연한 게 어딨어? 왜 당연히 내가 신장을 떼어내 엄마한테 이식수술을 해줘야 하는 거지?" "나 수술 들어갈 때 너무 무서웠는데 왜 당연하다고 했지?" "나도 못 깨어날까 봐 무서웠는데 넌 왜 나를 무시했지?"

그 말을 듣는 순간 엄마에게 신장을 떼어주던 5년 전의 기억이 떠올랐습니다. 저는 당시 전혀 두려움이 없었다고 생각했는데, 두려움의 싹이 올라오기가 무섭게 '어, 내가 미쳤나 봐'라며 즉각 억눌러버리던 장면이 보였습니다.

이튿날 아침에 남편이 출근하자마자 화장실로 달려가 문을 닫고 또 거울명상을 시작했습니다. "깔깔깔" 웃음이 나오더니 갑자기 제 얼굴이 파란색 또는 보라색으로 바뀌며 너무 무서운 얼굴이 될 정도로 웃음이 멈추지 않았습니다. 한참을 웃고 나니 눈물이 뚝뚝 떨어지며 "억울하다. 억울해. 너무 억울해. 정말 억울해"라는 말이 터져 나왔고, 10대 후반에 엄마가 약물 부작용으로 정신 분열이 와서 마치 미친 사람처럼 돼버렸던 날들이 저의 죄책감으로 남아 있던 게 느껴졌습니다.

"왜 내가 다 책임져야 하는 거지? 왜 날 키워주지도 않은 엄마의 병간호를 나 혼자 하고, 왜 매일을 병원에서 보내고, 왜 내 신장까지 떼어줬어야 하는 거지?"라는 말이 튀어나왔습니다. 한 번도 생각해본 적 없던 느낌이었습니다. 신장만 이식해주면 된다는 의사의 말에 뛸 듯이 기뻤고, 당연히 제가 엄마의 병간호도

했었는데, 제 마음 이면에 이런 생각이 있었다는 게 너무 충격적이었습니다.

그러다가 마치 무당이 굿을 하듯, 갑자기 온몸이 주체할 수 없이 떨렸습니다. 발작을 하는 것처럼 한동안 몸이 통제되지 않았고, 그러다가 제 목소리가 아닌 다른 목소리로 온몸의 기운이 다 빠질 때까지 괴성이 나오다가 잠잠해지더니 헛구역질이 나왔습니다. 그러고 나서 몸이 축 처지고 기운은 없었지만 그동안 슬쩍 건드리기만 해도 아팠던 명치 부근의 통증이 힘껏 눌러도 괜찮을 정도가 됐습니다. 아직도 정신이 없고, 몽롱하고, 다 풀린 것 같진 않아서 좀더 해봐야 할 것 같습니다.

내 무의식 속의 '버림받은 나'는 버림받지 않고 사랑받기 위한 집착으로 엄마의 손발 노릇을 해왔다. 또 신장도 떼어주었다. 그러다 보니 내 인생은 사라졌다. 그 자아의 두려움이 올라오면 '내가 미쳤나?' 하고 무시하며 꾹꾹 짓눌러놓았다.

이렇게 짓눌리고 짓눌린 그 자아가 마침내 '나 이러다 미치는 거 아니야?' 하는 느낌으로 올라왔다. 정말 미치지 않고는 도저히 버틸 수 없는 지경에 이르렀던 것이다. '버림받은 나'를 너무 짓눌러놓다 보니 그 자아가 정말 미쳐버려 나를 조롱하기에 이른 것이다.

거울명상을 하면서 '이러다 정말 미치는 거 아닌가?' 하는 생각이 정말 많이 들었어요. 처음엔 설마 했었는데, 제 몸 반응이 거세질 때마다 정말 미칠 것 같다는 생각이 매번 튀어나오더라고요. 미친 사람 같은 웃음이 지나고 나니, 거울만 보면 "악! 악! 악!" 하고 목이 쉴 정도로 소리를 지르는 순간이 왔습니다. 동시에 "왜 나한테만 참으라고 해? 왜 나만 이해해줘야 해?"라는 말도 튀어나왔어요.

사흘 정도 지나고 나서는 명상만 시작하면 몸이 저절로 움직였습니다. 마치 춤을 추는 듯 제 몸이 흐느적거렸습니다. '이래도 괜찮은 건가?' 하는 생각이 들었지만 계속 관찰해보았습니다. 그렇게 또 이틀이 지나고 나서는 갑자기 몸이 비비 꼬이고, 혀가 튀어나오고, 말을 제대로 할 수 없는 상황이 왔습니다. 이때도 '내가 정말 미치는 거 아닌가? 명상을 멈춰야 하는 거 아닌가?' 하는 생각이 들었지만 계속 진행했습니다. 이틀간 몸이 꼬이고, 온몸의 근육이 경직되더니 마침내 괜찮아졌습니다.

무의식 속의 '버림받은 나'도 생명과 창조 권능을 가진 '원래의 나'인 창조주의 현현이다. 그래서 모든 차원의 '나'는 현실창조 능력을 갖는다. 극도로 짓눌린 무의식 차원의 '버림받은 나'도 나를 정말 미친 사람으로 변화시킬 수 있는 것이다.

하지만 다행히 몇 주간에 걸쳐 표출되는 자아의 격렬한 반응에 휩쓸려 들지 않고 그 반응을 끈기 있게 지켜본 결과, 나를 미친 사람처럼 조롱하던 자아, 즉 '버림받은 나'는 사라졌다. 그렇다면 현실은 어떻게 달라지고 있을까?

버림받는 두려움이 정화돼가면서 첫째, 직장에서 동료들에게 인정받는 일이 많아졌습니다. 둘째, 학원에서 저를 찾는 학부모들이 많아졌습니다. 셋째, 주변에서 까칠하기로 소문난 지인으로부터 "저는 소라 씨가 너무 좋아요"라는 메시지를 받은 적도 있습니다. 넷째, 통장 잔고에 조바심을 내는 마음이 사라졌습니다. 그냥 '돈이 남았구나' 정도의 느낌이고, 돈이 필요하다고 느끼면 신기하게도 돈이 들어옵니다. 다섯째, 여전히 살이 빠지지 않고 있지만, 예전처럼 좌절감을 느끼거나 우울감의 수렁으로 빠져들지 않습니다.

만일 내가 무의식에 억눌린 자아의 존재를 무시하고 계속 살아간다면? 나는 정말 미친 사람으로 살아갈 것이다. 다행히 거울 앞의 텅 빈 마음 속에서 자아의 두려움을 느껴주면서 두려움은 풀려나기 시작했다.

두려움은 미래의 위험을 막아주는 위험경보이다. 이 신호를 짓눌러놓고 살아가면 이곳저곳에서 위험한 상황들이 터져 나온다. 나를 매 순간 지켜보는 관찰자가 바로 나 자신임을 알고, 관찰자가 보내주는 두려움을 외면하지 말고 느껴주어야 한다.

집착이 거세지면 살기가 된다

저는 아버지에게 저의 모든 말과 행동, 표정, 감정을 통제받으며 자랐습니다. 아버지의 통제에 따르지 않으면 저는 천하의 몹쓸 딸이었습니다. 저는 아버지를 벗어날 수 없는 몸이 됐고, 무능력하고 무기력하게 느껴집니다. 심한 우울증과 병도 생겼습니다.

저는 죽을 만큼 억울하고 분해서, 매 순간 자살 충동을 견디며 살아왔습니다. 아버지는 오늘도 저를 위해서라며, 제 주식계좌를 만들라고 했습니다. 매달 돈을 조금씩 줄 테니 자기가 사라고 하는 주식을 사고, 하라는 대로만 하면 돈이 쌓일 거라고 했습니다.

그런데 저는 제 계좌에 100억 원이 쌓인다 해도, 그러고 싶지 않았습니다. 죽어도 주식계좌 만들기 싫다고 울고불고하자, 아버지는 무려 한 시간 동안이나 윽박지르며 강요했습니다. "그냥 입 다물고 아빠가 하라는 대로 해. 멍청하게 굴지 마. 그냥 하라는 대로 해. 다 널 위한 거야."

저는 이 말을 태어나면서부터 수도 없이 들었습니다. 정말 토악질이 나옵니다. 이렇게 30여 년을 살다 보니 정말 죽고 싶습니다. 죽어서 자유로워지고 싶습니다.

몸을 나와 동일시하며 살아가는 현실에서는 아버지와 내가 서로 분리돼 있다. 아버지가 강요하는 대로 살아갈 수밖에 없다. 내가 몸으로 할 수 있는 건 아무것도 없다.

거울 앞에서 몸을 벗어난 관찰자가 되면? 우주 전체가 내 마음 속의 홀로그램이다. 일주일 후 어떤 변화가 일어났을까?

거울 앞에서 '나는 아버지에게 지배당하는 게 너무 싫다, 죽이고 싶다, 죽고 싶다'는 말을 반복하며 말했습니다. 거울명상을 오래도록 하고 있었던지라 몸 형체가 전부 까맣게 없어지는 경험은 익숙했습니다.

하지만 어제는 달랐던 게, 제가 정말 죽을 각오를 하고 있었습니다. 정말 살기가 싫었거든요. 이 모든 고통을 끝내고 진심으로 죽겠다는 마음을 가지니 아주 역설적이게도 마음이 편안해졌습니다. 아버지가 죽었으면 좋겠다는 마음도 진심으로 우러나오더군요.

그렇게 몇 분 동안 거울을 보고 제 마음을 다 털어놓으며 제일 싫었던 경험을 생각했습니다. 아버지는 제가 자신에게 조금이라도 반항하는 표정이나 감정을 가지면 귀신같이 알아차리고 저를 식당으로 불러냈습니다. 그리곤 끊임없이 너는 못된 사람이라며 자신에게 사과할 것을 요구했습니다. 저를 죽고 싶을 만큼 괴롭혀놓고 자기를 보고 사과하라니. 죽이고 싶을 만큼 싫은 짓을 계속해놓고 내가 싫어하니 자기보고 사과하라고 평생 강요했습니다.

아마 자신이 어렸을 때 부모님께 받았던 학대와 지배당한 경험을 부모에게 사과받지 못하니 대신 저에게 강요하는 것 같습니다. 그때마다 저는 자살하고 싶을 만큼 싫었지만 아버지의 감정 보복이 두려워 항상 모든 감정을 억누르고 죄송하다고 말했습니다.

근데 어제는 거울 앞에서 이 상황을 떠올리면서 평소 하고 싶은 말을 거울 앞에서 거침없이 토해냈습니다. 그랬더니 아버지 코에서 쌍코피가 나오는 상상이 머릿속에서 저절로 떠올랐습니다. 코에서 피가 분수처럼 흘러나오더니 아버지의 앞을 다 적시고 결국 피가 모자라 쓰러지는 상상이 반복적으로 제 머릿속에 맴돌았습니다. 물론 상상이었지만 속으론 후련하더군요.

복수하고 싶다는 감정이 저런 상상을 만들어낸 것 아닌가 하고 거울명상을 마치고 잠에 들었습니다. 그런데 놀라운 건, 다음 날 잠에서 깨어나 거실에 나가 보니 아버지가 코를 휴지로 막고 있는 겁니다. 아침에 쌍코피가 터졌다면서 자기가 요즘 많이 피로한 모양이라고. 저는 얼어붙지 않을 수 없었어요. 어제 거울 명상을 할 때 했던 상상이 그대로 현실에 나타났으니까요.

물론 피가 분수처럼 쏟아지진 않았고 쌍코피가 흘러나온 정도였습니다. 이게 우연일까요? 아니면 제가 아버지를 다치게 한 걸까요? 이 코피가 우연이 아니라면 도대체 무엇일까요? 어떤 의미인 건가요? 신기하기도 하고 무섭기도 합니다.

아버지는 왜 이토록 딸에게 집착하는 걸까? 딸인 나한테 한사코 뭔가를 해주겠다고 매달리는 건 나한테 한사코 사랑받고 말겠다는 집착이다. 만일 아버지가 사랑받고자 하는 집착이 아니라,

나를 진심으로 사랑하는 마음으로 뭔가를 해준다면 내 마음도 괴롭지 않고 편안하다.

아버지의 무의식 속엔 버림받은 어린아이가 억눌려 있다. 그 아이는 "내가 이렇게 잘해주는데도 날 사랑하지 않을 거야?" 하고 다그치며 집착한다. 무의식이 열려 있던 5세 이전에 자신의 어머니한테 그렇게 집착당하고 지배당하며 자랐다는 뜻이다. 어머니는 자신이 받지 못한 사랑을 아들한테 받고자 집착했던 것이다. 그렇게 집착당하며 자란 아버지는 이제 딸인 나에게 집착한다.

자아들은 사람들한테 버림받으면 죽는다고 느낀다. 그래서 사랑받기 위해 필사적으로 집착한다. 집착이 강해지면 살기가 된다. 상대를 죽여서라도 내가 사랑받는 느낌을 쟁취해내고 말겠다는 살기이다. 이렇게 현실에서 사랑받는 느낌에 집착할수록 무의식의 버림받는 두려움은 짓눌리게 된다. 집착하는 살기와 짓누르는 살기는 하나인 것이다.

아버지의 그런 살기는 바로 내 무의식에도 대물림돼 억눌려 있다. 그래서 아버지를 죽여버리고 싶은 살기가 내 안에서도 올라오는 것이다. 아버지를 죽여버리지 못하면 차라리 나 자신을 죽여버리고 싶은 살기이다. 이 살기를 거울 앞의 텅 빈 관찰자 마음속에서 거세게 표출시키니 공명하는 아버지의 살기도 쌍코피로 표출돼 나왔다. 이렇게 살기가 풀려나면, 살기에 짓눌려 있던 버림받은 어린아이의 두려움도 수월하게 느낄 수 있게 된다.

저는 평소 제게 친절한 한 지인에게 이유도 없이 죽이고 싶을 정도로 싫은 마음이 자꾸 들어 괴로웠습니다. 거울 앞에서 이런 저런 감정들을 모두 느껴줬는데도 죽이고 싶은 마음이 여전히 올라왔습니다.

그러다가 오늘 그와 대화하던 중 제 안의 공격성을 알아차렸습니다. 그가 가고 나자마자 곧바로 거울명상을 하는데, 사나운 동물 얼굴들이 나타나더니 "육식 동물이 공격성을 잃으면 어떻게 다른 동물들을 잡아먹을 수 있겠어?"라는 말이 나왔습니다. 제 안에 티라노나 매머드, 아니면 치타나 사자 같은 맹수들의 에너지가 있었나 봅니다. 제 무의식 속에 아주 원시적인 강한 공격성이 숨어 있다는 걸 알고 나니 제가 죽여버리고 싶었던 지인이 어찌나 고맙고 미안했는지 모릅니다.

온갖 맹수들이 우글거리던 원시시대엔 죽이지 않으면 죽임을 당했다. 그 이후에도 크고 작은 전쟁들을 치르면서 인류의 무의식 속엔 온갖 맹수들의 공격성, 즉 살기가 억눌려 있다. 우리는 죽여버리고 싶은 살기로 무의식에서 올라오는 부정적 감정들을 순식간에 짓눌러버린다. 그러다가 상대가 자꾸 그 감정들을 공명시켜 올라오게 하면 그가 날 공격한다고 착각해 그에게 살기를 발산하게 된다.

제 안의 원시적 공격성을 인정해준 뒤, 낙태에 관한 문제도 풀렸습니다. 저는 거울명상을 하면서 틱 장애를 갖고 있는 큰아들에 대해 느꼈던 두려움과 열등감, 수치심, 절망감 등 고통스러운 감정들을 치유하고 지금은 원만하게 지내고 있습니다. 하지만 낙태 문제는 여전히 풀리지 않는 의문으로 남아 있었습니다. 저 역시 많은 다른 여성들처럼 낙태 경험이 있던 터라 명상으로 낙태의 아픔을 풀어주면 고통스러운 현실이 바뀌지 않을까 기대했지만, 어찌 된 일인지 단 한 번도 아픔이 느껴지지 않았습니다.

그러다가 오늘 명상 중 갑자기 이런 말이 나왔습니다. "엄마, 내가 낙태됐다고 내가 없어진 건 아니야. 내 육신의 옷을 엄마와 두 동생이 나누어 입고 있을 뿐이지. 난 늘 존재하고 있어. 나는 이렇게 존재하는데 엄마가 모르는 거 같아서 내가 동생들을 좀 힘들게 했던 거야. 그래야 엄마가 내 존재를 알아줄 것 같아서. 엄마, 큰동생을 잘 부탁해. 큰동생이 엄마를 많이 힘들게 했는데도 포기하지 않고 잘 키워줘서 정말 고마워. 엄마가 내 존재를 알아줬으니 이제 나는 떠날 거야."

내가 의식하지 못하고 있던 맹수들의 공격성과 낙태된 아이의 존재를 통해 저는 제 마음속의 영화를 지켜보는 의식 자체이자 사랑이라는 사실을 다시 한 번 깊이 깨닫게 됐습니다.

내가 그동안 열심히 거울명상을 했는데도 낙태된 아이는 왜 자신의 모습을 드러내지 못했던 걸까? 내가 맹수들의 사나운 살기로 그 아이의 존재를 짓눌러놓고 있었기 때문이다. 하지만 마침내 내가 살기를 느껴주자, 살기가 풀려나면서 살기에 짓눌려 있던 그 아이도 자신의 존재를 드러낼 수 있게 됐다.

그동안 내가 그 아이를 무의식 속에 짓눌러놓고 존재를 인정해 주지 않으니 그 아이도 표면의식인 현실로 올라와 큰아들에게 틱 장애를 일으키는 등, 자신의 존재를 인정받기 위해 고통스러운 현실을 창조했던 것이다. 무의식에 억눌린 고통스러운 자아가 자신의 존재를 인정받기 위해 어떻게 고통스러운 현실을 자유자재로 창조할 수 있는지 다시 한 번 확인하게 된다.

조상들로부터 대물림돼온
무의식 감정들

대물림돼온 '돈 없는 나'의 치유

제가 어릴 때부터 부모님은 항상 바쁘셨지만 돈이 쪼들렸고, 저희 집은 항상 가난했던 것 같아요. 아무리 노력해도 자꾸 실패하고 돈이 안 벌렸습니다. 저 역시 현재는 이혼한 뒤 아이를 데리고 친정 부모님과 함께 살고 있습니다. 부모님께 넉넉하게 용돈도 드리고 싶은데 그게 어렵고, 괜찮은 척하며 지내다 보니 빚만 자꾸 늘어나네요. 거울명상을 했는데 처음엔 그냥 눈물만 나더니 나중엔 거울 속의 제 모습이 튀어나올 것 같은 무서운 느낌만 들어서 거울을 잘 못 보겠습니다. 어떻게 하면 좋을까요?

내 무의식이 활짝 열려 있는 어릴 때 부모님이 '난 돈이 없는 게 너무 두렵다'는 생각을 계속 심어준다면 이 생각은 내 무의식 속에 깊이 새겨진다. 이렇게 새겨진 생각이 돈 없는 게 두려운 '버림받은 나'라는 자아가 된다. 이 자아가 나로 살아가면 어떤 현실이 펼쳐질까? 돈이 없어 두려움에 떨며 사는 현실이 펼쳐진다. 이 현실에서 벗어나려면? 이 자아를 무의식에서 풀어놓아주어야 한다.

그런데 그동안 나는 왜 이 자아를 무의식에 억눌러놓고 살아온 걸까? 이 자아가 나로 살고 있다는 사실을 몰랐기 때문이다. 하지만 거울 앞에서 이 자아로 살아가는 두려움을 느껴주기 시작하면서 서서히 변화가 일어났다. 위 사연자가 한 달 후 보낸 이메일이다.

저는 처음엔 A4용지만 한 작은 거울로 명상을 계속하니 제 몸 주변을 감싸는 오라 같은 게 보였어요. 그래서 큰 거울로 하는 게 낫다는 말이 생각나 전신거울로 바꿔서 거울명상을 다시 시도해보았는데, 조금씩 거울 속의 제 모습을 보는 게 편안해지더라고요.

계속 집중해서 거울을 쳐다보니 제 얼굴이 조금 변하기 시작했고 갑자기 얼굴이 없어졌다가 서서히 저희 엄마 얼굴로 변하더라고요. 그러더니 1초에 한 명씩 여러 사람들 얼굴이 보이기 시작했어요. 외국인도 보이고 옛날 한복을 입은 사람, 전쟁 중인 군인, 스님도 보였어요.

그러고는 계속 제가 울면서 통곡을 하면서 말하기 시작했어요. "사랑받고 싶었어. 우리 집은 항상 돈이 없어서 힘들었어. 돈이 없어서 참아야만 했어. 참는 게 힘들었어. 이제는 안 참고 싶어"
하면서 미친 듯이 오열했어요. 눈물 콧물이 범벅되면서 제 모습
이 없어지고 나타나고를 반복하다가 갑자기 흑백으로 보이더라
고요.

서서히 정신을 차리고 보니 한 시간이나 지나 있었어요. 그리고
또 몇 주가 흘러 다시 거울명상을 시도하는데, 이번에는 조금
더 수월하게 제 얼굴과 뒷배경이 합쳐지면서 변하기 시작했어
요. 그러고는 또 계속 울었어요. 눈물 콧물 다 빼면서…. "사랑받
고 싶었어. 돈 때문에 힘들어서 널 미워했어. 미안해, 사랑하는
법을 몰랐어"라면서 계속 울었어요. 그러고는 계속 "미안해. 내
가 가장 소중한데. 그걸 몰랐어. 나를 가장 사랑할게. 돈아, 너한
테도 미안해. 사랑해. 용서해줘. 고마워"라며 계속 무한 반복이
었어요.

그리고 시간이 지나 정신을 차리고 보니 가슴속이 조금 시원해
진 느낌이 들었어요. 제 삶이 변하고 시원해지는 느낌입니다.

텅 빈 마음 속에서 돈 없이 살아가는 두려움을 반복적으로 느
껴주다 보니, 두려움이 풀려나면서 돈 없이 '버림받은 나'로 살아
왔던 많은 조상들의 얼굴이 1초에 한 명씩 내 얼굴에 겹쳐 나타
났다. 이 많은 조상들이 내 무의식에 억눌려 있었기 때문에 나는
그동안 돈 없는 두려움에 떠는 인생을 살아왔다. 거울 앞의 텅 빈
마음 속에서는 무의식 속의 모든 존재가 고스란히 드러난다. 이
들의 두려움을 억누르지 않고 느껴주면 텅 빈 마음 속으로 사라

진다.

조상들은 왜 돈 없이 살아가는 '버림받은 나'를 무의식에 짓눌러버렸던 걸까? 돈 없이 살아가는 두려움을 느끼는 것 자체가 두려웠기 때문이다. 그 두려움을 물려받은 나 자신도 역시 그 두려움을 억눌러놓고 살아왔다. 이 자아에게 용서를 빌고 "네가 바로 나였구나!" 하고 진심으로 받아들여야 한다. 그럼 이 자아로 살아가는 두려움을 내 두려움으로 느껴주게 된다. 그래야 두려움이 풀려나면서 자아도 풀려난다.

이렇게 무의식이 정화돼가면서 나는 점점 내가 원하는 대로 필요한 돈을 벌어가며 사랑받는 현실 속에서 살아갈 수 있게 된다. 내 존재가 무의식에 억눌린 돈 없는 '버림받은 나'라는 자아에서 내가 원하는 현실을 자유로이 창조하며 살아가는 관찰자로 영구적으로 바뀌게 되는 것이다.

조상들이 물려준 감정들의 총합이 '나'이다

저는 거울명상을 하면 할수록 제가 알지 못했던 수많은 감정들이 제 무의식에 억눌려 있다는 걸 알아가고 있습니다. 최근엔 여러 얼굴들이 보이기 시작했습니다. 수염이 엄청 긴 할아버지, 조선시대의 양반 같은 할아버지, 할머니, 상궁, 몽골 부족장 같은 얼굴들이 매일 나타났습니다. 너무 많은 얼굴들이 나타나 혼란스러워서 며칠 전엔 거울 속을 들여다보며 말해보았습니다.

"매번 이렇게들 나오시는데 한 분씩 천천히 나오셔서 말씀 좀 해 주시면 안 되나요?" 그러자 수염이 긴 할아버지 얼굴이 바로 나타났습니다. 하지만 또다시 1초 단위로 계속 얼굴들이 바뀌는 건 마찬가지였는데, 갑자기 제 입에서 이런 말이 나오더라고요. "어휴~. 열심히 살면 뭐 하나. 내가 부족들을 다스리고, 희생을 하고, 부족원들을 먹여 살리고, 가족들을 위해 희생하면 뭐 하나. 후손들은 자기 살림하느라 조상들한테 감사한 줄 모르고 자기들 살기에만 바쁘지. 너희가 진심으로 내게 감사한 적이 있느냐? 비록 내가 역사책에 나오진 못했지만, 너희를 지키기 위해 내가 얼마나 많은 희생과 살육을 해야 했는지 알기나 하느냐? 너는 조상들에게 한 번이라도 감사하다는 말을 한 적이 있느냐? 후손들한테 인정 한번 못 받고, 억울하다 억울해!"

저는 깜짝 놀랐고, 저도 모르게 말이 튀어나왔습니다. "장군님, 할아버지, 할머니, 유모님, 족장님, 너무 감사합니다. 죄송합니다. 조상님들의 희생을 잊어버리고 살아 정말 죄송합니다. 존경합니다." 이 말을 되뇌다 보니 거울에 나타난 얼굴들이 검게 변해가면서 제 양쪽 폐가 갑자기 환한 에너지로 꽉 채워지는 듯한 느낌이 들었습니다. 그리고 구역질이 나왔습니다.

정말 신기하게도 그 뒤로는 거울명상을 할 때 보였던 여러 얼굴들이 보이지가 않습니다. 정말 많은 조상들의 감정들이 내 마음 속에 쌓여 있구나 하고 느꼈습니다. 그 뒤로는 주변 사람들의 마음이 그냥 이해가 가고 갈등이 생기지 않게 되니 마음이 너무나 편안합니다.

조부모의 무의식에 억눌렸던 감정들이 부모에게 대물림되고, 부모의 감정들이 나에게 대물림된다면 조부모는 누구의 감정들을 물려받았을까? 윗대 조상들의 감정들을 물려받았다. 조상들이 풀어주지 못해 무의식에 억눌려 있는 감정들을 내가 고스란히 물려받는 것이다.

조상들이 물려준 감정의 총합이 몸으로 살아가는 나이다. 그래서 거울명상 중 수많은 조상들의 얼굴이 내 얼굴에 차례로 겹쳐 나타나기도 하는 것이다. 만일 내가 이 사실을 모른 채 조상들의 감정을 계속 억눌러놓고 살아가면 어떻게 될까? 고통스러운 조상들의 인격화된 감정이 내 무의식에 억눌린 채 나로 살아간다. 이 감정들을 풀어놓아주어야 조상들도 풀려나고, 내 인생도 풀려나고, 후손들의 미래도 풀려난다.

두려운 상황은 미리 느껴주면 현실화되지 않는다

저는 매일 꾸준히 거울명상을 해오고 있는데, 오히려 현실은 더 악화되고 있습니다. 잘 쓰던 핸드폰이 고장 나고 제가 제일 두려워했던 일이 일어날 뻔했습니다.

어렸을 때부터 엄마와 아빠는 맨날 싸우고(주로 경제 문제 때문에) 엄마가 집을 나가는 일도 있었어요. 거울명상을 하면서 부모님이 말다툼을 할 때 느꼈던 감정들(버림받을까 봐 두려운 마음, 수치심 등)을 계속 느껴주었어요. 그랬더니 결국 저번 주에 부모님이 말

다툼을 심하게 하면서 엄마가 이혼을 결심하게 되었어요. 엄마
는 법원에 이혼소장까지 제출했다 하더라고요.

그때 저는 정말 죽고 싶은 심정이었습니다. 너무너무 미래가 두
렵고 아프고 힘들고 고통스러웠어요. 그래도 '이 또한 내가 느
껴야 할 고통이구나'라는 걸 자각하며 거울명상을 했어요. 거울
을 바라보면서 제 안의 근원에게 기도했어요. "제가 이 고통 다
받아들이겠습니다. 이 고통도 이 운명도 다 제가 선택한 길이겠
지요. 그렇다면 받아들이겠습니다. 그러니 저에게 이 고통과 아
픔을 다 견뎌낼 수 있는 힘을 주세요"라고 이야기를 했습니다.

그랬더니 격렬한 몸 반응(코피, 두통, 오한, 몸살, 혈변)이 나타나면서
부모님이 이혼하게 되는 상황도 받아들일 수 있게 되었습니다.
그렇게 며칠간 제가 두려워하는 부모님의 이혼을 받아들이고
두려움을 느껴주는 과정을 반복했더니 오늘 엄마가 이혼 안 하
겠다고 하셨어요. 아빠도 "많이 변화하겠다. 내가 잘못했다"라
는 말을 엄마에게 하면서 서로 화해하고 풀기 시작했어요. 최악
의 상황도 받아들일 수 있어야 그 최악의 상황이 현실로 일어나
지 않는다는 말이 이해가 됐습니다.

내가 앞으로 일어날까 봐 두려워하는 최악의 상황을 미리 상
상해 두려움을 완전히 느껴주면 두려운 현실은 나타나지 않는다.
왜 그럴까? 내가 상상하는 최악의 두려운 상황은 내 무의식에 두
려움으로 잠재돼 있다. 그런데 이 두려움이 현실로 올라오기 이
전에 두려움을 느껴준다면? 두려움은 표면의식인 현실로 올라오

기 이전에 무의식 차원에서 사라진다. 자연히 두려움이 창조하는 두려운 상황은 일어나지 않는다.

저는 혼자 학원을 운영하고 있는 30대 여성입니다. 예전에 일하던 학원을 마무리하고, 제가 운영할 학원 자리를 알아보고, 우여곡절 끝에 학원을 열었는데 아무도 찾아오지 않았습니다. 게다가 갑자기 살이 20킬로그램이나 쪄서 맞는 옷이 없어 집에 있던 오빠 옷을 입고 다녔습니다. 3년 넘게 먹어 온 우울증 약도 시도 때도 없이 먹어대기 시작했습니다. 약을 너무 많이 먹으니 의사가 약을 더 늘려주면서도 이젠 줄여야 한다고 당부했습니다.

저는 불안증이라는 진단을 받고 첫날부터 약물치료를 받아왔습니다. 가슴 두근거림이 심해져 도저히 견디기 힘들 때 약을 먹으면 졸리면서 증상이 줄어들었습니다. 눈을 뜨면 약부터 먹고 하루를 시작했습니다. 어떤 날은 종일 잠만 자기도 했습니다. 새로 연 학원에 혼자 나가서 앉아 있으면 지나가는 모든 사람이 저를 버리는 것처럼 느껴졌습니다.

'사람들은 왜 여길 쳐다보지도 않고 저렇게 냉정하게 지나가는 걸까?' 하며 하염없이 눈물만 흘렸습니다. 살도 전혀 빠지지 않아 너무나 답답했습니다. 아무리 안 먹고 운동해도 살은 1킬로그램도 안 빠졌습니다. 급기야 학원에 출근해 불도 켜지 않고 문도 잠가놓은 채 혼자 멍하니 있다가 아무도 모르게 퇴근하는 날들이 반복됐습니다.

그러다가 어느 날 무심코 거울을 보면서, 울고 있는 저에게 "넌 지금 모습도 충분히 예뻐"라고 말해주었습니다. 그렇게 거울명상이 시작됐습니다. 그 뒤로도 엄청난 감정들이 휘몰아쳤고, 저는 종일 거울명상을 하며 힘든 시간을 견딜 수 있었습니다.

2년 전쯤 영상만 듣기 시작하다가 1년 전쯤부턴 거울명상을 시작했습니다. 거울 앞에서 정말 많이 울었고, 그동안 쌓아두었던 온갖 감정들을 쏟아냈습니다. 그러면서 원래 몸무게를 되찾았고, 우울증 약도 끊었습니다. 학원생들도 많이 늘어서 이제는 대기하는 학생들도 생겼습니다.

이따금 거울명상을 마치고 일상생활을 할 때 제가 정말 관찰자가 된 것 같은 느낌을 받을 때가 있습니다. 그럴 땐 몸의 무게가 느껴지지 않고 아무런 걱정이 없는 것만 같습니다. 또, 세상이 아름다워 보이고 너무나 기분이 좋습니다. 풍경에서도 엄청난 빛이 납니다.

거울명상을 한 지 한 달 정도 됐을 땐 시야에 들어오는 벽과 사물들이 마치 고흐의 그림처럼 물결치며 움직였습니다. 요즘엔 모든 게 투명한 빛으로 보입니다. 저는 몸 반응은 별로 없었지만 현실은 정말 많이 달라졌음을 뚜렷하게 느낍니다.

학원을 열었는데 아무도 찾아오지 않는다면 '이러다가 망하는 거 아니야?' 하는 두려움이 밀려온다. 어릴 때부터 내 무의식에 억눌려 있던 '버림받은 나'가 두려운 상황을 창조해 표면의식으로 올라오는 것이다. 두려움에 떠는 이 자아는 '내가 생존하기 위해선 몸집을 불려야 해'라고 느낀다. 또, 내가 사람들한테 버림받도록 하려면 살이 자꾸 찌도록 해야 한다. 그래서 내가 아무리 안 먹고 운동해도 갑자기 20킬로그램이나 찐 살은 빠지지 않는다.

버림받은 자아는 죽음의 공포, 열등감, 수치심 등 온갖 두려운 감정들을 느낀다. 이 감정들을 계속 억눌러놓고 있으면 더 두려운 상황들로 이어진다. 하지만 거울 앞의 텅 빈 마음 속에서 이 두려운 감정들을 완전히 느껴주면 이 감정들은 텅 빈 마음 속으로 사라진다. 그럼 창조주인 텅 빈 마음이 내가 원하는 현실을 창조해준다. 이처럼 두려운 감정들을 완전히 느껴주면 두려운 현실은 나타나지 않는다.

제가 열네 살 때, 매일 사랑한다고 말했던 아빠가 도박으로 큰 빚을 남겨놓고 사라졌습니다. 엄마와 저에게는 적은 돈만 남겨 놓았습니다. 20년이 지났는데도 아빠 소식을 모르고 있습니다. 그 당시엔 엄마를 속상하게 하던 아빠가 나가서 정말 다행이라고 생각했습니다.

그러다가 스무 살을 넘어 연애를 시작할 무렵부터 사랑하던 남자가 떠나게 되는 상황들이 반복됐습니다. '날 사랑하는 사람은 날 떠나간다'는 생각이 내 무의식 속에 각인돼 있었다는 사실을 모른 채, 남친한테 차일 때마다 너무 서러웠습니다. 그러다가 서른 살에 결혼을 하게 됐지만, 남편이 바람을 피워 이혼했습니다. 사랑하는 다른 여자가 생겼다고 하더군요. 나를 사랑하는 남자는 나를 떠나고 마는 현실이 운명처럼 되풀이되는 게 정말 서러웠고, 받아들일 수 없었습니다.

그러다 2년 전, 모든 사람에게 버림받고 살 바엔 차라리 죽어버리는 게 낫다는 끔찍한 생각이 들 무렵, 현실이 제 마음을 비춰주는 거울이라는 사실을 알게 됐습니다.

아빠가 나를 떠났던 상황은 이미 20년 전의 일이다. 그런데도 그 상황이 왜 20년이 지난 지금의 현실로 자꾸만 재연되고 있는 걸까? 20년 전에 아빠한테 버림받아 두려움에 떨던 열네 살의 여자아이가 여전히 내 무의식 속에 억눌린 채 나로 살아가고 있기 때문이다.

과거의 그 아이를 풀어놓아주어야 나는 관찰자의 텅 빈 무한한 사랑 속에서 현재의 나로 살아갈 수 있다. 그 아이는 버림받은 두려움이 억눌려 생긴 자아이다. 거울 앞의 텅 빈 마음 속에서 그 아이의 두려움을 느껴주어야 텅 빈 마음 속으로 사라진다.

거울 앞에 앉아 "나는 아빠한테도 버림받고, 다른 남자들한테도 버림받고, 남편한테도 버림받았어"라고 울먹이자 얼굴이 시커멓게 변했고, 구역질이 나오기 시작했습니다. 거울 속에서 울부짖는 제 모습이 보였습니다. 이틀 동안 아프고 토하고 너무 힘들었지만, 꾸준히 거울명상을 이어갔습니다. 그러면서 차츰차츰 버림받는 상황들이 줄어들기 시작했습니다.

마침내 버림받아도 괜찮다는 생각도 들게 됐고, 버림받으면 어쩌나 하는 두려움도 받아들이게 됐습니다. 최근에는 놀라운 일이 일어났습니다. 제가 아빠의 입장에서 저에게 말을 하고 있었습니다. "딸아, 아빠는 널 너무나 사랑했고 너와 헤어지는 게 죽을 만큼 힘들었어. 그 당시엔 아빠가 너한테 해줄 수 있는 게 없어서 떠날 수밖에 없었어. 난 절대 너를 버린 적 없고, 지금도 너무 사랑한단다."

그 말이 진심이라는 게 느껴져 정말 많은 눈물이 흘러내렸습니다. 아빠는 절 버리고 떠난 게 아니었습니다. 돈을 쉽게 벌어서 가족을 행복하게 해주고 싶었습니다. 그래서 떠나고 나서도 저를 보고 싶어 죽을 것같이 힘들어했다는 걸 알게 됐어요. 그런데도 저는 아빠를 원망만 하면서 저 자신을 세상에서 가장 불쌍한 피해자로 여기며 살아왔습니다. 거울명상 중 아빠에 대한 그동안의 원망과 미움이 용서와 사랑으로 가득 차오르는 걸 느꼈습니다.

아빠는 왜 큰 빚을 남겨놓고 떠났던 걸까? 눈앞에 펼쳐진 상황을 볼 때 올라오는 두려움을 느끼는 게 너무나 무서웠기 때문이다. 아빠는 자신이 세상으로부터 완전히 버림받았고, 가족한테서도 버림받을 거라고 느껴 현실을 버리고 떠났다. 어릴 때의 그 두려운 상황이 아빠와 나의 무의식 속에 억눌려 있었다.

두려운 상황은 내가 나와 동일시하는 두려운 생각이 오감의 공간으로 펼쳐지는 것이다. 그 두려운 생각이 내 무의식에 억눌려 있으면 자꾸 두려운 상황으로 꾸며져 내 눈앞에 펼쳐진다. 관찰자의 텅 빈 마음 속에서 두려움을 느껴주면 그 두려운 생각이 내 무의식에서 사라지기 때문에 더 이상 현실로 올라오지 않는다.

내가 남자들한테 버림받는 두려운 상황이 자꾸만 되풀이됐던 것은 두려움을 느껴주지 않았기 때문이다. 그러다가 마침내 두려움을 느껴주자 두려움은 관찰자의 텅 빈 마음 속으로 사라졌다.

낙태된 태아들의 아픔을 풀어줘야 현실도 풀린다

다섯 살인 딸아이가 소풍 가던 날, 이상하게 마음이 불안했습니다. 아이가 혹시 단체버스를 못 타게 되는 건 아닌지, 친구들에게 소외당하는 외로운 소풍이 되는 건 아닌지, 근거도 없는 두려움이 밀려와 학교 근처로 가서 밖에서 서성거리기까지 했습니다.

그러다가 문득 어릴 때의 기억이 떠올랐습니다. 저는 알코올 중독인 아버지의 폭력에 시달리며 가족의 생계와 육아까지 떠맡은 어머니 밑에서 자랐습니다. 학교에 갔다 와 엄마가 없으면 울면서 온 동네로 엄마를 찾아다녔습니다. 엄마가 언제든 나를 버리고 떠날 거라는 두려움 속에 살았던 것 같습니다.

몸이 약해 결석도 자주 했는데, 며칠 만에 학교에 갈 땐 너무 두려워 엄마를 꼭 데리고 등교했습니다. 친구들과 잘 어울리지도 못했고, 몸이 약해 체육 시간엔 혼자만 덩그러니 교실에 남아 있었던 기억도 있습니다. 그렇게 외롭고 두려웠던 어린 시절이 떠오르자 갑자기 눈물이 왈칵 쏟아지며, 아이의 소풍에 대한 두려움이 바로 나의 아픔임을 깨달았습니다.

집에 돌아오자마자 거울을 보며, "나는 버림받는 게 무섭다, 혼자 될까 봐 너무 두렵다"고 말하자 눈물이 줄줄 흘렀습니다. 그러자 예전에 엄마가 오빠와 나 사이에 낙태를 한 적이 있었다는 말이 생각나 그 낙태된 태아의 마음을 느껴가며 용서를 구했습니다. "무섭고 힘들었지? 미안해, 아픔 없는 곳에서 가서 행복하게 지내길 바랄게"라며 진심으로 행복을 빌었습니다.

그러자 제 얼굴에 여러 얼굴들이 차례차례 나타났다 사라지면서 갑자기 머리 주위를 엄청나게 크고 둥그런 빛이 감싸기 시작했습니다. 제 눈을 의심하며 여러 번 눈을 감았다 떴다 했는데도 그 빛은 오랫동안 계속 제 머리 주위에 머물렀습니다.

그렇게 명상을 하고 잠이 들었는데, 갑자기 새벽에 딸아이가 무서운 꿈을 꿨다고 저희 방으로 뛰어 들어왔습니다. 자기 등에 큰 뭔가가 있어서 엑스레이를 찍어봤는데 거기에 아기가 있었고, 그 아기가 여러 명으로 나뉘어 계속 등에서 밑으로 내려왔다고 했습니다.

내 눈앞에서 지금 불안한 상황이 펼쳐지고 있는 것도 아닌데 왜 자꾸 불안한 걸까? 모든 상황을 훤히 지켜보는 관찰자는 실제로 위험한 상황이 다가올 때만 두려움이라는 위험경보를 보내준다. 하지만 실제 상황과 관계없이 두려움이 자꾸 올라온다면, 내 무의식 속에 느껴주지 않은 과거의 두려움이 억눌려 있기 때문이다.

거울 앞에서 두려움을 느껴주다 보니 과거에 엄마가 낙태한 아이의 공포가 올라왔다. 그 공포를 느껴주며 용서를 빌자 나는 물론 딸아이의 꿈을 통해서도 그 공포가 빠져나갔다. 공포가 빠져 나간 딸아이는 어떻게 달라졌을까?

딸아이는 평소 유치원에 데려다줄 때마다 떨어지지 않으려고 매달리곤 했습니다. 그런데 이상하게도 그다음 날은 간단하게 "안녕" 하고 인사만 하고 잘 들어갔습니다. 저도 평소 아이가 다 크는 걸 보지 못하면 어쩌나, 남편이 나를 놔두고 갑자기 죽으면 어쩌나 하는 막연한 두려움이 있었는데, 그 두려움의 원인을 알게 되니 마음이 많이 편안해지고 거울명상을 더 열심히 해야 겠다는 생각도 들었습니다.

엄마의 낙태로 생긴 죽음의 공포가 나에게 대물림됐고, 나에게 대물림된 공포가 딸아이에게도 대물림됐다. 그래서 엄마도, 나도, 딸아이도 원인을 모른 채 두려움에 떨며 살아왔다. 하지만 몸을 벗어난 관찰자의 텅 빈 마음 속에서 태아의 공포를 느껴주자 내 두려움과 딸아이의 두려움은 사라졌다.

그렇다면 엄마의 두려움은 어떻게 됐을까? 엄마의 두려움도 함께 사라졌을 것이다. 왜냐하면 서로 공명하는 하나의 두려움이기 때문이다.

저는 얼마 전 보이스피싱을 당해 애써 모든 돈 4,000만 원을 몽땅 날렸습니다. 불과 여섯 시간 만에 일어난, 너무나도 어이없는 일이었습니다. '뭔가 이상한데?'라는 생각이 자꾸 들면서도 제 몸은 가해자가 시키는 대로 움직여졌습니다. 무의식이 현실을 움직인다는 말이 실감 났습니다.

경찰에 신고하고 나서 무서운 감정들이 온몸으로 느껴졌습니다. 제 인생 중 가장 끔찍한 일이었고, 잠도 오지 않았습니다. 평소 거울명상을 하면서 제 마음을 관찰자의 눈으로 바라보는 것만으로 삶이 밝아졌다고 느끼던 중이었습니다.

영상을 보다가 혼자 화장실에 가 거울을 보며 "너무 무섭다. 너무 무섭다"라는 말을 반복했습니다. 눈 주변이 시커멓게 변하는 게 보였습니다. 아이를 재우고 다시 명상해야겠다는 생각이 들어 밤에 아이가 잠든 뒤 다시 "너무 무섭다. 너무 무섭고 힘들다"라고 말하니 헛구역질이 나왔습니다. 온몸이 사시나무 떨듯 떨리고 정말 너무 무섭고 힘들었습니다. 자살하는 사람들이 이해가 갔습니다.

새벽에 자는 아이의 손을 잡고 옆으로 누워 태아 자세로 몸을 웅크린 채 "너무 무섭다"라고 반복했습니다. 또 헛구역질이 나고 나도 모르게 "제발 살려주세요. 너무 무서워요"라는 말이 저절로 튀어나왔습니다. 제가 의식적으로 하는 말과 달라서 깜짝 놀랐습니다.

어머니가 저를 낳기 전 낙태한 남자아이가 있다고 했던 말이 떠올랐습니다. 그래서 이틀 뒤 어머니를 만나 다시 물어보니 심장에 문제가 생겨서 낙태한 남자아이가 있었다고 했습니다. 어머니에게 그 아이를 위해 기도를 해달라고 부탁했습니다. 어머니는 기도하고 나서 반 시간 정도 배가 너무 아팠는데, 그 남자아이로 느껴졌다고 합니다. 제 안에 무서움에 떠는 남자아이가 억눌려 있다가 보이스피싱이라는 무서운 영화를 만들어냈던 걸까요?

뭔가 이상하다고 느끼면서도 왜 내 몸이 무의식적으로 움직여 4,000만 원을 가해자에게 송금해줬던 걸까? 내 무의식에 억눌린 나도 모르는 존재가 내 몸을 움직였기 때문이다. 어떤 존재가 억눌려 있었던 걸까? 어머니가 낙태한 남자아이였다. 그 아이는 낙태되는 순간 엄청난 죽음의 공포와 함께 자신의 목숨을 빼앗긴 데 대한 깊은 원한이 사무쳤을 것이다.

하지만 어머니는 그 감정들을 억눌러놓고 살았다. 억눌린 감정들은 아픔이 된다. 자신의 아픔을 이해받지 못한 그 아이는 나를 찾아왔다. 거울명상 중 나는 모든 아픔을 받아들이는 텅 빈 마음이 되기 때문에 목숨을 빼앗긴 자신의 아픔을 이해받을 수 있을 것이라 느꼈던 것이다.

만일 내가 이 아픔을 계속 억눌러놓고 살아간다면 앞으로 어떤 상황이 내 눈앞에 펼쳐질까? 점점 더 공포스러운 상황이 펼쳐질 것이다. 두려움은 '원래의 나'인 관찰자가 앞으로 다가올 위험을 미리 감지해 몸으로 살아가는 나에게 알려주는 위험경보이다. 이 신호를 무시하지 않고 두려움을 느껴줘야 공포스러운 상황이 무의식에 억눌리지 않는다.

저는 언니가 운영하는 곳에서 일하고 있는 40대 후반 여성입니

다. 다른 식구들과 대화할 땐 불안하지 않은데 유독 언니가 화
난 상태거나, 돈이 없다거나, 형부와 헤어지고 싶다는 등의 말
을 할 땐 심장이 떨리고 심하게 불안합니다. 왜 유독 언니에게
만 이러는 걸까요?

실제로 두려운 상황이 다가오는 것이 아닌데도 심장이 떨릴 정
도로 두려움이 자꾸 올라오는 이유는 뭘까? 내 무의식 속에 두려
움에 떠는 자아가 억눌려 있기 때문이다. 그런데 왜 유독 언니를
볼 때만 두려움이 올라오는 걸까? 이 작은 느낌도 무시하지 않고
계속 주의 깊게 느껴주다 보면 두려움에 떠는 자아의 정체가 드
러나게 된다.

어린 시절 언니는 항상 제가 먹을 것을 숨겨두면 찾아내 뺏어
먹고, 학교 다닐 때도 항상 떼를 써서 육성회비를 먼저 가져갔
습니다. 그래서 저는 늘 교무실에 불려 갔습니다. 저한테 언니
는 빼앗아간 존재이지, 저를 챙겨준 존재가 아니었습니다. 지금
도 자금이 필요하다고 해서 돈을 빌려주면 제대로 갚는 경우가
별로 없습니다.

언니는 내가 숨겨둔 걸 찾아내 빼앗아가기도 했고, 지금도 빌
려준 돈을 제대로 돌려주지 않고 빼앗아간다. 상대는 내가 알아
차리지 못한 내 모습을 거울처럼 보여준다. 내 무의식 속에도 남
의 것을 빼앗고 싶어하는 어린아이가 억눌려 있다는 뜻이다.

그런데 이 아이는 왜 남의 것을 빼앗고 싶어할까? 남한테 뭔가를 빼앗겼기 때문이다. 그렇다면 이 아이는 뭘 빼앗겼던 걸까?

거울 앞에서 언니에게 몽땅 빼앗겼다는 말을 수시로 했습니다. 2주 넘게 아무런 반응이 없다가 며칠 전 뜻밖의 상황이 떠올랐습니다. 저는 20대 초반에 결혼하려고 임신을 했었는데, 남편 될 남자가 술만 마시면 돌변하는 걸 보고 부랴부랴 도망쳐 나오면서 아무도 모르게 낙태 수술을 받았습니다. 그 일을 가슴에 묻어두고 살아왔는데, 제가 유독 병원에만 가면 손바닥에 땀이 흥건하고 얼굴엔 식은땀이 많이 났습니다. 이제야 그 이유를 알게 됐습니다.
그래서 거울 앞에서 그 아이한테 "미안해. 그때는 내가 너무 어리고 그럴 수밖에 없었어. 얼마나 무서웠니? 용서해줘"라고 눈물을 흘리며 밝은 빛을 찾아가라고 빌었습니다. 그 후로는 병원에 가도 식은땀이 나지 않고 긴장도 되지 않습니다.

나는 20대 초반에 어쩔 수 없는 상황에 휘말려 내가 임신한 아이의 목숨을 빼앗을 수밖에 없었다. 그 아이는 자신의 목숨을 나한테 빼앗겼기 때문에 나에게서 뭔가를 빼앗고 싶어한다. 만일 내가 그때 그 아이의 공포와 아픔을 느껴주며 용서를 빌었더라면, 그 아이는 나에게 이런 두려운 상황을 일으켜 보복하지 않았을 것이다.
내가 그 아이의 공포를 느껴주지 않으니 그 아이는 언니를 통해 내 것을 빼앗아가는 공포스러운 상황을 연출해냈다. 왜 하필 언니를 통해 그 상황을 연출해냈을까? 언니의 무의식 속에도 역시 공명하는 자아, 즉 빼앗긴 아이가 억눌려 있기 때문이다. 언니는 어릴 때부터 내 것을 빼앗아가는 존재였다. 언니도 빼앗겼다고 느끼니 빼앗아간 것이다. 그래서 내가 낙태한 아이는 언니한테 달라붙어 나로 하여금 두려움을 느끼도록 했다. 언니가 화난 모습을 보이거나, 돈이 없다거나, 남편과 헤어진다고 말할 때마다 과도하게 두려움이 올라왔던 것은 바로 내가 낙태한 그 아이의 "제발 내 두려움 좀 인정해줘!"라는 외침이었다.

나 스스로는 내 무의식에 어떤 자아가 억눌려 있는지 알 수 없다. 나 자신이 바로 그 자아로 살아가기 때문이다. 그래서 자아는 내가 자주 만나는 가장 가까운 사람과 공명하여 내 눈앞에 나타난다. 나는 20여 년 전 내가 낙태한 자아가 언니를 통해 내 눈앞에 나타날 줄을 상상조차 하지 못한다. 하지만 두려움을 느껴주다 보면 나와 가장 가까이 지내는 사람이 바로 나의 거울 역할을 한다는 걸 알게 된다.

두려움을 느껴주면 관찰자는 늘 답을 준다

제 아버지가 얼마 전 자신이 운영하는 숙박업소의 공실이 계속 늘어나면서 은행 빚을 갚을 수 없는 상황이 되자 갑자기 자살을 시도했습니다. 충격을 받은 어머니도 저와 함께 거울명상을 하게 됐습니다. 제가 그동안 거울명상을 함께 해보자고 여러 번 얘기해보았지만 듣지 않으셨거든요. 그런데 어머니가 거울명상을 시작하신 지 일주일 정도 지났을 때 갑자기 큰 변화가 일어났습니다.

아버지는 왜 자살을 시도했을까? '난 세상으로부터 완전히 버림받았다'는 두려움과 '내 힘으로는 아무것도 못 한다'는 무력감이 극에 달해 죽을 수밖에 없다고 느꼈기 때문이다. 그 죽음의 공포가 나와 어머니에게도 공명해 올라왔다. 아버지는 그 공포를 직면하는 게 너무 끔찍해 아예 목숨을 끊으려 했지만, 어머니는 그 공포와 마주하기로 했다. 죽음의 공포를 느껴주면서 상황은 어떻게 달라졌을까?

아버지가 운영하는 숙박업소의 공실이 갑자기 열 개에서 두 개로 줄었고, 은행 금리도 낮아지는 등 상환 조건이 크게 좋아졌습니다. 아버지가 절망하던 상황이 희망으로 바뀌었습니다. 저는 거울명상을 할 때 남들에게 들릴까 봐 몰래 조용히 소심하게 하고 있었는데, 어머니는 소리를 지르며 적극적으로 감정을 풀어줘서 그런지 훨씬 빠르게 변화가 일어나는 것 같습니다.
저는 거울에 제 얼굴이 까맣게 보이거나 주변에 하양, 노랑, 보라, 초록빛이 보이는데, 어머니는 여러 얼굴들이 보이고 벽도 휘어지고 몸통도 없어진다고 하십니다. 참 신기합니다. 제 마음은 여전히 힘들고 답답하지만 근원의 마음에게 맡겨보려 합니다.

거울명상 중 마음의 눈이 열리면 여러 빛깔, 즉 오라가 보이기도 한다. 육안엔 보이지 않는 내 에너지장이 보이는 것이다. 이 에너지장 속에 감정들이 억눌려 있다. 나 자신이 텅 빈 마음이 되면 무의식 속에 어떤 감정들이 억눌려 있는지 관찰할 수 있게 된다. 때로는 생각과 빛으로 창조된 홀로그램 몸이 사라지기도 한다. 관찰자의 텅 빈 마음 속에서 죽음의 공포를 느껴주자, 공포가 사라지면서 공포가 창조하는 공포스러운 현실도 사라졌다.

저는 어릴 적부터 부모님과 할머니의 성취욕에 떠밀려 여러 학원을 다녔습니다. 항상 다른 자녀들과 비교당했고, 간혹 심한 욕도 들었습니다. 그러다 보니 반항심이 커져 오히려 공부를 더 안 하게 됐습니다. 들들 볶아대는 집보다 도피처인 학교에 있는 시간이 더 좋았습니다. 재수 끝에 나름대로 괜찮은 대학에 들어갔다고 생각했지만, 부모님과 할머니는 그 대학도 무시했습니다. 저는 마침내 대학을 휴학하고 거의 침대에 누워 무기력하게 보냈습니다.

그때 속는 셈 치고 거울명상을 시작했습니다. 이유도 모르게 많은 눈물이 끝없이 흘러나왔습니다. "제발 저 좀 살려주세요. 제발 저 좀 구해주세요. 성적 얘기 좀 안 듣게 해주세요. 저를 있는 그대로 사랑해주세요. 저는 부모님이 키우는 개가 아닙니다"라는 말들이 계속 나왔습니다.

그렇게 한참을 울며 호소하다가 제 속에서 "내가 왜 남들한테 무시당해야 하는데? 내가 왜?"라는 비명 같은 절규가 마구 터져 나왔습니다. 그렇게 기진맥진한 상태에서 잠이 들었고, 이튿날 아침 마음이 후련하다는 느낌보다는 뭔가 가슴에 얹혀 있는 느낌이 강하게 들었습니다.

부모와 할머니가 내 성적에 집착하는 이유는 뭘까? 성적이 좋지 못해 좋은 대학에 가지 못하면 세상으로부터 버림받는다고 느끼기 때문이다. 무의식에서 올라오는 그 버림받은 두려움을 느끼는 건 너무 무섭다. 그래서 자신들의 두려움을 덮어버리기 위해 내 성적에 집착하고 있다. 그들의 눈에는 성적만 보이고 나는 보이지 않는다. 성적이 좋으면 사랑받고, 성적이 나쁘면 물건처럼 버림받겠구나 하는 두려움도 올라온다.

거울명상을 하다가 초등학교 때 학부모 참관수업이 었던 날이 떠올랐습니다. 제가 문제를 풀지 못하자 옆에 앉아 있던 어머니가 "넌 이래서 안 돼. 넌 안 되는 애야"라고 말했습니다. 그 말을 들은 선생님이 저를 위로해주면서 "자, 문제가 안 풀리면 한 번 쉬면서 다시 해보자. 천천히"라고 말했습니다.
그 기억이 떠오르는 순간 저도 모르게, "그만 좀 무시해! 오죽하면 선생님도 위로해주시겠어?"라고 외쳤습니다. 이렇게 외치면서 우는데 계속 헛구역질이 나왔습니다. 가슴에 응어리진 것이 목을 통해 올라오는 느낌이었습니다. 거울 속의 저를 이미지화된 '풍경 속의 풍경'이라는 생각으로 지켜보며 제가 소리를 지르는 걸 관찰했습니다. 울고 헛구역질하고를 계속 반복했습니다.

그러자 정말 갑자기 어디선가 "야, 넌 할 수 있어. 네가 왜 못해? 내가 있잖아!"라는 소리가 들렸습니다.

그 이후 제가 느끼고 있던 감정들이 사라지는 기분이 들었습니다. 그동안 무시당하고 비교당하며 느꼈던 열등감이 눈 녹듯이 사라진 느낌, 갑자기 텅 비워진 느낌이 들면서 그 말이 계속 머릿속에서 맴돌았습니다. 그리고 무언가 엄청 상쾌한 기분이 들고 몸이 가벼워지면서 할 수 있다는 자신감이 계속 샘솟았습니다.

1년간 침대에 누워 유튜브만 보던 제가 갑자기 나가고 싶어졌습니다. 저는 무작정 지하철을 타고 1년간 휴학 중이던 학교에도 가고, 도서관에도 가고, 무작정 교수님에게 면담도 신청해놓고 제가 무엇을 해야 할지 고민해보기 시작했습니다.

그러자 그동안 제가 정말 하고 싶었지만 못했던 것들이 떠올랐습니다. 다시 공부를 해보고 싶었습니다. 무언가 도전을 해보고 싶어졌습니다. 교수님이 내년 2월에 있을 회계사 시험을 추천해주셨고, 저는 도전해보기로 했습니다.

"제발 나 좀 살려달라"고 간절히 외치는 건 두려움에 떠는 '버림받은 나'의 목소리였다. 그렇다면 "야, 넌 할 수 있어. 네가 왜 못해? 내가 있잖아!"라는 말은 누가 내는 목소리였을까? 거울 속의 나를 가만히 지켜보던 관찰자의 목소리였다. 내가 '버림받은 나'의 두려움을 느껴주니 관찰자가 '버림받은 나'의 외침에 응답한 것이다. 관찰자는 무조건적인 사랑이기 때문에 내가 원하는 걸 모두 현실화시켜준다.

무의식에 억눌린
수천 년 전 아픔의 치유

가짜 영화 속에서 "가짜냐, 진짜냐"를 따지는 건 무의미하다

거울명상을 하면 할수록 무의식이 점점 더 깊이 열리면서 수백 년, 혹은 수천 년 동안 응어리진 채 억눌려온 고통스러운 감정들이 과거의 장면들과 함께 창조주인 텅 빈 마음의 스크린 위에 스스로 떠오른다. 몸이 나라는 착각에서 완전히 벗어날 때 저절로 일어나는 현상이다. 이 감정들이 너무 응어리지면 현대의학으로는 도저히 치료할 수 없는 불치병이나 난치병의 원인이 되기도 한다.

여기서는 전생이 진짜냐 가짜냐를 따지기보다, 먼 옛날의 응어리진 감정들을 풀어줌으로써 심신의 불치병이나 난치병이 정말 치유되느냐만을 살펴본다. 인생 영화 자체가 텅 빈 마음의 스크린 위에서 펼쳐지는 가짜임을 깨닫게 되면 전생이 진짜냐 가짜냐를 따지는 것 자체가 무의미해진다. 가짜 영화 속에 살면서 지나간 영화 장면이 "가짜야", "아냐, 진짜야"라고 싸우는 것과 마찬가지기 때문이다. 또, 무의식 속의 진실을 깊이 들여다보지 못하는 두뇌의 표면의식으로 살면서 무의식 속의 진실을 따지려 드는 것 자체가 모순이기도 하다.

빼앗기며 살던 과거 생애의 아픔 치유

최근 갑작스럽게 제가 세를 주던 집에 누수가 생겨 세입자가 집주인인 저에게 벽지 공사와 추가의 돈을 요구했고, 제가 살던 집을 빼고 나가는데 집주인이 제가 당연히 받아야 할 돈을 안 주겠다고 우겨 싸우는 일도 벌어졌습니다. 제게 돈을 요구하는 상황들이 연달아 서너 번이나 일어나면서 빼앗기기 싫은 감정과 엄청난 슬픔이 동시에 느껴져 약 3주간 너무나 마음이 괴로웠습니다.

지금의 현실, 즉 현재 상황은 나와 동일시해 붙들고 있는 생각이 3차원 오감의 공간으로 전환돼 펼쳐지는 홀로그램 인생 영화이다. 내가 돈을 빼앗기는 원치 않는 상황들이 연달아 펼쳐지고 있다는 건 내가 원치 않는 생각을 나와 동일시해 억눌러 붙들고 있다는 뜻이다. 어떤 원치 않는 생각이 억눌려 있는 걸까?

오늘도 거울 앞에 앉아 늘상 하던 대로 저의 마음을 소리 내어 말했습니다. "나는 절대 빼앗기지 않을 거야. 빼앗는 놈들은 다 죽여버릴 거야"라는 식으로 소리치고 있는데, 갑자기 눈앞에 한 장면이 영화를 보듯 펼쳐졌습니다. 웬 젊은 여자가 갓난아이를 다른 여자에게 빼앗기는 장면이었습니다. 동시에 제 입에서 저도 모르게 "제발 제 아기를 데려가지 마세요. 제발 빼앗지 마세요. 제발 제 아들을 돌려주세요. 제발 빼앗지 마세요"라는 말들이 계속 튀어나왔습니다.

머리로는 '내가 미친 건가? 내가 왜 이런 소리를 하며 울고 있는 거지?'라는 생각이 들었지만 그 슬픔을 주체할 수 없었습니다. 저는 이번 생에서는 한 번도 아이를 가져본 적이 없는 미혼 여성인데, 오늘 느꼈던 그 감정은 가슴에 사무친 절절한 서러움과 슬픔이었습니다. 제가 직접 경험한 일이 아니라면 도저히 느낄 수 없는, 온몸으로 느끼는 감정이었습니다.

온몸이 떨리기 시작했고 미친 듯이 절규하다가 구역질이 나와 화장실에 가서 토하는데, 식중독에 걸렸을 때보다 더 심한 구역질이 나왔습니다. 그러면서 그 아기를 빼앗긴 여자가 저의 전생이라는 게 그냥 알아졌습니다. 저는 어릴 때부터 동생에게 많은 걸 양보하고 빼앗기며 살아왔기 때문에 '빼앗기는 것에 대한 트라우마가 있어서 빼앗기는 게 너무 힘들구나'라고 생각했었습니다. 하지만 아무리 동생에게 빼앗긴 것에 대해 명상을 해도 나아지질 않았었는데, 오늘 그 이유를 뚜렷하게 알게 됐습니다.

거울 앞에서 빼앗기며 살아온 나의 아픔을 털어놓다 보니 놀랍게도 과거 생애에 내가 낳은 아들을 빼앗기는 장면이 떠올랐다. 내 목숨처럼 여기는 아이를 다른 여자한테 빼앗기는 어마어마한 아픔이 오랜 세월 동안 풀리지 못한 채 내 무의식 속에 억눌려 있었던 것이다.

'난 빼앗겼다'는 생각을 나와 동일시해 두려움으로 무의식에 억눌러놓으면 아픔이 된다. 그 아픔이 내 몸속에 정체돼 있다가 구역질과 함께 빠져나갔다. 그러면서 그동안 내가 왜 남들한테 빼앗기며 살아왔는지에 대한 오랜 의문이 풀렸다.

이번 생에 유난히 욕심이 많고 이기적인 동생과 살았던 것도 빼앗김에 대한 오랜 트라우마를 치유하기 위해 설계된 것이었음을 알았습니다. 또, 과거의 생에서 아기를 빼앗긴 아픔을 치유하지 못하고 생을 마감했기 때문에 이번 생에 여러 사람들이 악역을 자처하며 제 감정을 건드려주었다는 것도 깨달았습니다. 제 돈을 빼앗으려 했던 악독한 집주인과 아래층의 세입자도, 저의 모든 걸 빼앗아왔던 제 동생도, 제가 풀어내지 못한 괴로운 감정들을 풀어주려고 연기했던 것임을 알게 됐습니다.

내가 가장 소중하게 여기는 것을 빼앗길 때 가장 큰 아픔이 올라온다. 몸을 나와 동일시하면 나는 그 아픔을 몸에 억눌러놓게 된다. 하지만 모든 상황은 창조주인 텅 빈 마음 속에서 펼쳐지는 홀로그램 영화라는 사실을 알게 되면 그 아픔도 있는 그대로 느껴주게 된다. 그럼 그 아픔은 텅 빈 마음 속으로 흘러가 사라진다.

저는 오늘 제 인생에서 가장 힘든 감정 중 하나인 빼앗김에 대한 분노와 억울함의 근본 원인이 과거 생애에 대한 기억에 있다는 걸 알게 되었고, 그 기억들을 풀어내니 여러 가지 깨달음이 자연스레 찾아오더군요.

이제 저는 그동안 머리로만 이해하던 말들이 가슴으로 와닿습니다. "인생은 억눌린 감정을 풀기 위한 영화이다", "내 인생의 싫은 사람들은 내 감정 정화를 돕는 영혼의 친구이다"라는 말들이 절절히 와닿습니다. 저의 억눌린 감정을 건드렸던 여러 가지 사건들을 되돌아보면 정교하게 짜 맞춰진 한 편의 퍼즐 같다는 생각이 들어 소름이 돋습니다.

육체를 가진 저의 머리로는 도저히 이해가 가지 않습니다. 어떻게 서로 다른 사람들이 같은 시기에 나에게 똑같은 감정을 불러일으키는 행동을 했던 걸까 생각하면 그 정교함에 소름이 끼칩니다. 저는 오늘 이후로 한결 가벼운 인생을 살 수 있을 것 같습니다. 이제 또 다른 힘든 감정이 찾아오면 전생 기억까지 정화할 감사한 기회라고 생각하며 살겠습니다.

몸으로 살아가는 물질세계는 몸의 생존을 위해 서로 뺏고 뺏기는 두려움의 세계이다. 나는 식물이든, 동물이든, 남들의 것을 뺏지 않으면 생존할 수 없고, 남들도 나의 것을 뺏지 않으면 생존할 수 없다. 그래서 몸으로 살아가는 인생살이엔 필연적인 슬픔이 배어 있다.

하지만 현실이라는 물질세계는 무의식이 꾸는 꿈이다. 꿈속에서 내 생각으로 창조된 등장인물들이 서로 뺏고 뺏긴다. 몸이 나라는 착각에서 깨어나면 뺏기는 나도, 뺏는 남도 존재하지 않는다. 뺏고 뺏기는 놀이를 지켜보는 관찰자이자 창조주인 텅 빈 마음만 남는다.

남자들한테 계속 버림받는 아픔의 치유

30대 초반에 접어들면서 친구들이 하나둘 시집을 가고, 저도 결혼하고 싶은 마음은 있지만 남자가 잘 꼬이지 않습니다. 남자를 만나더라도 언제 버림받을지 모른다는 두려움에 떨며 연애를 해왔습니다. 아무 이유도 없이 눈물만 펑펑 흘린 적도 있습니다. '나는 왜 이 모양일까? 얼굴도 이 정도면 누구라도 좋아할 것 같은데, 왜 연애가 이렇게 어려울까?' 하는 마음이 듭니다. 거울명상을 한 달 정도 꾸준히 하다 보니 며칠 전부터 명상을 하면 '미친 년, 나쁜 년, 죽일 년' 등 저를 향한 욕설이 튀어나왔습니다. 그래서 계속 욕을 해주었는데, 뜻밖의 말이 나왔습니다. "남의 가정을 파탄 내놓고 네가 가정을 잘 꾸릴 수 있을 거 같아? 어림도 없지. 절대 그럴 일은 없을 거야! 꿈 깨!" 그때는 그냥 상상 속에서 나온 말이거니 생각하며 넘어갔습니다.

남자들한테 버림받을지 모른다는 두려움이 별다른 이유도 없이 자꾸 올라오고, 남자들이 잘 꼬이지 않는다면? 내 무의식 속에 버림받은 두려움에 떠는 존재가 억눌려 있다는 뜻이다. 나한테 남의 가정을 파탄 냈다는 말과 함께 욕설을 퍼붓는 거울 속의 이 존재는 누구일까?

이 존재의 두려움을 느껴주지 않고 계속 억눌러놓고 있으면 아예 결혼을 못 하고 외롭게 살다가 생을 마감하게 되는 더 두려운 상황이 일어나게 된다. 다행히 며칠 후 멈췄던 명상을 다시 이어가면서 이 존재가 드러나기 시작했다.

오늘은 남사친을 만나고 들어와 의외로 편안하고 솔직한 데이트를 했다는 생각이 들어 다시 거울 앞에 앉아보았습니다. 거울 속의 저를 한참 바라보고 있는데 또 욕이 나왔습니다. 저번처럼, "남의 가정을 파탄 낸 년이 행복한 가정을 꾸리고 싶다고?"라는 말과 함께 나이 든 아줌마 같은 형상이 보였습니다. 아주 살짝이었지만, 그 형상이 말을 하는데 분노와 슬픔이 함께 느껴졌습니다.

"너는 나의 모든 걸 빼앗아갔어. 네가 내 남편을 데리고 간 뒤부터 나는 하나부터 열까지 모든 게 바뀌었어. 나는 나이가 들어갔고, 완전히 혼자였지. 근데 넌 그 남자 옆에서 웃고 있더라. 나는 왜 이렇게 혼자 슬퍼해야 하고, 너는 왜 웃고 있어야 하는 거지? 이번 생에서 너는 절대 사랑받으며 살지 못할 거야. 내가 망가진 것처럼 너도 망가트려 놓을 거야. 결혼을 하면 남편이 바람나서 도망가게 할 거고, 아니면 아예 평생 혼자 늙어 죽게 할 거야. 사랑받을 수 있는 외모가 되면 얼굴을 망가뜨려놓을 거고, 장기도 갈기갈기 찢어버릴 거야. 내가 겪었던 수치심, 모멸감, 배신감, 버림받는 두려움에 떠는 고통을 모두 느끼게 해줄 거야."

그렇게 듣고 있다 보니 슬퍼졌습니다. '아, 내가 그동안 사랑받고 사랑을 주는 것이 힘들었던 이유가 바로 이런 카르마 때문이었구나' 하는 생각에 마음이 아팠고, '이 영혼이 나를 떠나지 않고 있어서 이번 생은 이렇게 살 수밖에 없겠구나' 하는 생각에 또 서글펐습니다.

거울명상 중 나타난 이 여자는 왜 나를 떠나지 못하는 걸까? 나한테 남편을 빼앗긴 아픔을 나에게 되돌려주기 위해서다. 내가 그에게 가한 아픔을 나한테 되돌려주어야 서로의 아픔이 상쇄돼 사라진다. 상대도 모든 아픔을 풀어내고 텅 빈 근원의 마음으로 돌아가기 위한 의식체인 영이고, 나도 또한 모든 아픔을 풀어내고 텅 빈 근원의 마음으로 돌아가기 위한 의식체인 영이다. 텅 빈 마음 속에서 내가 가한 아픔을 털어내면 아픈 현실도 매듭지어진다.

저를 저주하는 영혼의 말을 듣고 나니 미안한 마음이 들었습니다. 그래서 "죄송합니다. 당신이 원하는 대로 살겠습니다. 남편이 바람나서 도망가면 당신이 느꼈던 배신감을 느끼고, 혼자 살게 되면 외로움을 느끼고, 사랑받지 못하는 느낌, 버림받은 두려움을 다 느끼고 감내하며 살아가겠습니다"라고 말하며 눈물로 사죄했습니다.

이렇게 대화가 오가면서 그동안 제가 겪었던 아픔이 이 여자가 원했던 것이었음을 알았습니다. 그래서 이렇게 솔직하게 말했습니다. "제가 느껴야 할 감정들을 당신이 원하는 대로 그동안 다 느끼며 살아왔습니다. 학창 시절 왕따를 당해 수치심과 버림받는 두려움을 느꼈고, 지금까지 겪었던 궤양성 대장염과 얼굴의 아토피, 남자친구와의 잦은 이별과 사랑받지 못하는 아픔, 내 또래 남자들이 아닌 유부남들만 제게 들이대곤 했던 일들, 갑질 연애를 견뎌내야 하는 괴로움 등 당신이 원하는 아픔들을 30년 넘게 느끼며 힘들게 살아왔습니다. 당신의 마음을 충분히 이해합니다. 이제 용서해주세요. 이제 저도 행복하고 싶습니다."

그러고 나서 잠시 뒤 얼굴이 변했어요. 아주 예쁜 새색시 같은 느낌의 고운 여자였습니다. "이게 원래의 제 모습입니다. 당신에게 빼앗기기 전 남편에게 사랑받던 제 얼굴이에요. 이 얼굴을 두 번 다시 못 볼 줄 알았는데"라고 말하며 펑펑 울었습니다.

그러더니 "당신이 지금껏 느껴왔던 것들이 다 저의 슬픔이라는 걸 알아주셔서 감사합니다. 그때의 당신을 용서합니다. 이제 저는 떠나겠습니다. 당신이 지금껏 괜찮을 만하면 몸이 아프고, 얼굴이 뒤집어져서 남자친구도 제대로 못 만나고, 유부남들만 꼬였던 건 다 제가 했던 일입니다. 이제 당신이 제 슬픔을 이해해주었으니 앞으로는 사랑받으며 사세요. 당신은 충분히 사랑받을 자격이 있는 사람입니다. 그리고 두 번 다시 그런 일은 하지 마세요" 하며 웃어주었습니다.

저는 또 울며 죄송하다고 다시 사죄했고, 한참 비슷한 이야기를 하다가 그 여자가 떠나는 게 느껴졌습니다. 잠시 정적이 흘렀고, 저는 "제가 행복하게 가정을 꾸리며 사는 걸 지켜봐주세요. 당신이 못 느꼈던 행복한 가정에서의 기쁨을 당신과 함께 나누고 싶습니다. 지켜봐주세요"라고 말하고는 마무리했습니다.

정말 신기했습니다. 지금껏 왜 그렇게 연애가 힘들었는지. 왜 유부남들만 자꾸 꼬였는지, 왜 그렇게 헤어지게 될까 봐 두려움에 떨며 연애를 했는지, 얼굴이 괜찮아질 만하면 왜 다시 아토피와 여드름이 생겼는지, 왜 만성 장염으로 고생했었는지 등 모든 게 이해가 갔습니다.

그 뒤로 신기하게 최근 소개팅도 들어오고, 전에 연락이 끊겼던 남사친과도 연락이 닿아 전과는 다른 편안한 마음으로 대하고 있습니다. 퍼즐 조각들을 완전히 맞춘 것처럼 마음이 너무나 가볍고 홀가분합니다.

나는 아직 남자를 길게 사귀어본 적도 없는 30대 초반의 미혼 여성이다. 그러니까 내 무의식 속의 이 여자는 이번 생 이전에 나한테 남편을 빼앗겼다는 말이다. 내 무의식 속에 이 여자와 남자를 빼앗고 빼앗기는 먼 옛날의 아픔이 억눌려 있는 것이다.

이처럼 시공을 초월해 내가 누군가에게 100만큼의 아픔을 주면 100만큼의 아픔을 돌려받아야 한다. 그래야 주는 것과 받는 것이 사라지고 텅 빈 마음이 된다. 상대는 이미 아픔을 느끼는 고통을 받았는데, 나는 아직 아픔을 느끼는 고통을 거부하고 있으면 아직 주고받음이 끝난 게 아니다. 상대가 아픔을 느낀 만큼 나도 아픔을 느껴야 주고받음이 매듭 지어진다.

성 수치심이 치유되자 활짝 열린 무의식

전 직장에서 5년간 성추행을 당했습니다. 처음엔 직장에 더 다녀야 하기에 그냥 꾹 참고 넘기려 했지만, 점점 못 참을 지경에 이르러 사장님께 말씀드렸습니다. 저는 생리통도 심해서 중3 때 초경을 시작한 이후로 쪼그리고 앉아서 밤을 새곤 했습니다. 그 통증은 출산을 한 뒤에도 계속됐고, 진통제가 없으면 도저히 견디지 못할 정도였습니다. 이런 일들은 왜 일어날까요?

내가 성추행을 당하고, 생리통이 심한 원인은 뭘까? 내 무의식 속에 여성성에 대한 심한 수치심이 억눌려 있다가 표면의식으로 물질화돼 올라왔기 때문이다.

저는 2년 넘게 거울명상을 꾸준히 해왔는데, 석 달 전쯤엔 명상 도중 방금 태어난 아기가 보였습니다. 사람들이 아기를 내려다보며, 아기의 다리를 벌려 성별을 확인하는 장면이었습니다. 그 순간 바로 가슴이 미어지며 눈물이 폭포처럼 쏟아졌고, 온몸이 수치심으로 덜덜 떨렸습니다. 몸을 혼자 뒤집을 수도 없고,

옆에 있는 옷가지 하나 끌어다가 덮을 수도 없는 아기의 수치스러움이 느껴져 며칠 동안 울었습니다. 아기가 말은 하지 못하지만, 온몸으로 여자로 태어난 아픔을 느끼고 있는 걸 알았습니다.

어른들은 '갓난아기가 뭘 알아?'라고 생각했지만, 관찰자는 매 순간 몸으로 경험하는 모든 상황을 훤히 지켜보고 있다. 관찰자인 나와 몸으로 살아가는 나는 하나이다. 관찰자는 자신의 아바타인 몸을 빌려 모든 상황을 경험하고 느껴본다. 그래서 몸으로 살아가는 내가 감정을 완전히 느껴주지 않으면 몸을 통해 감정을 느껴보는 관찰자도 완전히 느끼지 못한다. 따라서 어떤 두려운 상황이 닥쳤을 때 내가 몸을 나라고 착각해 감정을 억눌러버리면, 관찰자는 억눌린 감정을 완전히 느껴보기 위해 그 상황을 자꾸만 재연시키게 된다.

갓 태어난 아기인 나는 수치심을 그냥 억눌러버릴 수밖에 없었다. 그리고 수십 년 동안 그렇게 살아왔다. 그러다가 마침내 거울 앞에서 관찰자의 텅 빈 마음 속에서 과거의 가슴 아팠던 상황을 되돌아보며 그동안 억눌러놓고 살아온 수치심을 느껴주었다. 수치심이 풀려나면서 현실은 어떻게 달라졌을까?

그동안 거울명상을 하면서 통증이 많이 줄어서 약을 먹지 않아도 버틸 수 있었는데, 이번에 갓난아기의 아픔을 느껴주고 나서는 생리가 언제 시작됐는지 모르게 통증이 하나도 없이 끝났습니다. 그러면서 생식기에 커다란 뾰루지가 나서 이틀간 앉아 있기도 불편하더니 터져버렸고, 한동안 미친 듯이 가렵다가 이제 괜찮아졌습니다. 명상을 왜 꾸준히 해야 하는지 알게 됐습니다.

생식기에 나타난 커다란 뾰루지는 성 수치심이 물질로 형상화된 것이다. 성 수치심 에너지는 그렇게 물질화된 모습으로 빠져나갔다. 여성성에 대한 상처가 치유되자 더 깊은 다른 상처도 드러나기 시작했다. 한 달쯤 계속 거울명상을 더 이어가자 무의식이 점점 깊이 열려가면서 돌연 현생을 훨씬 뛰어넘어 먼 옛날로 되돌아갔다.

두 달 전쯤 거울명상을 하던 중 칼춤을 추는 망나니가 보였습니다. 그러고는 어떤 사람의 목을 잔인하게 내리치는 장면이 보였습니다. 저는 영화를 볼 때 목을 베는 장면이 나오면 너무 무서워 눈을 감아버리곤 했었습니다. 또, 칼을 너무 무서워해 집에 안 드는 칼이 있어도 갈지 못하게 했었습니다.
저는 어렸을 때부터 왠지 제가 백정의 자식이 아닐까 하는 생각이 떠오르곤 했었는데, 이번 거울명상 중 제가 본 모습이 바로 제 모습이었음을 느꼈습니다. 얼마나 꺽꺽대며 울었던지 눈에선 눈물, 코에선 콧물이 줄줄 흘렀습니다. 이튿날 낮에는 거짓말처럼 코와 입에서 피 냄새가 나서 너무나 놀랐습니다.
그 뒤로는 칼에 대한 두려움이 싹 사라졌습니다. 또 며칠 후에는 명상 중에 "다 죽여버릴 거야. 넌 편하게 살면 안 돼. 넌 더 힘들어야 해. 네 새끼를 죽여서라도 널 더 힘들게 할 거야"라는 말이 나와 온몸에 소름이 돋았습니다.

신기하게도 그 와중에 '여기서 명상을 멈추지 말고 이 공포를 받아들여야 하는데' 하는 생각이 들었습니다. 관찰자가 저를 이끌어주고 있음을 느꼈습니다. 그러면서 그동안 아이가 외출한 뒤 연락이 안 되면 왜 갑자기 공포가 올라와 안절부절못했는지, 차를 몰고 운전하러 나가면 왜 그렇게 두려움이 올라왔는지 이해가 갔습니다.

얼마 전엔 아들이 차를 쓰겠다며 하루 보험을 들어달라고 해서 들어줬는데, 갑자기 가슴이 두근거리며 엄청난 두려움이 올라왔습니다. 거울을 들여다보니 아이를 잃을까 봐 두려워하는 마음이 느껴졌습니다. 오열을 하며 벽을 잡고 쓰러지듯 울었어요. 임신 7개월 때 조산으로 아기를 잃은 적이 있는데, 그때의 공포가 올라왔음을 알았습니다. 그 모든 공포스러운 상황의 뿌리는 수백 년간 억눌려 있던 살기였음도 알게 됐습니다.

나는 왜 망나니가 되는 끔찍한 현실을 경험하게 됐던 걸까? 망나니가 되기 이전의 삶에서 조상들이나 나 자신이 남한테 죽임을 당한 아픔을 겪었던 적이 있었기 때문이다. 죽임을 당했기 때문에 죽여버리고 싶은 살기가 무의식에 억눌려 있었던 것이다. 그 살기가 남을 죽이는 망나니로 물질화돼 현실로 올라왔다.

내 무의식 속에 살기가 억눌려 있으면 이 살기는 생명을 가진 인격체가 되고, 이 인격체는 남을 죽여버리고 싶을 수도 있고, 나 자신을 죽여버리고 싶을 수도 있다. 그래서 나를 늘 죽음의 공포에 떨게 한다. 그 살기로 인해 나는 임신 중인 아기를 잃어버린 적도 있다. 하지만 이렇게 무의식이 정화되면서 현실은 어떻게 달라지고 있을까?

지난 20여 년간 시댁과 갈등을 일으켰던 제사도 마침내 안 지내게 됐고, 명절도 우리 식구끼리만 오붓하게 보내게 됐습니다. 시댁 식구들한테 전화가 오면 남편이 밖에 나가 만나고 오니, 요즘 얼마나 마음이 편한지 모릅니다.
무기력증에 빠져 6개월간 운동도 멈췄다가 새해부터 다시 시작하니 너무 재미있어서 퇴근 후엔 곧바로 헬스장으로 향합니다. 군대 간 아들은 전화를 하면 용건만 말하고는 30초 안에 끊더니 요즘엔 친구랑 수다 떨듯 한참 통화합니다. 가족 모두가 너무나 다정하고 편안하게 살아가고 있습니다.

살기와 생기는 서로 짝이 되는 기운이다. 무의식에 억눌려 있던 살기가 풀려나가면서 생기도 함께 풀려났다. 지난 20여 년간 살기에 끌려다니며 떨고 살던 삶은 생기 넘치는 즐거운 삶으로 바뀌었다.

수백 년 전에 펼쳐졌던 망나니의 공포스러운 삶이 왜 관찰자의 텅 빈 마음 속에서 떠올랐다 사라진 걸까? 망나니의 삶은 실제로 존재했던 게 아니라, 뒤돌아보면 텅 빈 마음 속에서 떠올랐다 사라지는 한바탕의 꿈이었다.

그렇다면 이번 생을 임종의 순간 되돌아보면 어떨까? 역시 관찰자인 텅 빈 마음 속에서 떠올랐다 사라지는 한바탕의 꿈임을 알게 될 것이다. 나는 꿈속의 등장인물인 피조물이 아니라, 내 생각으로 꿈을 창조하며 자유로이 살아가는 창조주이자 관찰자이다.

노비로 살았던 여자

저는 할 일은 많은데 늘 시간이 부족하고, 제가 쉬게 되면 남편이 뭐라고 하는 것도 아닌데 마음속에서 늘 "집에서 놀면서 뭐했냐" 하는 소리가 들립니다. 다른 사람들이 저한테 "남편은 열심히 돈 버는데 놀면서 뭐 했냐? 한심하다"라고 하는 말이 들립니다. 그래서 늘 시간도 부족합니다.

오늘도 아이를 어린이집에 보내고 거울명상을 하는데, 숨이 잘 쉬어지지 않고 답답해서 정말 힘이 들었습니다. 그래서 거울 앞에서 "한심하다. 한심해"라는 말을 하다가 "난 항상 시간이 부족해"라는 말이 나왔습니다. 그러다가 "난 맨날 일만 했다. 숨이 쉬어지지 않을 정도로 계속 일만 했다. 쉴 틈이 없었어. 정말 숨 쉴 틈조차 없이 일만 했어. 이제 나도 좀 쉬고 싶어"라는 말이 나왔습니다.

그러는데 또 숨 쉬는 게 어려워져 명상을 멈췄습니다. 이렇게 거울명상만 하면 숨 쉬는 게 힘든데, 그래도 계속하면 숨 쉬는 게 나아질까요?

실제로 바쁜 것도 아닌데 늘 시간에 쫓기는 것처럼 바쁘게 느껴지고, 가슴이 답답하다면 내 무의식 속에 '일을 하지 않으면 버림받는다'는 생각을 붙든 채 두려움에 떠는 존재가 억눌려 있다는 뜻이다. 이 존재는 누구이고, 왜 내 무의식 속에 억눌려 있게 된 걸까? 포기하지 않고 명상하다 보니 어느 순간 그 존재의 모습이 드러나기 시작했다.

일을 하지 않으면 올라오는 두려움을 느껴가며 계속 거울명상을 해보았습니다. 하지만 제 안에서 거울명상을 피하고자 하는 누군가가 들어 있는지, '해야지' 하면서도 안 하게 되는 날이 많았습니다.

며칠 전 마음을 다잡고 다시 거울 앞에 섰습니다. "난 늘 시간이 없다, 나도 좀 쉬고 싶다, 아무것도 안 하고 싶다. 아무것도 안 하고 살고 싶다. 쉬고 싶다. 놀고 싶다"라고 계속 외쳤어요.

요즘 거울명상을 하면 얼굴이 크게 일그러지기보다는 얼굴색이 굉장히 탁해집니다. 검은색과 회색으로 변한 제 얼굴이 보여요. 그렇게 외치며 내 얼굴을 보는데 순간적으로 정말 예쁘게 생긴 여자아이가 노비 차림으로 걸레질을 하고 있는 게 보였습니다. 예닐곱 살쯤 돼 보이는, 눈이 말똥말똥한 아이였습니다. 굽신굽신 집주인의 기분을 맞춰가며 웃으면서 걸레질을 열심히 하고 있었습니다.

모든 게 다 보이진 않았지만, 저 멀리서는 그 아이 또래의 다른 아이들이 재밌게 놀고 있었어요. 아이가 너무 예쁜데, 그 예쁜 아이가 다른 아이들과 어울리지 못하고 일만 해야 하는 노비로 살아가는 게 너무 불쌍해서 울었습니다. 그 장면은 잠시 보였다가 사라졌습니다.

며칠 뒤 남편에게 "난 집안일 하기 싫다, 집안일이 끝이 없다, 하루에 하나씩이라도 도와달라, 안 힘든 척한 거지 안 힘든 게 아니다, 나는 혼자 다 못해"라고 말했습니다. 그러자 남편은 저에게 "한꺼번에 못하면 하나씩 하면 되지, 내가 다 하라고 한 거 아니잖아. 그걸로 그렇게 스트레스 받지 마"라고 했습니다.

남편이 나에게 집안일을 하라고 다그치는 것도 아닌데, 내 무의식 속에 억눌려 있던 먼 옛날의 그 어린아이는 여전히 집안일을 다 하지 않으면 집주인한테 버림받는다고 생각하며 두려움에 떨고 있다. 남편을 먼 옛날에 섬겼던 집주인으로 착각하는 것이다. 내 몸은 지금 이 시대에 살고 있는데 내 무의식 속의 어린아이는 노비로 일하던 과거 시대에 살고 있다.

노비로 일하던 그 아이는 왜 내 무의식 속에 억눌려 있는 걸까? '일을 안 하면 난 주인한테 버림받는다'는 생각을 두려움으로 억눌러버렸기 때문이다. 그 당시 두려움을 느껴주면 정말 버림받아 쫓겨날까 봐 꾹꾹 억눌러놓고 오랜 세월을 살다가 마침내 용기를 내 거울 앞의 텅 빈 마음 속에서 느껴주게 됐다. 두려움이 풀려나가면서 남편이 먼 옛날의 집주인도 아니고 두려움의 대상도 아니라는 걸 알게 됐다.

포악한 왕비로 살았던 죗값

요즘 이상하게 낮에는 집중하기 힘들어 밤에만 거울명상을 하는데 꼭 12시가 넘으면 너무 무섭고 소름이 돋아 중단하곤 했습니다. 그러다가 얼마 전 거울명상 중 12시가 다 돼가는데 갑자기 늙은 마귀 같은 여자가 거울에 나타나더니 말했습니다.

"네가 70년간이나 나를 감옥에 가뒀잖아. 네가 지금 받는 고통은 아무것도 아니야. 넌 더 외롭고 힘들어야 해. 널 가만두지 않을 거야. 네가 아이를 낳은 건 나의 배려야. 하지만 거기까지야. 네 인생은 외롭고 괴롭고 고통스러울 거야. 사는 동안 제대로 되는 게 없을 거야. 아무것도 하려고 하지 마. 애쓰지도 마. 어차피 안 될 거니까. 너를 죽일 거야. 죽여버릴 거야."

처음엔 이게 내 머릿속에서 나온 상상인지 뭔지 알 수 없었는데, 중단하고 싶어도 몸이 움직여지지 않고 계속 입에서 말이 나왔습니다. 저는 유럽의 중세시대 언제인가 공주나 왕비였고, 성질이 포악하며 저밖에 모르는 못된 성격이었다는 게 느껴졌습니다. 저보다 더 아름다운 여자한테 왕의 사랑을 빼앗길까 봐 두려워 그녀를 수십 년간 감옥에 가뒀습니다. 정확하지는 않지만 흘러나오는 말 속에서 그런 느낌을 받았습니다.

저는 임신 중 유산기 때문에 열 달 내내 움직이지 못하고 누워서만 지냈는데, 그때 감옥에 갇힌 것 같은 느낌이었습니다. 두 계절이 지나도록 창밖만 멍하게 보다가 눈물을 흘리곤 했고 '나가고 싶어 미칠 것 같다', '뛰어내리고 싶다'는 생각을 많이 했었는데, 갑자기 그때의 감정이 느껴져 '감옥에 갇힌 그 여자도 그런 생각을 했었겠구나' 하는 생각이 겹쳐서 떠올랐습니다.

저는 최근까지도 종종 '내가 감옥에 갇혀 있는 것 같다'는 생각을 많이 했어요. 저는 아이를 키우는 전업주부라서 낮 시간에 아이가 어린이집에 가면 시간이 많이 남는데도 꼭 감옥에 갇힌 것처럼 무기력하고, 아무것도 할 수 없고, 하고 싶지도 않고, 우울하고 슬프고 눈물 나고, 재미없는 삶을 살아왔습니다. 남들이 볼 때는 평범한 삶처럼 보이지만, 마음속은 우울함과 고통, 슬픔, 외로움이 가득 차 공허하고 몸을 움직이는 것조차 힘들었습니다.

그런데 도대체 왜 이러는 걸까 답답하기만 했는데, 이제 그 의문이 조금씩 풀리는 것 같습니다. 또, 그동안 살아오면서 내색은 하지 않았지만 저보다 더 예쁘고 잘난 여자들을 보면 심한 질투심이 올라왔고, 그런 저 자신이 죽여버리고 싶을 정도로 싫었습니다.

이번 경험이 정확히 뭔지는 알 수 없지만, '나도 이제 고통스러운 삶에서 마침내 벗어날 수 있겠구나!' 하는 생각이 들어 속으로 기뻤습니다. 하지만 아직 그 여자가 완전히 떠난 것 같지는 않습니다. 제가 기뻐하기보다는 그의 고통을 먼저 이해하고 느껴줘야 했었는데 그러지 못한 것 같다는 생각이 듭니다.

거울 앞에서 텅 빈 마음으로 돌아가면 시공을 초월해 때로는 먼 옛날의 현실이 지나간 영화처럼 떠오르기도 한다. 그런데 뜻밖에도 중세 유럽에서 살던 내 모습으로 되돌아갔다. 그 당시 나는 포악한 왕비였다. 그런데 아름다운 여인한테 왕의 사랑을 빼앗길까 봐 두려워 그를 70년간이나 감옥에 가둬놓았다.

만일 내가 그때 빼앗기는 두려움을 느껴줬더라면 나는 두려움에 휘말려 그런 잔인한 행동을 하지 않았을 것이다. 두려움을 느껴주지 않았기 때문에 그 여인이 겪게 될 두려움도 느끼지 못했다. 오로지 왕의 사랑을 빼앗기지 않을까 하는 두려움에 휩싸여 그를 감옥에 가둬버렸다. 그가 겪은 고통이 무의식에 억눌려 있다가 다시 현재의 두려운 상황으로 재연되고 있다.

지금 나는 전업주부로 살아간다. 하지만 과거에 그를 감옥에 가둬놓는 고통을 주었기 때문에 내가 임신 중인 10개월 내내 감옥에 갇혀 있는 것과 똑같은 마음의 고통을 겪어야 했다. 감옥에 갇히지 않고도 마치 정말 감옥에 갇힌 것처럼 무기력하고, 우울하고, 슬프고, 몸을 움직이는 것조차 힘든 고통을 겪었다. 수백 년의 세월이 흐른 이제나마 그가 견뎌내야 했던 고통을 느껴주니 내 고통도 풀려나가기 시작하고 있다.

수백 년 전 굶어 죽은 아픔의 치유

저는 2주간 호텔에 홀로 묵을 수 있는 시간이 생겨 아침저녁으로 거울명상을 해봤습니다. 계속 웃음이 나오고, 눈이 뒤집힐 정도로 웃다 보면 "넌 뒈져버려. 죽어. 네까짓 게 살아서 뭐 해?

아주 온몸을 갈기갈기 찢어버릴 거야" 등 저 자신을 저주하는 말이 나왔습니다. 그러다가 정말 숨이 꼴깍 넘어갈 것처럼 숨도 쉬지 못하는 제 모습을 통제하기가 어려웠어요. 아니 통제하고 싶지 않았다는 표현이 맞겠네요.

그렇게 악을 쓰고, 저 자신을 저주하며 열흘 정도를 보냈습니다. 폭풍 같은 명상 시간이 지나고 나면 언제 그랬냐는 듯 오히려 더 편안해졌습니다.

며칠 전엔 명상 중 조명이 꺼지는 느낌이 들더니, 제가 세 살쯤 돼 보이는 아이를 품에 안은 채 어느 집 앞에서 오열을 하고 있었어요. "아이가 며칠간 굶주려 죽어가니 제발 살려달라"고, "나는 괜찮으니 우리 아이만이라도 먹을 수 있게 뭐라도 조금만 나눠달라"고, 눈물과 콧물 범벅에 침까지 흘리며, 손을 싹싹 빌면서 애걸하는 모습이었습니다. 찬 바닥에서 누더기를 입고 아이를 옆으로 안은 채 혼신의 힘을 다해 이집 저집을 찾아다니며 빌었습니다.

다음 장면은 안타깝게도 아이가 숨을 거둔 상황이었고, 저는 죽은 아이를 안고 한없이 서럽게 울었습니다. 가진 게 아무것도 없어서 아이를 묻어줄 도구조차 어디서 빌리지 못하고, 죽은 아이를 꼬옥 안고 목 놓아 울었습니다. 울다가 발작이 일어나기도 하고, 기운이 차려지면 다시 울기를 반복하고… 그렇게 한참을 가슴을 치며 울었습니다.

다시 바뀐 장면은 저로 보이는 그 여인이 한동안 정신없이 손에 잡히는 모든 걸 닥치는 대로 입에 욱여넣는 모습이었습니다.

"내가 먹어야 우리 아이를 살린다, 우리 아이에게 줄 젖이라도 만들어야지" 하며, 음식물 쓰레기든 길가의 풀이든, 닥치는 대로 우걱우걱 입에 밀어 넣었습니다.

그다음 장면은 그녀가 여전히 반쯤 넋이 나간 상태로 남의 집 허드렛일을 하는 모습이었습니다. 아마도 어느 집에 식모로 들어간 것 같았어요. 넋은 나가 있지만 음식만 보면 여전히 꾸역꾸역 배가 터질 것 같은 느낌이 들어도 쉬지 않고 먹었습니다. 주변에선 "돼지 같은 년 또 처먹네"라는 말들이 들렸지만, 그녀는 아랑곳하지 않고 음식을 욱여넣었습니다. 제 의지와는 관계없이 영화처럼 펼쳐지는 장면들에 묘한 느낌을 받았습니다.

내가 낳은 아이를 살리기 위해 음식물 쓰레기나 길가의 풀을 닥치는 대로 입에 욱여넣는 엄마의 모습에서 무엇을 느낄 수 있을까? 거룩하고 무한한 사랑인 신성을 느낄 수 있다. 하지만 몸을 나와 동일시하고 살아가면 내 안의 신성도 몸으로밖에 표현할 수 없다. 그래서 나는 닥치는 대로 음식물 쓰레기를 주워 먹거나 남의 집 허드렛일을 하는 게 전부이다.

거울 앞의 텅 빈 마음 속에서 나를 객관적으로 바라보면 나는 몸의 한계를 벗어난다. 텅 빈 마음 속에서 과거 상황을 떠올리면 어떤 감정이 올라올까? 굶어 죽어가는 아이를 지켜볼 수밖에 없는 형언할 수 없는 무력감이 올라온다. 아무것도 할 수 없는 무력감에 빠져 있는 내가 저주스럽게 느껴져 "넌 뒈져버려. 네까짓 게 살아서 뭐 해? 아주 온몸을 갈기갈기 찢어버릴 거야" 등 나 자신을 죽여버리고 싶은 살기 가득한 말도 터져 나온다.

무의식에 억눌린 아픔은 수백 년의 세월이 흘러도 그냥 사라지지 않는다. 나 자신이 억눌러놓아 생긴 아픔이기 때문에 나 자신이 풀어주어야 한다. 나 자신이 아픔을 창조할 수 있는 존재라면, 나는 아픔을 풀어줄 수 있는 존재이기도 하다. 나 스스로 아픔 속에 갇혀버릴 수 있는 존재라면, 나 스스로 아픔에서 벗어날 수 있는 존재이기도 하다.

그 장면들을 되돌아보면서 터져 나오는 울음과 거친 호흡, 말들을 그대로 흘러가도록 내버려두었더니 점점 평화로워지고, 텅 빈 마음 속에서 과거의 그 한 많은 여인을 달래는 말들이 쏟아져 나왔어요.

"네가 안타깝게 네 품에서 떠나보낸 그 아이는 이번 생의 네 엄마란다. 그때의 너는 그 아이를 제대로 보내줄 여력이 되지 않았지만, 지금의 너는 그래도 잘 살아준 덕분에, 언젠가 엄마를 떠나보낼 때, 예를 갖춰서 보내줄 수 있는 능력을 갖춘 삶을 살고 있어. 그때의 너는 남편을 잃고 혼자 아이를 지키려고 애를 썼지만 그게 잘 안 됐었지? 너는 이번 생에 너를 지지해주고 진심으로 사랑해주는 남편도 만나서 잘살고 있어. 그러니 걱정하지 말고 이제 편히 쉬어."

정확하게 다 기억이 나는 건 아니지만, 그녀를 위로해주며 또 울고 다시 위로하고 그렇게 평온을 찾았습니다. 제가 보았던 게 정말 저 자신의 과거 생인지 조상의 생인지는 알 수 없지만, 현재의 삶에서 풀지 못했던 제 숙제의 답을 찾은 것만 같아 속이 시원했습니다.

제가 왜 그렇게 빈곤을 극도로 두려워했는지, 왜 배가 고프지 않아도 굶을까 봐 두려워서 음식이 눈앞에 있으면 배가 아플 때까지 폭식을 했는지, 모든 것이 이해가 됐어요. 특히 저는 호텔에 머무는 동안 아침저녁 뷔페 때마다 다른 사람들보다 먼저 가야 하고, 음식이 다시 채워질 것을 알면서도 불안했습니다.

저는 거울명상을 만난 뒤, 전에는 상상도 못했던 정말 큰 급여를 받으며 일하고 있습니다. 작년 5월에도 급여가 많이 늘었다고 말씀드렸었는데, 지금은 그때보다 대략 세 배 정도의 급여를 받고 있어요. 쓰다 보니 이것도 신기한 일이네요. 저의 모든 두려움은 금전 상황에서 온다고 확신했었는데, 그게 풀린 이후에도 왜 슬픔이 남아 있었는지, 왜 배고파질까 봐 두려워했는지 이해가 되지 않았거든요.

이번 거울명상은 엄마가 저를 키워주지도 않았는데 왜 이렇게 엄마가 좋은지, 왜 제 장기까지 떼주며 엄마와 인연을 이어가고 있는지, 풀리지 않았던 의문들이 모두 풀려버리는 정말 경이로운 순간이었습니다.

이제는 음식을 먹는 속도가 현저히 줄었어요. 전에는 이미 입에 음식이 있어도 마구 집어넣었는데, 지난 며칠간은 입에 있는 음식을 충분히 씹어 삼킨 후 천천히 다음 한 입을 먹습니다. 한 번에 입으로 들어가는 양도 줄었고, 배가 부르기 전에 먼저 만족을 느끼고 식사를 멈춥니다. 성인이 된 이후 처음으로 경험해보는 일입니다. 정말 신기합니다.

내 무의식에 억눌린 수백 년 전의 아픔을 텅 빈 마음 속에서 지금 이 순간의 현실로 영화처럼 되돌아보는 건 누구인가? 바로 텅 빈 마음인 나 자신이다. 나 자신이 텅 빈 마음인 관찰자이기 때문에 수백 년 전의 아픔을 텅 빈 마음 속에서 다시 떠올려 되돌아볼 수도 있고, 그 아픔을 텅 빈 마음으로 받아들일 수도 있다.

몸으로 살아가는 나는 내 아이가 굶어 죽어도 아무것도 할 수 없는 물리적 한계에 갇힌 존재이다. 하지만 텅 빈 마음인 나는 그 아픔을 다시 생생한 현실로 재연시켜 치유할 수 있는 전지전능한 존재이다. 그래서 거울 앞에서 텅 빈 마음으로 돌아가 아픔을 받아들이면 수백 년 전의 아픔도 기적처럼 풀리는 것이다.

굶어 죽지 않을까 하는 두려움이 풀려나면서 강박적으로 먹어대던 습관도 풀려났다. 또, 먹기 위해서는 돈을 벌어야만 한다는 집착이 풀려나면서 돈도 풀려나기 시작했다. 굶어 죽지 않을까 하는 수백 년 전에 억눌린 두려움이 음식과 돈에 대한 집착을 낳았던 것이다.

'아무것도 할 수 없다'는 생각은 '모든 것을 할 수 있다'는 생각과 짝이 되는 생각이다. '아무것도 할 수 없다'는 생각이 떠오를 때 두려움으로 억눌러버리면 나는 아무것도 할 수 없는 '무능한 나'라는 무의식 속의 자아가 돼버린다. 그래서 정말 아무것도 못하게 된다.

하지만 텅 빈 마음 속에서 '무능한 나'로 살아가는 아픔을 받아들여 느껴주면 '유능한 나'와 합쳐지면서 텅 빈 하나의 마음으로 돌아간다. 전지전능한 텅 빈 마음은 내가 원하는 걸 무조건 현실화시켜준다. 텅 빈 마음은 무조건적인 사랑이기 때문이다.

수백 년 전의 성폭행으로 되돌아간 아픔

저는 20대 초반부터 일을 놓지 못하고 일에 파묻혀 살아왔습니다. 결국엔 일을 못할 지경에 이를 때까지 버티다가 지난주에 공황장애 진단을 받았습니다. 그러고 나서 갑자기 15년 전, 남자친구와 억지로 맺은 성관계의 악몽이 시도 때도 없이 종일 떠올라 정말 미쳐버리는 건 아닌지 너무나 두렵습니다. 무슨 수를 써서라도 그 끔찍한 기억을 지워버리고 싶은데, 하루 단 한 순간도 떠나질 않으니 정말 돌아버릴 것 같습니다.

내가 20대 초반부터 일에만 집착적으로 파묻혀 살아온 이유는 뭘까? 15년 전의 공포를 직면하는 게 너무나 끔찍했기 때문이다. 내가 현실의 일에 파묻혀 있는 동안엔 무의식 속에 억눌려 공포에 떠는 나를 외면할 수 있다.

하지만 이 자아는 끊임없이 내 몸과 마음을 공격하기 때문에 나는 점점 지쳐간다. 거울 앞에서 텅 빈 마음으로 돌아가면 나는 몸을 벗어난 관찰자가 되고, 내 몸에 달라붙은 자아도 몸과 분리되기 시작한다.

방금 너무나도 억울하고 미칠 것만 같다는 생각에 거울명상을 했습니다. "나는 성폭행을 당했다"라고 말하면서 "나는 미쳐버릴까 봐 너무 무섭다. 나는 짓밟혔다. 무서워! 아파! 무서워!"라는 말도 반복했습니다. 이렇게 반복하는데 뜻밖에도 제가 자꾸 성폭행을 가했다는 생각이 들면서 놀라운 이미지들이 떠올랐습니다. 남성인 제가 한 여성을 무참히 짓밟으며 울부짖는 그녀의 아픔을 전혀 느끼지 못하고 저 혼자만의 쾌감을 즐기는 장면이 계속 떠올랐습니다.

저 자신이 가해자라는 걸 받아들이는 게 너무나 두려웠지만, 용기를 내 "나는 성폭행을 저질렀다"라고 반복해보았습니다. 그러자 거울 속에서 해골 같은 얼굴과 한쪽이 썩은 얼굴 등이 번갈아가며 나타났습니다. 그러더니 제 머리 뒤쪽으로 여러 형상의 얼굴들이 빠져나가는 게 보였습니다. 여성도 있었고, 남성도 있었고, 외국인도 있었습니다.

'내가 드디어 미쳐버린 건가?' 하면서도 멈추지 않고 끈기 있게 관찰해보았습니다. 제 머리 뒤쪽에서 검은 연기가 피어오르면서 여러 얼굴들이 빠져나가는 게 두 눈으로 뚜렷하게 보였습니다. '이게 뭐지?' 싶으면서도 '내가 정말 미쳐버려서 헛것이 보이는 건가?' 하는 생각에 너무너무 무서웠습니다. 그러더니 뱃속 깊숙한 곳에서 뭔가가 푹 하고 꺼지는 느낌을 받았습니다. 처음 경험하는 느낌이었습니다. 동시에 온몸에서 힘이 쭉 빠져나가는 것 같았습니다.

나는 15년 전 남자친구한테 성폭행을 당했다. 그런데 거울 앞에서 그 끔찍한 아픔을 느끼는데 왜 내가 성폭행을 가하는 장면들이 떠오르는 걸까? 그 아픔을 느끼는데 왜 남성의 얼굴, 여성의 얼굴, 외국인의 얼굴들이 보이는 걸까?

그 얼굴들은 어디서 떠오르는가? 바로 내 무의식 속에서 떠오른다. 나는 몸이 아니라 의식체인 마음이기 때문에 내 마음이 경험하는 모든 상황은 마치 카메라로 촬영된 것처럼 내 무의식 속에 고스란히 저장된다. 그래서 거울명상 중 몸을 벗어나 텅 빈 마음으로 돌아가면 수백 년, 수천 년간 내 무의식에 저장돼 있던 억눌린 상황들이 억눌린 감정들과 함께 떠오르는 것이다.

이 상황들은 억눌린 감정들을 느껴줘야만 풀려난다. 내가 현실 속에서 여성에게 상처를 주면 언젠가는 나도 여성의 몸으로 남성에게 상처를 받는 현실을 경험하게 된다. 남에게 가한 상처를 나도 몸으로 느껴보는 것이다. 내 무의식에 억눌린 과거의 상처는 완전히 치유될 때까지 아무리 세월이 흘러도 운명의 수레바퀴처럼 되풀이해 돌아온다는 사실을 알 수 있다.

완전히 느껴주면 무의식에서 풀려난다

녹내장으로 앞이 거의 안 보이는 어머니가 밤마다 방 안 여기저기를 쉴 틈 없이 돌아다녔다. 하루 세끼 쌀죽만 먹으면서 어디서 그런 기운이 솟아나는지 지치지도 않았다. 그러다가 툭하면 잠자는 나를 깨워 "내 집에 빨리 데려다 달라"고 다그치곤 했다. 급기야 방바닥이나 쓰레기통에 소변을 보기도 했다. 영락없는 치매 증상이었다.

몇 달간 그렇게 잠을 설치며 시달리다 보니 도저히 감당할 수 없겠다는 생각이 들었다. 그래서 요양 등급도 받고, 요양원도 알아보기 시작했다. 하지만 어머니는 요양원엔 가기 싫다고 했다. 눈은 더욱 어두워져 이제 혼자서는 죽을 떠먹지도 못하고, 화장실도 가지 못하는 지경에 이르렀다.

어릴 때부터 나는 어머니가 너무나 성가시다는 느낌 속에 자랐다. 어머니는 내가 눈에 띄기만 하면 붙잡아 이것저것 일을 시켰다. 어머니가 눈에 띄면 반갑다기보다는 오히려 두렵다는 생각이 퍼뜩 떠오르곤 했다. 그래서일까? '어릴 때도 나를 성가시게 하더니 늙어서까지 이러다니' 하는 생각이 자꾸만 되살아났다.

어머니는 할머니와는 정반대의 모습을 보여주었다. 할머니는 아침저녁으로 평생 단 하루도 빠지지 않고 자손들을 위해 기도했고, 나에게 마음의 의지처가 돼주었다. 어린 나는 할머니 앞에서는 배가 아프다고 꾀병을 부리기도 하고, 눈물도 종종 흘릴 수 있었지만, 어머니 앞에서는 전혀 그런 적이 없었다.

무의식 세계를 이해하게 되면서 어머니의 무의식 속엔 '버림받은 아이'가 억눌려 있다는 걸 알았다. 6·25 때 총살당한 마을 사람들의 시신들이 널려 있는 것도 보고, 행상을 하던 외할머니가 어린 자매들을 남겨두고 때로는 일주일씩 집을 비워두곤 했으니 당연한 일이었다. '버림받은 아이'가 무의식에 억눌려 있다 보니, 이 아이가 버림받지 않기 위해 자식들이 눈에 띄기만 하면 붙잡아 이것저것 일을 시키려 든 것이었다. 버림받지 않기 위한 집착이었다. '버림받은 아이'로 살아가는 건 두렵고, 수치스럽고, 열등하게 느껴진다. 이런 감정들이 꾹꾹 짓눌려 마침내 수치스럽고 못나고 두려운 노년의 현실을 창조해버렸다. 어릴 때 아기 노릇을 못 해봤으니 이제라도 아기 노릇을 해보겠다며 급기야 치매까지 일으켰다.

할머니의 오랜 기도 덕분이었을까? 나는 치매 증상에 시달리는 어머니를 대하면서도 시종일관 내 마음속을 들여다보는 걸 잊지 않았다. 하지만 어머니가 방바닥에 소변을 보는 등 온갖 추태를 부리다가 언제 그랬냐는 듯 하루 세끼를 꼬박꼬박 받아먹는 아기 노릇을 할 때면 나도 모르게 역겨움과 미움, 죽여버리고 싶은 살기, 수치심, 열등감 등 온갖 감정들이 거세게 올라오곤 했다. 동시에 '내가 언제까지 아기 노릇 하는 어머니한테 묶여 살아야 하지?' 하는 절망감이 문득문득 밀려오기도 했다. 하지만 그런 감정들이 오래 가진 않았다. 올라오는 감정들을 끊임없이 받아들여 느껴주는 습관이 지난 몇 년간 몸에 배어 있었기 때문이다.

그렇게 다섯 달쯤 지났을까? 이 책의 원고가 마무리될 때쯤 신기한 변화가 일어나기 시작했다. 어머니 눈앞에 자주 출몰하던 아이들이나 허깨비들이 더 이상 나타나지 않았다. 그 존재들이 사라지니 밤마다 밤새 방 안을 돌아다니던 치매 증세도 싹 사라졌다. 방 안 이곳저곳에 소변을 보는 추물스러운 행위도 없어졌다. 시력도 희미하게나마 약간 되살아나 화장실도 혼자 갈 수 있게 됐다.

물론 나는 지금도 어머니의 하루 세 끼 식사를 꼬박꼬박 떠먹여준다. 하지만 어머니에 대한 미움과 수치심, 열등감이 사라지면서 마음은 늘 고요하다. 혹시나 그런 감정들의 찌꺼기가 올라오면 어머니를 거울삼아 내 감정들로 다시 받아들여 느껴준다. 느껴주면 사라진다. 감정들의 찌꺼기가 사라질수록 내 마음은 점점 맑아진다. 거울 역할을 해주는 어머니에 대한 미움보다는 버림받은 아이로 살아온 인생에 대한 아픔과 연민이 느껴진다.

근원의 나인 창조주로 돌아가는 길은 길고 험난하다. 내 무의식 속엔 지난 수천 년간 응어리진 많은 감정들이 억눌려 있기 때문이다. 하지만 내가 꼭 가야 할 길이다. 그 길로 들어서지 않으면 점점 더 깊고 어두운 길로 빠져들기 때문이다.

눈에 보이는 몸을 나와 동일시하고 살아가면 눈에 안 보이는 창조주는 자연히 나와 분리된다. 창조주는 숭배의 대상이 되고, 나는 숭배자가 돼버린다. 이렇게 둘로 쪼개놓고 숭배하면 둘은 하나가 될 수 있을까?

만일 내가 부모라면 어떤 자식을 가슴으로 사랑할까? 나를 자신과 분리시켜놓고 이따금 숭배하며 떠받드는 자식일까? 아니면 자신이 나와 하나임을 가슴으로 완전히 받아들여 매 순간 함께하는 자식일까?

몸은 빛의 떨림인 홀로그램이다. 홀로그램을 나로 착각하면 근원의 빛인 창조주를 숭배하게 된다. 근원의 빛은 무한한 사랑의 빛이다. 내 몸도 역시 사랑의 빛으로 창조된 홀로그램이다. 그래서 내가 홀로그램 몸을 놓아주면 사랑의 빛으로 돌아간다. 실제로 존재하는 건 사랑의 빛인 창조주밖에 없다. 우리는 지금까지 살아오면서 단 한 순간도 사랑의 빛을 벗어난 적이 없다.

사랑의 빛으로 창조된 세상 속에 살면서 어떻게 사랑의 빛을 벗어날 수 있을까? 몸은 '지금 여기'라는 공간에서 수많은 '나'들이 서로 만날 때만 사용하다가 돌려주는 한시적인 홀로그램이다. 홀로그램 몸은 홀로그램 게임의 캐릭터일 뿐이다. 게임의 캐릭터를 나라고 착각하면 자연히 나 자신이 홀로그램 게임의 창조자라는 사실을 망각하게 된다.

많은 유튜브 구독자들이 이 책에 소개된 간단한 방법을 통해 몸이 빛의 떨림으로 생기는 홀로그램이라는 사실을 생생히 체험해왔다. 그리고 오랜 고통에서 벗어났다. 꾸준히만 하면 누구나 할 수 있다. 왜냐하면 그게 진실이기 때문이다.

모든 음양 감정들은 영화 속에서만 존재하는 인생 영화의 소품들이다. 사랑은 미움을 빌려 생기고, 기쁨은 슬픔을 빌려 생기고, 행복은 불행을 빌려 생긴다. 그래서 사랑을 경험하면 미움이 뒤따르고, 기쁨을 경험하면 슬픔이 뒤따르고, 행복을 경험하면 불행이 뒤따른다.

음양 감정들을 진짜라고 착각하면 사랑과 기쁨, 행복은 좋다고 붙잡고, 미움과 슬픔, 불행은 싫다고 억눌러 붙잡게 된다. 내가 영화 속의 감정들을 붙잡고 있으면 나는 영화 속에 갇혀버린다. 영화 속에선 아픔이 필연적이다. 영화 속의 나는 가짜라는 사실에 눈을 떠야만 영화 속의 감정들을 창조주의 눈으로 지켜보며 맘 놓고 느낄 수 있다.

느껴주기만 하면 영화는 늘 무조건적인 사랑 속에서 자유롭게 흘러간다. 밝은 감정들은 즐거움을 주고, 어두운 감정들은 아픔에 빠지지 않도록 해준다.

우리는 모두 밝음과 어둠이 끊임없이 널뛰기를 하는 무의식 속의 현실을 진짜로 착각하며 살아간다. 나 자신이 창조주임을 망각한 채 나 스스로 창조한 아픔 속에 갇혀 살아간다. 하지만 내가 나를 아픔 속에 가둬놓을 수 있는 존재라면, 동시에 나는 나를 다시 아픔 속에서 풀어놓아줄 수 있는 존재이기도 하다. 나는 아픔이면서 동시에 치유의 손길이자 무한한 사랑이기도 하기 때문이다.

아픈 감정들은 느껴주면 풀려난다. 그럼 아픈 영화 속에서도 풀려난다. 아픈 영화 속의 온갖 질병에서도, 온갖 문제들로부터도, 내 꿈이 자꾸만 좌절되는 깊은 절망에서도 풀려난다. 모든 것이 스스로 돌아가는 즐거운 놀이가 된다.

밝음과 어둠이 끝없이 교차하는 오랜 아픔과 두려움 속에서 깨어나 어둠과 밝음을 초월한, 영원한 사랑과 평화가 흐르는 참다운 기쁨 속에서 자유로이 살아가길 기원한다.